绿—色—发—展—丛—书

江苏省低碳高效产业体系发展路径研究

赖 力 徐建荣 张国林 著

南京大学出版社

图书在版编目(CIP)数据

江苏省低碳高效产业体系发展路径研究 / 赖力,徐
建荣,张国林著. —南京:南京大学出版社,2013.4
(绿色发展丛书)
ISBN 978 - 7 - 305 - 11331 - 4

Ⅰ. ①江… Ⅱ. ①赖…②徐…③张… Ⅲ. ①产业体
系-产业发展-研究-江苏省 Ⅳ. ①F127.53

中国版本图书馆 CIP 数据核字(2013)第 072542 号

出版发行　南京大学出版社
社　　　址　南京市汉口路 22 号　　　　邮　编 210093
网　　　址　http://www.NjupCo.com
出 版 人　左　健
丛 书 名　绿色发展丛书
书　　　名　**江苏省低碳高效产业体系发展路径研究**
著　　　者　赖　力　徐建荣　张国林
责任编辑　陈　露　荣卫红　　　　编辑热线　025 - 83592401
照　　　排　南京紫藤制版印务中心
印　　　刷　南京玉河印刷厂
开　　　本　787×960　1/16　印张 19.75　字数 312 千
版　　　次　2013 年 4 月第 1 版　2013 年 4 月第 1 次印刷
ISBN　978 - 7 - 305 - 11331 - 4
定　　　价　45.00 元

发行热线　025 - 83594756　83686452
电子邮箱　Press@NjupCo.com
　　　　　　Sales@NjupCo.com(市场部)

总　序

　　人类社会的发展过程,是人与自然不断"磨合"的过程。在原始社会或农业社会,人类社朦朦胧胧地情愿或不情愿地与自然合作,即便是改造自然,也是注重借力于自然,如都江堰水利工程就起到了"四两拨千斤"的功效,从而实现了人类社会的发展;到了工业社会,技术等对于自然的替代能力增强,使得人类社会的自信心得到增强乃至"膨胀",但由此人类社会也感受到了"寂静的春天"的恐惧。于是,人类开始探索现代社会如何实现人与自然的和谐共处,探索绿色发展路径。

　　近年来,中国政府积极倡导推进绿色发展。2009 年胡锦涛总书记出席 G20第三次峰会时就指出,"我们应该高度重视技术合作对促进平衡发展的重要意义⋯⋯尤其是要加强绿色技术领域合作,确保发展中国家用得上、用得起绿色技术,避免形成新的绿色鸿沟";2010 年 4 月 29 日,胡锦涛总书记参观世博园广东馆,鼓励广东倡导绿色生活;2010 年 7 月 6 日,中共中央、国务院召开的西部大开发工作会议提出,后发展地区要不牺牲环境发展经济,着力发展绿色经济、循环经济;2012 年胡锦涛总书记访问丹麦时指出,丹麦保持经济增长的同时,维持能源消耗总量基本不变,形成了独特的绿色发展模式;2012 年 6 月 21 日,温家宝总理在巴西里约热内卢出席联合国可持续发展大会时表示,"展望未来,我们期待一个绿色繁荣的世界,这个世界没有贫困和愚昧,没有歧视和压迫,没有对自然的过度索取和人为破坏,而是达到经济发展、社会公平、环境友好的平衡和谐";中共十八大报告提出,要大力推进生态文明建设,着力推进绿色发展、循环发展、低碳发展,为人民创造良好生产生活环境,为全球生态安全做出贡献,把生态文明、经济文明、政治文明、社会文明和精神文明放到同等重要的位置。

　　究竟什么是绿色发展? 大多数学者们从人与自然关系角度进行了深入研讨,

也有学者从传统与现代发展模式方面进行了界定。如,有学者认为绿色发展是相对于黑色发展而言的,[1]从传统的"黑色发展"转向现代的"绿色发展",是近半个世纪以来人类对自身以牺牲资源环境为代价的发展模式深刻反思的结果。[2]虽然"黑色发展"蕴含了人类对既往发展方式不堪回首的反思,但人类发展其实并非是"黑"、"绿"分明,即便是在原始社会或农业社会这样的人与自然和谐的时期,人类社会对自然的破坏就已经存在,只不过现代工业技术使得人类这一行为到了"无以复加"、逼近自然极限的地步。工业社会对自然的破坏固然超过了此前的社会,但现代工业技术的进步也为绿色发展提供了相应的支撑;同样,绿色发展是一个过程,即便实现了绿色发展的阶段目标,从现有技术水平及资源环境依赖性来看,人类理性行为可以适当"纠正"人类对自然的协迫,但最终仍然在不断逼近自然极限。不过,绿色发展作为最符合自然特征、最大限度遵循自然规律的发展模式,由于更多地借力于自然、协调于自然,因此,也更有利于自然。

绿色发展与循环发展、低碳发展之间是何关系呢? 其实,绿色发展是对和谐型人与自然关系的总称,当前有关循环发展、低碳发展、生态友好、资源节约、环境友好都应该纳入其内涵。这是因为人与自然关系,是通过人与自然资源、人与生态、人与环境等相互作用具体体现的,人与自然资源的关系体现在绿色发展上就是资源节约,同时,生态友好、环境友好也是人与生态、人与环境和谐协调的具体体现。循环经济涉及资源减量化、资源再利用与废弃物资源化,因此是在资源经济、环境经济、生态经济基础上形成的新兴学科,[3]这是由于当前资源、环境、生态问题的复杂性,使得单一的经济机制难以奏效,从而产生了新的学科。低碳经济是以实现碳减排为目标的经济活动过程及规律,是以低碳排放为目标的循环经济,[4]如资源减量化、资源再利用以及废弃物资源化都可以实现低碳排放。循环发展就是以循环经济为工具,通过资源投入减量化、资源再利用以及废弃物资源

〔1〕 胡鞍钢.中国创新绿色发展[M].北京:中国人民大学出版社,2012:72-79.

〔2〕 马洪波.绿色发展的基本内涵及重大意义[J].攀登,2011(02).

〔3〕 黄贤金,钟太洋.循环经济学:学科特征与趋势展望[J].中国人口·资源与环境,2005(4):5-10

〔4〕 黄贤金.循环经济学[M].南京:东南大学出版社,2009.

化,实现人与资源、生态、环境协调的发展模式,低碳发展则是循环发展的重要内容。其实,无论是循环发展还是低碳发展,都包含于绿色发展,是绿色发展的类型。当前提出"绿色发展、循环发展、低碳发展"是为了更加突出三者的现实意义。

因此,由江苏省决策咨询研究基地——(南京大学)江苏绿色发展研究基地组织编写的绿色发展丛书,包容了低碳发展、循环发展、资源环境经济等内容,主要是集中反映多学科的相关研究成果,这些成果不仅得到了国家社会科学基金重大项目、中国清洁生产发展机制赠款项目、江苏省优势学科建设工程项目、江苏省哲学社会科学联合会等基金支持,有关成果还得到国务院、江苏省等领导关注,乃至在国内外发表,不仅具有学术价值,还有决策参考价值。我们希望这些成果的呈现,能更多地引起学术界及社会的广泛关注,以为推进绿色发展研究添砖加瓦,为建设美丽中国贡献智慧。

黄贤金

2013 年 2 月于南京大学

序　言

　　高能耗、高排放、高污染是经济发展到一定阶段摆在我们面前的严峻问题，是我们不得不应对的现实挑战。低碳经济是时代赋予我们的崭新价值取向，是我们义不容辞的现实选择。

　　20世纪下半叶以来，以高碳能源消耗、温室气体排放为特征的传统工业文明发展模式所伴生的环境和能源问题日益凸显。前世界银行首席经济学家尼古拉斯·斯特恩在其《斯特恩报告》中指出，不断加剧的温室效应将会严重影响全球经济发展，其严重程度不亚于世界大战和经济大萧条。联合国政府间气候变化专门委员会(IPCC)的第四次评估报告进一步提醒人们，引起气候变化的主要原因，人为因素的可能性高达"90%以上"。频繁出现的全球灾难性气候变化，既危害了自然生态系统的平衡和人类的生存环境，也增加了经济发展的阻力和全球经济复苏的不确定性。

　　全球气候变化的不断加剧和全球性生态危机的逐步暴露，表明传统工业模式发展的环境支撑能力已经达到极限，表明传统经济增长方式的发展弹性已经走到边缘，表明传统经济文明结构的包容性已经接近饱和，这给我们提出了时代的课题和历史的任务——创新文明形态。如果说农业文明是"黄色文明"、工业文明是"黑色文明"，那么非常规变化的气候和背负沉重的环境呼唤的是绿色低碳的生态文明。生态文明是对工业文明的扬弃，是破解生态危机的现实选择，是自然生产力和社会生产力的融合，是经济文明和社会文明的重构与创新，是一场深刻的经济和社会变革。

　　这场变革汹涌澎湃，席卷了从政府到非政府组织(NGO)，从企业到公民，从生态学者到经济学家的社会各界。从鲍尔丁的"循环经济"概念到英国能源白皮书,再到布朗的"生态经济"理论,集中体现了低碳经济思想的现实需求。莱斯特·R.布朗在他所著的《生态经济:有利于地球的经济构想》一书中指出:"以化石燃料为基础、以汽车为中心的用后即弃型经济,是不适合于世界的模式。取而代之的应该是太阳/氢能源经济。"原江苏省发展和改革委员会主任、南京大学钱志新教授也敏锐地看到了这一趋势。他认为继农业化、工业化、信息化浪潮之后,世界将迎来第四次浪潮,即低碳化浪潮。

低碳发展不仅仅是一场思潮涌动,更重要的是它很快就转化为实践行动。积极应对气候变化、促进低碳发展,已成为当今世界实现可持续发展的共同追求和有效途径。我国也及时把握和适应了这一潮流,将低碳发展作为一项重大战略积极加以实施。近年来,党中央和国务院高度重视应对气候变化工作,将低碳发展作为加快转变经济发展方式、调整经济结构和推进新一轮产业革命的核心导向,出台了一系列促进低碳发展的重大政策措施。我国政府郑重承诺,到2020年实现碳排放强度比2005年下降40%~45%,并作为约束性指标纳入到国民经济和社会发展中长期规划。国务院印发的《"十二五"控制温室气体排放工作方案》明确了未来五年国家控制温室气体排放的总体要求和主要目标,全面阐述了推动低碳发展的重点任务和关键举措。党的十八大报告指出,要大力推进生态文明建设,着力推进绿色发展、循环发展、低碳发展,形成节约资源和保护环境的空间格局、产业结构、生产方式、生活方式,从源头上扭转生态环境恶化趋势,为人民创造良好生产生活环境,为全球生态安全做出贡献。低碳发展将成为推进生态文明建设的基本途径和方式,将成为经济文明和社会文明进步的重要突破口。

江苏在低碳化潮流中,如何抢得先机、发展好低碳经济呢? 当然,发展低碳经济必须有一个系统的安排,进行系统化的操作。但江苏的经验告诉我们,在每一次重大挑战和机遇面前,抓好产业是基础,取得产业优势是最大优势。例如,在这次全球金融危机的冲击下,江苏经济仍能在全国保持领先地位,主要得益于江苏新兴产业的提前布局和扎实推进。因此,在发展低碳经济的新一轮竞争中,进行低碳产业布局是一项基础性工作。而深入研究江苏低碳高效产业体系及其发展路径是打好这一基础的逻辑前提。基于此,当本书作者在一年前拿出《江苏省低碳高效产业体系发展路径研究》计划征求我意见时,我觉得这个研究很有必要,建议将其列为江苏省信息中心研究课题。

近年来，从产业结构特征、投入产出、产品足迹、情景分析等角度进行的研究日益增多，观点见仁见智，成果百花齐放。然而，这些成果并没有真正统筹低碳和发展，并没有找到切实可行的低碳高效产业的发展路径，更缺少将工业化、服务化、国际化、信息化和低碳化交织融合的研究。《江苏省低碳高效产业体系发展路径研究》试图在这方面做些尝试。本书尝试追求创作的思想性、学术性和实践性间的平衡，框架勾勒合理严谨，观点描述鲜明，立足产业发展基础，面向绿色未来，系统剖析了产业排放规模和特征，预测了未来排放情景和趋势，分析了产业排放驱动因素和效应，指出了减排关键问题和制约瓶颈，提出了江苏产业体系低碳化发展路径和模式建议。在路径分析上，本书另辟蹊径，不似一般论述从农业、工业、建筑业、服务业等一一阐述路径，落入"头疼医头、脚疼医脚"的套路，而是进行系统剖析，实施顶层设计，寻求长效解决之道，从结构优化、技术引导、能源支撑、产业集聚、低碳服务及绿色管理六个角度提出适合于江苏实际的低碳高效型产业体系发展路径。从研究创新来看，一方面从理论研究的角度，将应对气候变化科学和产业经济学、产业政策学进行了交叉融合；另一方面从政策实践角度协调地方节能降碳责任和经济社会目标之间的博弈关系。

这本书是江苏省信息中心相关研究团队的集体之作。近年来，江苏省信息中心参与了绿色、循环、低碳经济发展领域的一些研究工作，承担了一些咨询研究课题和国际合作项目，形成了一批科研和政策咨询成果。《江苏省低碳高效产业体系发展路径研究》一书是江苏省信息中心在低碳经济领域的又一研究成果。希望本书的出版能够对江苏节能减排和应对气候变化政策选择等实际推进工作有所裨益，同时也希望能够得到同行的支持，共同探讨地方低碳发展的优化路径。

周荣华

2012 年 12 月 31 日

目 录

第一篇　现状和特征

第二篇　机理与效应

第四篇　保障与措施

第一篇　现状和特征

第一章　低碳产业体系的提出

　　低碳发展是以低碳排放为表征的经济、社会、文化、技术、制度的集合体,是应对气候变化和促进经济发展的目标统筹,是自然生产力和社会生产力的协调发展,是工业文明向生态文明的模式跃迁。其中,低碳产业体系是低碳发展的主要构成因子和重点发展环节。大力促进低碳产业发展,积极打造高效低碳的现代产业体系,可有效控制能源活动和生产过程中的生产性碳源,防止经济发展方式被高碳锁定,根本性实现低碳转型。

第一节　低碳发展概念的提出

　　工业革命以来,建立在化石能源基础上,依托火电、钢铁、煤炭、石油、建筑、有色金属等的高碳产业驱动人类社会经济快速发展。然而,高碳产业所依托的高资源消耗和高污染排放,使生态环境与经济发展之间产生了尖锐矛盾,并逐步成为经济发展的瓶颈和制约。

一、低碳经济的产生背景

　　低碳经济发展模式下的产业革命从本质上解决了产业生产力与生态生产力的相互融合问题。纵观人类的产业革命史,前两次产业革命均没能有效地解决这一难题。第一次工业革命时期对蒸汽动力的大量使用,极大地提高了机器大工业的生产力水平,但蒸汽动力对矿石燃料的大量消耗严重污染了英国的自然环境,其工业重镇伦敦一度被称为"雾都"。20世纪初期以"电气化"为基础的产业革命和 20 世纪末期以"信息化"为基础的产业革命在推动人类社会生产力飞速发展的同时,其对碳基燃料的使用和消耗也呈几何数级增加,它所造成的气候变化问题已经影响了整个世界。

人类的可持续发展必须探索经济发展的新模式和产业发展的新路径,以低能耗、低物耗、低排放、低污染为特征的低碳经济被认为是未来经济发展方式的新选择,产业低碳化则是实现经济与生态协调发展、建设生态文明的有效发展路径。

二、低碳产业的概念

低碳经济的特征是以减少温室气体排放为目标,构筑低能耗、低污染为基础的经济发展体系,包括低碳能源系统、低碳技术和低碳产业体系。低碳能源系统是指通过发展清洁能源,包括风能、太阳能、核能、地热能和生物质能等替代煤、石油等化石能源以减少二氧化碳排放。低碳技术包括清洁煤技术和二氧化碳捕捉及储存技术(CCS),等等[1][2]。低碳产业体系包括火电减排、新能源汽车、节能建筑、工业节能与减排、循环经济、资源回收、环保设备、节能材料,等等。低碳产业和低碳技术、低碳能源相互支撑、相互促进,缺一不可,共同构筑了国家或区域低碳经济社会发展体系。(见图 1-1)

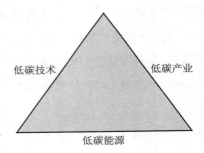

图 1-1 低碳经济体系

(一)低碳产业的内涵

低碳产业是指运用低碳技术生产节能产品和新能源产品的经济形态与产业系统,其特点是能够以相对较少的温室气体排放实现较高经济产出。狭义来看,可认为低碳产业是以碳减排量或碳排放权为资源,以节能减排技术为基础,从事节能减排产品的研究、开发、生产的综合性产业集合体[3]。它是低碳发展的载体,也是一国低碳发展水平的集中体现。发展低碳产业、重视碳生产率、向低碳经

〔1〕 赵超,孟祥彬. 低碳经济发展战略浅析[J]. 中国林副特产,2011(03).

〔2〕 陈国强. 我国炭素工业低碳经济发展之思考[J]. 新材料产业,2010(9).

〔3〕 崔奕,郝寿义,陈妍. 低碳经济背景下看低碳产业发展方向[J]. 生态经济,2010(6).

济转型,将成为继工业革命、电气革命、信息革命之后又一波对全球经济产业产生重大影响、重塑世界经济格局的主导力量。

（二）低碳产业的特征

低碳产业的核心主要包括两部分,一部分是节能减排技术,另一部分是清洁能源[1]。低碳产业是低碳经济发展的重要推动力量,是控制碳排放、构建低碳绿色发展模式的载体,其特征主要表现在产业领域涉及广泛、以节能减排为主要目标、产业发展前瞻导向、产业发展与生态发展和谐统一[2]。低碳产业涵盖了电力、交通、建筑、冶金、化工、煤炭、石油等行业,也包括新能源及可再生能源开发、碳汇培育、碳捕集封存服务等新兴领域,涉及的领域广泛。同时,低碳产业涉及的行业都属于国民经济发展的重要领域,是产业转型升级的重要内容,很多产业代表了未来低碳绿色走向,是高碳向低碳转化的产业载体,通过在这些领域推进低碳发展,将有效破解转型发展中经济增长与资源环境相互融合的难题。

三、低碳产业体系的提出

新世纪以来,江苏面临着工业化转型、城市化加速、国际化提升、市场化推进的新形势,全省上下紧紧围绕富民强省、"两个率先"战略目标,经济社会发展跃上新台阶,但也面临着能源消费持续提升、环境约束不断加大等问题:

1. 经济总量和能源需求决定了碳排放的巨大规模。江苏是我国经济总量第二大省,2011年全省地区生产总值达49110.27亿元,能源消费总量达到2.76亿吨标煤。尽管江苏以全国一次能源消费总量的8%支撑了国民经济总量的10.4%,碳生产率水平在全国领先,但在现有技术水平条件下,产业经济的总量规模和能源需求水平决定了江苏碳排放的巨大规模。

2. 快速工业化和城镇化进程拉动了碳排放快速增长。江苏正处于工业化、城镇化加快发展的重要阶段,城乡、区域、经济社会发展仍不平衡,人民生活水平还有待提高,发展经济、改善民生的任务还很重。从产业结构来看,江苏仍处于工业化中后期阶段,第二产业比重偏大,电力、钢铁、石化等重工业比重高。新世纪

---

〔1〕 王海霞. 低碳经济发展模式下新兴产业发展问题研究[J]. 生产力研究,2010(3).

〔2〕 徐玖平,卢毅. 低碳经济引论[M]. 北京:科学出版社,2011.

前十年,全省工业增加值翻了两番,城镇化率提升了 19.1 个百分点,生产规模的扩大和居民消费水平的提升拉动了江苏省碳排放水平的较快增长。

3. 外向型经济特征承受了大量国际转移排放。江苏作为我国东部沿海的先进制造基地,经济外向度高,承担着大量的国内外产品输出任务,转移性排放程度高。经济国际化浪潮中,处于分工产业链较高端的发达国家/地区,更倾向于把高能耗、高排放的生产行业转移到欠发达国家/地区,江苏在相当一段时期内承接了大量国际产业链低端的加工组装业,江苏制造的商品为世界享用,但却承受着"转移排放"带来的压力。"十一五"以来,江苏省经济产出的最终需求结构中,1/3 以上的产品和服务为出口需求。由于国际分工变化和制造业的转移惯性,江苏仍有较大可能继续承受持续性的国际转移排放压力。

4. 结构排放特征强,工业、煤炭主导的排放特征显著。能源领域是温室气体主要排放源,占全省温室气体排放的比重在 75% 左右;工业又是能源消耗的大头,其能耗占江苏省全社会能耗 80% 左右。一方面,江苏省石化、钢铁、建材、电力等高能耗行业优势鲜明,加重了江苏省经济的高碳特征,但碳排放的工业主导特征将长期存在。另一方面,江苏省缺油少气,水能资源更是匮乏,而清洁能源和可再生能源开发刚刚起步,决定了江苏能源利用结构以煤为主,低碳能源的选择有限。

因此,在能源资源需求不断加大、生态环境约束持续加强、国际绿色竞争格局日趋激烈的形势下,在国家应对气候变化,节能、降碳、减排的目标导向和部署要求明确化的格局下,在江苏积极促进转型升级和推进生态文明建设的过程中,必须整体化提升产业水平,从传统产业结构和能源结构中转变过来,依托低碳技术、借鉴循环经济原理,调整优化传统的以化石能源为主的能源结构,大力发展现代低碳产业体系。

第二节　低碳高效产业体系的概念和内涵

低碳产业体系发展是一项系统工程,它要求产业发展切实体现以"低碳"为特征的"系统观"、"价值观"、"生产观"和"发展观"。

一、低碳高效产业体系的概念、内涵和特征

（一）概念

低碳产业体系是整个国民经济产业体系的低碳化发展，是现代产业体系的关键指针。具体而言，低碳产业体系就是以低碳技术和低碳能源为支撑，以绿色发展和节能降碳为目标，以组织生产、提供低碳产品和服务为形式，系统推动产业结构的低碳调整，打造低碳化的农业、工业和服务业为集成体系，生产、流通、分配与消费环节全面符合低碳导向的产业体系。具体而言，低碳产业体系的表现包括以下三点：一是整体工业部门中，高碳产业的比重下降，低碳产业的比重提升，高碳产品减少，低碳产品增多；二是高碳产业低碳化，传统高能耗、高排放行业的低碳化转型改造；三是新兴产业中发展新能源、新材料等低碳排放行业的不断壮大发展。可以看出，低碳产业体系是依托技术创新、结构优化的结果。

低碳高效产业体系是指在获取低碳产品和服务的过程中，同时追求资源的高效利用。即通过使用低碳技术，以最小的资源消耗和最低的碳排放获取产品和服务的经济形态与产业系统，最终形成以经济效益和生态效益双优的产业部门为主导的工业结构，形成经济增长和环境保护和谐发展的局面。

（二）内涵

低碳高效产业体系是现代产业体系的重要组成部分，具有现代产业所要求的"低能耗、低排放、低污染"和"高效能、高效率、高效益"的基本特点。其内涵主要包括：

1. 产业体系涵盖广泛领域。低碳高效产业体系建立的目标是解决产业碳排放强度大的问题，实现产业碳排放下降，推进产业绿色可持续发展。低碳产业包括两方面，一是本身就是低能耗、低排放的产业类型；二是以低碳技术为载体的产业类型。从这一角度出发，低碳高效产业体系涵盖了农业、工业、服务业等领域，包括现代服务业、由高碳向低碳转型的传统产业以及以低碳为特征的新兴产业，如节能煤电产业、节能环保产业、新能源产业等，涉及领域较广。[1][2]

---

〔1〕　包颉，侯建明. 基于低碳经济的我国产业体系构建研究[J]. 商业研究，2011(3).

〔2〕　余博. 以低碳经济为导向的产业体系转型及产业生态重构[J]. 湖南工程学院学报，2012. 22(1).

2. 产业体系依托低碳技术。低碳高效产业体系以低碳产业为构建载体,产业体系的低碳化依赖于产业低碳化发展,这既包括高碳产业的减碳,也包括低碳产业的拓展。产业要实现低碳化,必须以技术创新为基础,依托低碳或无碳技术解决产业增长模式,这些技术包括绿色能源技术、节能减排技术以及碳捕集、利用与封存技术。离开了低碳技术,产业减碳化发展和低碳性的新兴产业发展必然缺乏核心基础。

3. 产业体系追求能源高效利用。在现有产业基础条件下建设低碳高效产业体系,需要推进产业低碳化转型。在产业转型过程中,应重点解决能源使用效率问题,提升能效水平,同时要调整优化能源结构,限制高碳能源的使用比例,积极发展和应用低碳型的新能源,降低能源利用引起的碳排放。

4. 产业体系追求经济与环境和谐。低碳高效产业体系以产业高效发展与环境保护相协调为构建的终极目标,通过产业低碳化发展减少经济增长对环境的负面影响,实现经济增长、环境保护的可持续性。

(三)特征

1. 系统性。构建低碳高效产业体系必须以具有竞争优势的低碳产业和低碳产业集群为支撑,必须从系统发展的角度,调整优化产业结构,构建以低碳农业、低碳工业和低碳服务业为主体,三大产业联动发展的低碳产业体系。

2. 创新性。低碳高效产业体系是适应经济社会发展新阶段而产生的一种现代产业系统,是完全创新性的体系。这一体系构建所遵循的价值理念、应用的低碳技术、运行的制度规则等要素都是在创新发展条件下推进的,各方面都离不开创新思维、创新技术、创新思路,创新是低碳高效产业体系的核心驱动。

3. 生产循环性。低碳产业利用循环经济原理和技术,以“减量化、再利用、资源化”为原则,尽可能地节约自然资源,减少对化石能源等矿产资源的过度开采,不断提高化石能源的利用效率。以物质闭路循环和能量梯次使用为特征,从生产的源头和全过程充分利用废弃资源,推动产业实现投入最小化、资源利用最大化、废物排放最低化。[1]

---

[1] 徐玖平,卢毅. 低碳经济引论[M]. 北京:科学出版社,2011.

4. 可持续性。以往产业增长模式高度关注产业生产力的提高,重视产业增长对人的需求的满足,忽略产业与生态环境的共生融合,因而产生了大量的碳排放,使经济增长的可持续性面临环境破坏的挑战。低碳高效产业体系着眼于资源高效利用、经济效益增长与碳排放控制,将资源有限性、经济增长性、效益低碳性、环境保护永续性有机统一起来,实现经济与环境共生互融,保证了人类社会发展的可持续性。

二、低碳农业

低碳农业是指在发展农业生产的过程中,采用和推广各种"先进"技术,以尽可能降低化石能源消耗,减少温室气体排放,从而获得最大的经济效益、社会效益和生态效益的农业发展模式。一般来看,低碳农业具有"四低两高"的特征,即:低能耗、低物耗、低排放、低污染和高效率、高效益。低能耗、低物耗体现在发展农业生产过程中减少化石能源的投入,即减少化肥、农药、农膜、除草剂、生长调节剂、土壤改良剂、饲料添加剂等各种农用化学品的投入。低排放、低污染体现在对农业废弃物进行资源化利用,从源头减少农用化学品投入,避免或减少生态破坏和环境污染。高效率、高效益体现在通过对农业的低碳化改造,实现节省农业生产成本,提高农业生产经济效益、促进农民增收。

传统农业的主要功能就是生产功能,即为人类生存和发展提供农产品。现代农业的发展已大大拓展了农业的范围和功能。低碳农业作为现代农业的重要模式和组成部分之一,其功能已大大扩展,包括农产品生产功能、农产品质量安全保障功能、气候调节功能、生态涵养功能和农业产业链延伸功能等。

低碳农业模式是基于低碳经济的理念,在农业生产过程中形成的各具特色的种养和盈利模式,其根本特征是通过农业领域的节能减排、生物固碳、生物质能源开发和可再生技术的推广,将传统农业打造成"低能耗、低排放、低污染"的新型低碳农业的发展模式。西方发达国家通过制定低碳农业发展战略、设立低碳农业度量标准、推广减排的耕牧方式、提高农业固碳能力、实施农业安全生产认证等举措推进低碳农业发展,探索出了低碳经济条件下农业低碳化发展的有效模式。[1]

---

〔1〕 郑恒,李跃.低碳农业发展模式探析[J].农业经济问题,2011(6).

国内农业发展方式与国外有着较大的差异,推进农业低碳化发展是当务之急,应积极探索适合自身的低碳农业发展模式。从现实来看,低碳农业可考虑建立特色各异的四种模式:一是构建立足于适量投入、立体种养、高效利用、固碳减排的资源节约型复合生态系统生产模式;二是构建立足于优化环节、合理循环、减少废弃、防控污染的环境友好型循环利用系统的生产模式;三是构建立足于农林复合、农牧配套、合理调控、促进碳中和的固碳增汇型优化调控系统的生产模式;四是构建立足于发挥功能、优势互补、统筹集成、和谐发展的生态文明型统筹协调系统的生产模式。[1]

三、低碳工业

低碳工业是以低能耗、低污染、低排放为基础的工业生产模式,是人类社会继农业文明、工业文明之后的又一次重大进步。低碳工业实质是能源高效利用、清洁能源开发、追求绿色 GDP 的问题,核心是能源技术和减排技术创新、产业结构和制度创新以及人类生存发展观念的根本性转变。[2] 低碳工业也涉及广泛的产业领域和管理领域,乃至人们的生活观念和方式。

低碳工业是二氧化碳低排放的工业生产模式,是生态经济的重要组成部分,是解决工业污染、资源消耗高的有效途径。从产业路径分析,低碳工业具有要素投入低碳化、生产过程低碳化、产品产出低碳化等特点。从工业发展分析,低碳工业具有产值增速稳态化、产业结构轻型化、生产效益生态化等特点。

低碳制造

低碳制造致力于降低制造过程的碳排放强度,同时高效地利用能源和资源的制造业发展模式[3]。低碳制造与绿色制造、环境友好制造等概念不同,低碳制造属于绿色制造与可持续制造范畴,但突出了碳排放减量化的目标,包括低碳原材料、低碳能源使用、低碳工艺选择、低碳产品设计、低碳装备、低碳装配物流、低碳

---

〔1〕 李赶顺,李富军.关于低碳农业发展的优化路径初探[J].商业时代,2011(28).

〔2〕 柯健.低碳经济:我国经济可持续发展的必由之路[J].中国矿业大学学报(社会科学版). 2010,12(2).

〔3〕 Tridech S, Cheng K. An investigation of the EREE—based low carbon manufacturing on CNC machine[C]//Proceedings of the 36th International MATADOR Conference, 2010.

再制造、低碳报废处理全过程中碳排放量的减量化与控制,而较少考虑其他环境、安全及健康因素[1]。实施低碳制造,要考虑产品整个生命周期对生态环境的影响,即要从能源消耗、碳排放等多角度考虑,提高能源利用效率、优化能源结构,实现资源利用最大化和碳排放的减量化,使产品开发制造的整个过程对生态环境的负面影响最小。

四、低碳建筑业

建筑是控制能耗和温室气体排放的重点领域。从建材生产到建筑施工,再到建筑使用,整个过程都是排放源,在我国建筑能耗约占全社会总能耗的三分之一左右,并且随着城镇化的快速发展,这个比例将迅速扩大[2]。建筑节能、建筑行业的低碳发展模式都成为不可避免的热点问题。低碳建筑是指在保障舒适、健康、安全功能前提下,实现低耗能和低排放的居住或经营活动的建筑空间。低碳建筑业就是在建筑物全生命周期(物料生产、建筑规划、设计、施工、运营维护及拆除、回收利用等)内实现高效利用各项建筑资源、最低限度排放温室气体的行业发展模式。目前,低碳建筑已经逐渐成为国际建筑界的主流趋势,推广应用低碳建筑,不仅能节能减排,还能使人类获得更加舒适的生活空间,同时也能进一步带动相关行业的低碳发展。

五、低碳服务业

服务业的发展水平是国家或地区经济发展水平的重要指标。长期以来,我国高能耗、高污染的传统经济发展方式使资源和环境问题日益突出,面临全球低碳发展、节能减排的大潮流,发展低碳服务业也是服务业进一步发展的必然选择。广义来看,低碳服务业就是指要提供被消费者接受的低碳产品及服务,从整合资源、优化流程、施行标准化、智能信息化改造等手段来实现节能降碳,以达到经济效益和环境效益的统一。具体来看,低碳服务业包括:低碳宣传、低碳设计、低碳营销、低碳物流、低碳旅游、低碳咨询,等等。要打造低碳服务业体系,除大力发展

---

〔1〕 曹华军,李洪丞,杜彦斌. 低碳制造研究现状、发展趋势及挑战[J]. 航空制造技术,2012(9).

〔2〕 刘荣耀. 低碳经济开启建筑施工新时代[J]. 施工技术,2010(5).

信息、金融、文化、科研、咨询等现代服务行业外,还要大力促进商贸、住宿、餐饮、仓储、交通运输等传统服务业的升级转型,积极向现代服务业转变,降低资源消耗,并尽可能最大限度地减少碳排放量。

低碳物流

低碳物流业是以低能耗、低排放为目标,实现低碳运输、低碳仓储、低碳包装等功能要素的行业发展模式,一方面需要履行正向物流即"生产—流通—消费"的路径低碳化,另一方面要实现逆向物流低碳化,主要包括回收分拣、净化提纯、退货、再加工、再利用和废弃等环节的低碳化[1]。发展低碳物流,就要从全局来看,将物流业作为一个完整的系统,对其中所包括的运输、存储、配送、装卸搬运、包装、流通加工及信息处理等每一环节都要加以考虑,进行系统化的研究,通过整合资源、优化流程、施行标准化等手段,有效抑制物流业中运输、包装和回收环节所造成的排放。

低碳旅游

旅游业是现代服务业的重要组成部分,其发展水平也是现代服务业快速发展的主要支撑和拉动力。在着力发展低碳服务业的大背景下,低碳旅游这种新型的旅游模式也必然应运而生,并慢慢走入大众的旅游生活。2009 年 5 月在丹麦哥本哈根举行的"气候变化世界商业峰会"上,世界经济论坛呈递了《迈向低碳旅游业》的报告,报告中首次提出了"低碳旅游"的概念[2]。报告显示,旅游业(包括与旅游业相关的运输业)碳排放占世界总量的 5%,其中运输业占 2%,纯旅游业占 3%。所谓低碳旅游,也就是在旅游发展过程中,运用相关低碳技术,推行和倡导低碳的消费方式,尽可能地降低碳排放量的一种可持续发展的新型旅游方式。低碳旅游包含对旅游活动中的食、住、行、游、购、娱等环节的资源节约和低污染,以获得旅游经济和社会效益、环境效益的协调统一。低碳旅游不仅仅是一个概念或理念,更是一种措施,既包含政府推出的相关低碳旅游政策,也包括个人在旅行过程中低碳工具等的选择。

---

[1] 徐旭. 低碳物流的内涵、特征及发展模式[J]. 商业研究,2011(408).

[2] 王洁,刘亚萍. 低碳旅游:气候变化下中国旅游业负责任的选择[J]. 岭南学刊,2010(2).

低碳商服

低碳商服业相较于节能服务业,具有更加丰富的内涵,包括一切为实现低碳经济发展目标所提供的节能减排服务。

低碳商服业的服务内容包括低碳技术服务、低碳金融服务、低碳综合管理三大块,涉及农业、工业、商业、建筑、市政和公共机构、居民生活等领域。低碳服务产业是低碳经济发展过程中,由低碳产业、环保产业、生产性服务业与现代服务业融合产生的高效益、高技术含量、高知识型和高层次的新兴服务业态。而节能服务业可以视为低碳服务业发展初期阶段的产业形态[1]。

第三节 低碳高效产业体系的研究思路

国际经济历经工业化、信息化之后,正在走向低碳化潮流。以低碳为主的经济结构将加速传统产业转型和新兴产业崛起。除了能源产业的清洁绿色化外,整个制造业也在节能减排、资源综合高效循环利用和自动化信息化改造等方面作出巨大改变。绿色正成为市场准入的标准和国际竞争取胜的必备条件。低碳化正在与工业化、城镇化、经济国际化、信息化、市场化加快融合,为全球经济注入新的内涵和动力,改变能源和产业形态与结构,转变人类思维和生活方式,创新发展价值观念和世界观念。

一、研究意义

从江苏的基本省情来看,人口密度大,环境容量小,应对气候变化和节能减排的约束性要求在强化,经济社会发展中的一系列突出矛盾和问题有待解决。一是产业结构偏重。工业经济依然占据主导地位,重化工行业占有较大比重,破解资源环境约束,促进产业结构调整的任务异常艰巨。二是城镇化水平不断提升。全省总体上仍处城镇化加速发展的阶段,快速的城镇化进程和城乡居民日益提

---

〔1〕 曹莉萍,诸大建,易华. 低碳服务业概念、分类及社会经济影响研究[J]. 上海经济研究,2011(8).

升的消费需求对碳排放的驱动作用也越来越强。三是能源结构以煤炭为主。江苏煤炭消费占能源消费总量的70％以上,以煤为主的能源消费结构决定了江苏省单位能源消耗产生的二氧化碳排放量较大,防止产业发展高碳锁定的任务十分艰巨。

未来十到二十年是江苏率先实现基本现代化的关键时期,也是江苏发展的重要战略机遇期,经济国际化参与程度将继续加深,转型升级和节能降碳的倒逼压力将持续加大,新兴产业参与国际竞争的能力将不断加强。现实表明,在加快推进江苏实现基本现代化的进程中,必须抓住应对气候变化的契机,将其作为经济社会发展的一项长期战略性任务和重大机遇,积极探索并科学选择符合江苏省情特色的低碳高效产业体系发展路径,加快经济结构战略性调整,大力发展现代服务业和战略性新兴产业,加快传统制造业改造升级,有效控制工业领域温室气体排放,加快新能源、新材料、节能环保、新一代信息技术和软件、物联网和云计算、新能源汽车、智能电网等符合低碳导向的战略性新兴产业和现代服务业发展,加快低碳生产力布局,推动建立一批具有江苏产业优势特色、具有较强竞争力的低碳产业园区和低碳产业基地,并不断提升低碳技术创新能力,完善低碳生产的保障体系。

二、研究技术路线

本书的研究对象是江苏低碳产业体系的发展路径,具体技术路线就是利用碳足迹分析、投入产出、情景分析等方法,初步分析江苏产业经济发展和碳足迹现状,预测未来江苏省产业排放趋势,分析产业排放特征和驱动因素,指出江苏产业碳减排存在的关键问题和可能瓶颈,进而系统化研究江苏产业体系低碳化的发展路径和模式,并提出相应的体制创新路径和政策实践的保障体系,以期为节能减排和应对气候变化主管部门提供辅助决策支撑。

依据图1-2的技术路线,可确定本书的内容体系。

第一篇是现状和特征,分为四章,是本书研究的基础。一是提出低碳产业体系,明确低碳高效产业体系的概念、内涵和特征;二是综合归纳低碳产业发展的国际国内政策环境;三是系统分析江苏产业体系基础现状;四是江苏产业经济的能源消费和碳足迹现状。

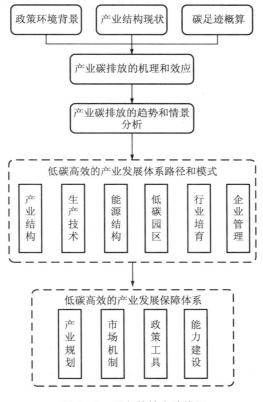

图 1-2 研究的技术路线图

第二篇是机理与效应,分为四章,是本书研究的支撑和依据。一是江苏产业碳排放的时空特征和机理研究;二是江苏产业碳排放的关联效应和需求驱动机理;三是江苏产业碳代谢的特征和机理研究;四是产业排放情景模拟与优化。

第三篇是低碳高效型产业体系发展路径和模式,是本书研究的主要成果和观点。包括低碳产业结构、低碳生产技术、低碳能源结构、低碳园区规划、低碳行业培育、低碳企业管理六章。

第四篇是保障与措施,是本书研究成果得以顺利实践的支撑。从机制保障和工具建设的角度上,提出低碳产业规划、低碳市场机制、低碳政策保障、低碳能力建设。

下文将依照本书的内容框架,详细展开研究。

第二章 低碳产业体系的发展环境

打造高效低碳的产业体系是人类应对资源环境危机的时代选择,是对传统工业文明模式的扬弃,是自然生产力与社会生产力的有机统一和协调发展,是生态文明观念的体现。但是,低碳发展是面向未来的崭新发展模式,当前的市场价格判断和社会价值引导的机制尚未形成,需要公共政策加以引导,以鼓励企业和公民的低碳意识、行为,发展和壮大低碳产业。

第一节 国际国内发展政策环境

低碳经济是反思传统高碳工业文明发展模式的成果,是国际和区域各层面积极应对气候变化、发展绿色生产力的表征。将碳排放和气候资源这一纯正公共物品纳入经济核算领域,更是人类的伟大政策创新。低碳经济蹒跚起步,方兴未艾,需要公共政策的支持和鼓励。

一、国际低碳产业发展政策环境

工业革命以来,地球资源环境遭受到了前所未有的威胁,自然资源和能源矿产日益枯竭、全球气候变化加剧,极端性气候事件和灾害日趋频繁,对人类社会和经济的可持续发展产生了巨大的不利影响。人类的绿色环保意识开始觉醒、生态文明思想开始启蒙,高耗能、高排放的传统工业文明的严重弊端日趋显著。目前,欧美国家正掀起一场以低碳为核心的"新产业革命",意在寻求新的经济增长点,占领新时期的国际竞争制高点。发展低碳经济、培育低碳产业的号角已然吹响,时代正在呼唤低碳浪潮的到来。

（一）后危机时代绿色低碳发展成为全球经济的新引擎

后金融时期,能源、粮食、环境、自然灾害、贫困等全球性问题仍旧突出并且相互交织。此次金融危机暴露出全球经济增长的传统动力正逐步衰减,各种要素报酬因技术进步速度放缓而递减,发展面临的资源瓶颈制约、环境压力加大的挑战越来越严峻,主要依靠物质消耗、要素投入和低成本优势的发展模式已难以持续。对于江苏,产业发展面临要素保障的瓶颈,资源获取难度逐步加大,以煤为主的化石能源安全保障面临挑战,高能耗、高污染、高温室气体排放的负面影响逐步显现。面对如此局面,"低碳经济"、"低碳技术"日益受到全球关注,发达国家和主要发展中国家加快开发新一代能源技术,努力推动产业体系向"低碳产业"和"低碳经济"转变。化石能源清洁高效利用技术、节能减排技术、新能源和可再生能源为重点的经济性规模化开发利用技术不断取得突破,政策支持力度不断加大,为经济发展增添新动力,创造新机遇。大力发展低碳产业,已被国际社会不约而同地视为走出本轮金融危机、刺激经济复苏和增长的重要引擎。

美国总统奥巴马上任后签署的总额为7870亿美元的经济刺激计划成为"绿色新政"的开端。奥巴马的"绿色新政"包括节能增效、开发新能源、应对气候变化等方面,研发从生物燃料、太阳能设备到二氧化碳零排放的发电厂等低碳技术。德国环保技术产业有望在2020年赶超传统的汽车及机械制造业,成为德国的主导产业。日本期望通过"低碳革命"来建设"健康长寿社会"。2009年4月,日本环境省公布了名为《绿色经济与社会变革》的政策草案,日本环境领域的市场规模从2006年的70万亿日元增加到2020年的120万亿日元,通过环境保护推动经济发展,实现"绿色增长"。激烈的低碳经济市场争夺战已悄然打响,这将对实现全球减排目标和推动经济复苏及可持续增长起到重要的作用。

（二）气候变化加剧促使能源经济发展方式的转型

自产业革命以来,西方200年的工业化走的是依托石油、煤炭等化石能源发展的线性经济增长模式,直接导致了全球温室气体排放问题,1906—2005年的100年时间里,全球地表平均温度升高了0.74℃,二氧化碳排放量越来越多,应对气候变化问题成为对全球可持续发展的最大挑战。而据IPCC报告,在各类人为源排放中,能源活动排放,特别是化石燃料燃烧排放,是大气中温室气体含量增加的最大贡献因素(累积排放贡献约占 2/3),而工业过程、农业、林业和土地利用、废弃物管理的累积排放只占约 1/3。减缓和适应气候变化成为全球经济发展面临的硬约束,调整实体经济发展方向,督促能源经济发展方式的转型势在必行。

2000 年 4 月德国联邦议院正式通过了《可再生能源法》。该法取消了对可再生能源发电的上限,这对德国风电的发展起到非常重要的促进作用,2001—2005 年间,德国风力发电装机容量年均增长 20.9%,2005 年达到 18428 MW,为当时全球最大的风能市场[1]。日本福岛核危机事件后,德国更是提出了到 2050 年实现 100%可再生能源的目标。地少人多、资源匮乏一直是日本经济发展的瓶颈。2004 年 6 月,日本通产省公布了"新能源产业化远景构想",目标是 2030 年以前,要把太阳能和风能发电等新能源技术扶植成商业产值达 3 万亿日元的支柱产业之一,从而进一步摆脱对石油的依赖度,提高日本新能源产业的国际竞争力,使新能源产业领先世界[2]。美国是新能源开发的领航者,石油危机后,降低美国对石油的依赖已成为美国政府能源政策的核心。一是大力发展清洁能源,发展下一代生物燃料和基础设施建设并开始向新的智能电网转换;二是实现能源资源多元化,到 2025 年,25%的电能来自可再生能源,在保证安全的前提下发展核能;三是提高汽车燃料效率,实现节能、节约成本和高能效;四是促进国家建筑物节能,到 2030 年,所有新建房屋都实现"碳中和"或"零碳排放"。

(三)国际绿色贸易壁垒推动全球产品和服务的绿色化发展

绿色贸易壁垒是指在国际贸易活动中,进口国家以保护自然资源、生态环境和人类健康为由,通过制定严格的环保技术标准或采用绿色环境标志、绿色包装制度、绿色卫生检疫制度和绿色补贴制度等,使得外国产品无法进口或进口时受到一定限制。绿色贸易壁垒具有双重性,一方面,虽然它可能变相成为地方保护和阻碍贸易自由化的保护伞,但更重要的是,它适应了环境保护和绿色发展的要

〔1〕 贺正优. 对新能源及可再生能源技术开发的分析与看法[J]. 内蒙古科技与经济,2010(11).
〔2〕 徐锭明. 从容迎接后石油时代的到来[J]. 中国新技术新产品,2007(10).

求,是贸易保护与环境保护的有效契合。绿色贸易壁垒的最终效果要求将环境科学、生态科学的原理运用到产品的生产、加工、储藏、运输和销售等过程中去,从而形成一个完整的无公害、无污染的环境管理体系,顺应了环境保护和发展低碳经济的世界潮流。

2009 年 6 月,美国众议院通过征收进口"碳关税",对进口的排放密集型产品,如铝、钢铁、水泥和一些化工产品,征收特别的二氧化碳排放关税。绿色贸易对产业经济发展形成了倒逼效应,产品在流通过程中,制造商为了达到进口国的环境标准,必然增加有关环境保护的检验、测试、认证和签订等环节的投入,提升出口产品的绿色含量。出口产品和服务在绿色低碳环节中各种中间费用及附加费用的增多,将使出口商品成本持续提高,影响出口企业的经济效益。为了提高出口商品的竞争力,避免绿色贸易壁垒的阻碍,那些依靠出口的高耗能、高污染的企业势必在资源、能源、物质流、信息流的合理分配、高效利用上下工夫,切实推动生产技术的升级改造,提升碳生产率,有力推动传统经济的低碳化转型。

(四)跨国公司的绿色供应链管理引领低碳生产模式的普及

绿色供应链是一种在整个供应链中综合考虑环境影响和资源效率的现代管理模式,它以绿色制造理论和供应链管理技术为基础,涉及供应商、生产厂、销售商和用户,其目的是使得产品从物料获取、加工、包装、仓储、运输、使用到报废处理的整个过程中,对环境的负面影响最小,资源、能源利用效率最高[1]。在走向"低碳时代"的今天,企业生存和竞争规则已悄然改变:单纯的利润增长已经不是证明企业优秀与否的唯一考量标准,企业想获得可持续发展,需要长期致力于经济、环境和社会发展之间的协调。在此背景下,申请碳盘查、制定企业社会责任报告和进行能效审核等业务日渐为企业所重视。跨国公司已率先行动起来,纷纷通过各种方式降低自己的碳排放,如谷歌投入替代能源开发,华硕电脑的碳足迹认证,沃尔玛已要求 10 万家供应商必须完成碳足迹验证,贴上不同颜色的碳标签,大量原材料企业、制造商、物流商、零售商必须进行碳足迹验证,承担减排责任,否则将拿不到跨国公司的订单。这种以跨国公司为先导的向上联合原材料供应商、

---

[1] 刘蓓蕾,郭芸璐.浅析绿色供应链管理[J].商业时代,2005(15).

向下联合产品分销商,形成了一条从原材料供应商起、经由产品制造商再到产品分销商的绿色供应链,有利于低碳绿色生产模式在全球的普及,对建立一个低碳、和谐的世界具有深远的影响。

（五）人类日益觉醒的环境意识催促绿色市场的繁荣

1972年罗马俱乐部《极限增长》报告的发表在全球范围引起了对高耗能、高污染的传统工业文明的深刻反思。人们逐渐认识到地球大气层环境容量和化石能源利用的有限性,传统的"人类中心说"被击溃得支离破碎。气候变暖已经成为人类共同面临的挑战,越来越为国际社会所瞩目。转变生活方式,倡导绿色消费,共享低碳生活,促进人与自然和谐相处已成为人类的既定共识。

消费对生产具有引领作用。现在欧美一些国家居民消费已经很注重产品是否低碳环保,是否对环境存在潜在的威胁与破坏。如今市场上节能产品已颇具规模,有偿的塑料袋使用、简单的产品包装等也深入人心,此种消费模式的形成及普及将会增加市场对低碳产品、低碳技术的需求,催促低碳市场的迅速扩张与繁荣,可以在一定程度上抵制破坏生态环境的行为,促使生产者放弃简单粗放型生产模式,逐步形成绿色低碳生产模式。另外,在生活方面,人们也更注重节能减排,如夏季空调温度设在26℃以上,等等。

二、国内低碳产业发展政策环境

我国是人口大国,也是一个能源消耗大国,能源的浪费与短缺已成为制约我国经济可持续发展的关键因素。党中央、国务院高度重视应对气候变化的工作,明确提出把积极应对气候变化作为经济社会发展的重大战略,作为促进经济发展方式转变、促进经济社会可持续发展、推进新的产业革命的重大机遇,采取了一系列重大政策措施,推动应对气候变化工作不断取得新进展。

（一）法规政策的大力支持

2006年,《可再生能源法》的出台确认了可再生能源的地位,保障了可再生能源的价格,促进了我国新能源的发展。2007年,《中国应对气候变化国家方案》正式面世,明确了未来中国应对气候变化的具体目标、基本原则、重点领域及政策性措施。同年9月胡锦涛主席在亚太经合组织（APEC）会议上明确主张"发展低碳经济"、研发和推广"低碳能源技术"、"增加碳汇"、"促进碳吸收技术发展",令世人瞩目。2008 年 8 月,《循环经济促进法》的通过,对促进循环经济发展,提高资源利用效率,保护和改善环境,实现可持续发展具有巨大的指导意义。2011 年,国家出台了《"十二五"规划纲要》,应对全球气候变化作为重要内容被正式纳入国民经济和社会发展中长期规划,将单位国内生产总值二氧化碳排放降低 17% 作为约束性指标,明确了未来五年我国应对气候变化的目标任务和政策导向,提出了控制温室气体排放、适应气候变化影响、加强应对气候变化国际合作等重点任务。2012 年 2 月,全国人大常委会对《中华人民共和国清洁生产促进法》进行了修改,旨在促进清洁生产,提高资源利用效率,减少和避免污染物的产生,保护和改善环境,保障人体健康,促进经济与社会可持续发展。一系列法律法规政策的出台,为我国低碳产业发展创造了良好的法制政策环境。

(二)优化产业结构

改造提升传统产业。2009 年 1 月至 2 月,国家制定和发布了汽车、钢铁等十大重点产业调整和振兴规划,提高高耗能行业准入门槛,对固定资产投资项目进行节能评估和审查,加强传统产业的技术改造和升级,促进企业兼并重组,调整出口退税政策,对煤炭、部分有色金属等产品征收出口关税,抑制高耗能、高排放和资源性产品出口。加快淘汰落后产能,通过"上大压小",关停小火电机组,加大超临界、超超临界机组的比例,提高煤炭发电利用率,淘汰落后钢铁、水泥等产业。

培育和壮大战略性新兴产业。2010 年 10 月,国务院制定并发布《关于加快培育和发展战略性新兴产业的决定》,明确了培育发展战略性新兴产业的总体思路、重点任务和政策措施。加快建设国家创新体系,实施知识创新工程和技术创新工程,加强重大技术攻关。启动新兴产业创投计划,发起设立了 20 只创业投资基金,支持节能环保、新能源等战略性新兴产业的创新企业成长。2010 年,中国高技术制造业的产值达到 7.6 万亿元人民币,位居世界第二,比 2005 年增长了一倍多。

加快发展服务业。国家制定发布了《关于加快发展服务业的若干意见》、《关于加快发展服务业若干政策措施的实施意见》等重要文件,大力推动生产性服务业和生活性服务业的发展。2005 年至 2010 年,中国服务业增加值年均增长11.9%,比国内生产总值年均增速高 0.7 个百分点,服务业增加值占国内生产总值的比重由 40.3% 提高到 43%。

（三）节约能源

加强目标责任考核。分解落实节能目标责任,建立了统计监测考核体系,对 31 个省级政府和千家重点企业节能目标完成情况和节能措施落实情况进行定期评价考核。2011 年,组织实施了万家企业节能低碳行动。

推动重点领域节能。实施工业锅炉(窑炉)改造、热电联产、电机系统节能、余热余压利用等十大重点节能工程,开展千家企业节能行动,加强重点耗能企业节能管理,推动能源审计和能效对标活动。开展"车、船、路、港"千家企业低碳交通运输专项行动,大力发展城市公共交通。提高新建建筑强制性节能标准执行率,加快既有建筑节能改造,推动可再生能源在建筑中的应用,对政府机构办公用房进行节能改造。

推广节能技术与节能产品。发布三批共 115 项国家重点节能技术推广目录,在钢铁、建材、化工等行业重点推广 7 项节能技术。实施节能产品惠民工程,通过财政补贴推广高效照明产品、高效空调、节能电机等节能产品,通过中央财政补贴支持推广高效照明产品、高效节能空调、节能汽车。

推行节能市场机制。积极利用合同能源管理、电力需求侧管理、节能自愿协议等市场机制推动节能。2010 年,颁布了《关于加快推行合同能源管理促进节能服务产业发展的意见》,加大资金支持力度,实行税收扶持政策,完善相关会计制度,改善金融服务,加强对节能服务产业的支持。

实行激励政策。加快推进能源价格形成机制改革,实施成品油税费改革,对高耗能行业实施差别电价,对超能耗产品实行惩罚性电价,推动供热计量收费。设立节能减排专项资金,"十一五"期间,中央财政累计投入 2250 亿元人民币,重点支持节能技术改造和节能产品推广,形成节能能力 3.4 亿吨标准煤。

（四）发展低碳新能源

加快发展天然气等清洁能源。大力开发天然气,推进煤层气、页岩气等非常规油气资源开发利用,出台财政补贴、税收优惠、发电上网、电价补贴等政策,制定实施煤矿瓦斯治理和利用总体方案,大力推进煤炭清洁化利用,引导和鼓励煤矿瓦斯利用及地面煤层气开发。天然气产量由 2005 年的 493 亿立方米增加到 2010

年的 948 亿立方米,年均增长 14％,天然气在中国能源消费结构中所占比重达到 4.3％。煤层气累计抽采量 305.5 亿立方米,利用量 114.5 亿立方米,相当于减排二氧化碳 1.7 亿吨。

积极开发利用非化石能源。通过国家政策引导和资金投入,加强了水能、核能等低碳能源开发利用。截至 2010 年年底,水电装机容量达到 2.13 亿千瓦,比 2005 年翻了一番;核电装机容量 1082 万千瓦,在建规模达到 3097 万千瓦。支持风电、太阳能、地热、生物质能等新型可再生能源发展;完善风力发电上网电价政策;实施"金太阳示范工程",推行大型光伏电站特许权招标;完善农林生物质发电价格政策,加大对生物质能开发的财政支持力度,加强农村沼气建设。2010 年,风电装机容量从 2005 年的 126 万千瓦增长到 3107 万千瓦,光伏发电装机规模由 2005 年的不到 10 万千瓦增加到 60 万千瓦,太阳能热水器安装使用总量达到 1.68 亿平方米,生物质发电装机约 500 万千瓦,沼气年利用量约 140 亿立方米,全国户用沼气达到 4000 万户左右,生物燃料乙醇利用量 180 万吨,各类生物质能源总贡献量合计约 1500 万吨标准煤。

第二节　江苏低碳产业发展政策环境

积极应对气候变化、促进低碳绿色发展既是国家的重大战略决策,也是地方经济社会发展转型的重大战略机遇。"十一五"以来,江苏大力推动经济发展方式转变,全面推进节能减排,在规划战略引领、法律法规保障、经济政策引导、重点领域支撑、机制体制建设等方面形成合力,为低碳经济发展提供了有力的政策环境保障。

一、突出规划战略引领

"十二五"时期是江苏发展的战略机遇期,降低碳排放强度、减少资源消耗、发展绿色经济已成为促进经济社会可持续发展的重要内容。全省以规划战略为引领,全面谋划绿色发展布局,提早应对资源环境瓶颈约束,系统推动低碳产业发展,已成为科学发展、率先发展的必然要求。

2011 年,江苏省委省政府提出生态文明建设工程和转型升级工程这两大战略部署。生态文明建设工程提出要大力发展低碳经济,全面推进低碳经济试点示范,加快形成一批各具特色的低碳城市、低碳园区、低碳企业和低碳社区,研究开发一批共性关键低碳技术,应用示范一批典型低碳产品,加快建立以低碳排放为特征的工业、能源、交通、建筑等产业体系、生产方式和消费模式。进一步完善控制温室气体排放的政策体系和体制机制,基本建立温室气体排放统计核算体系,建立健全低碳产品标准标识和认证制度,积极探索碳排放交易,深入推进低碳全民行动,切实加强应对气候变化综合能力。

"十二五"期间,江苏为推进转型升级工程,提出坚持节约优先、环保优先方针,提高资源利用效率,发展低碳经济和循环经济,加强环境保护,提升生态功能,强化节能减排,形成转型升级的倒逼机制。通过积极发展清洁能源和可再生能源,大力提高能源利用效率、非化石能源比重和天然气接收能力,加快低碳技术的研发、集成、推广和应用步伐,积极探索碳排放管理、低碳产品认证、碳交易等相关制度,带动全省低碳经济的发展。通过加快改造提升传统产业,强化结构减排、落实工程减排、完善监管减排,实施一批重点减排项目。

江苏注重对低碳经济发展规律的研究和把握,充分做好应对气候变化和节能减排的调研,以系统、科学的规划引领全省低碳经济推进。2009 年 9 月,江苏省政府印发了有关部门制定的《江苏省应对气候变化方案》,明确了应对气候变化工作的指导思想、具体目标、重点领域、主要任务及政策措施,为江苏全社会应对气候变化和推进节能减排提供了科学、系统的指导。根据《江苏省应对气候变化方案》的指引和要求,环保、气象、科技、农林、海洋渔业、交通运输、城乡建设等专业职能部门结合各自领域的温室气体减排情况,制定了 2011—2020 年应对气候变化的部门专项发展规划,对生态、气候、农林业、海洋、交通、建筑等低碳发展提出了更加细致、具体的计划指导,有效、有力地推进了低碳经济的发展。

二、完善法律法规保障

在"十一五"期间出台了多部地方性法规、政府规章和实施细则。江苏制定了《江苏省散装水泥促进条例》和《江苏省固体废物污染环境防治条例》,修订了《江苏省节约能源条例》,制定了《江苏省建筑节能管理办法》,颁布实施了《江苏省固定资产投资节能评估和审查实施办法》及相关配套文件。这一系列相关法规、规章和实施细则的制定,进一步扩大了调整范围,健全了管理制度,完善了激励机制,明确了节能管理和监督主体,强化了有关各方的法律责任,增强了法律的针对性和可操作性,有效推进了节能减排工作的开展,在全社会营造发展低碳经济的良好氛围。

三、注重经济政策引导

(一)实施差别电价

为限制高耗能行业的增长,加快淘汰落后生产能力。从 2007 年 7 月起提高差别电价标准,将高耗能行业分为限制类和淘汰类分别实施差别电价。调价淘汰类企业电价每千瓦·时提高 0.236 元,加价幅度较大,企业将受到明显影响,部分企业将因此退出市场。对限制类企业用电加价标准稍低,每千瓦·时提高 0.196 元,主要是为引导其进行技术升级和更新改造,避免出现新一轮盲目投资和低水平扩张。差别电价的实施范围由原来的 6 个行业扩大到 8 个行业,即在原来对电解铝、铁合金、电石、烧碱、水泥、钢铁 6 个行业实行差别电价的基础上,进一步将黄磷、锌冶炼 2 个行业纳入差别电价政策实施范围。

(二)设立财政专项资金

充分发挥政府资金的引导作用,建立多元化的投融资机制,引导社会各界增加低碳绿色发展的投入。2008—2010 年,江苏省每年设立 1 亿元的省级节能减排专项引导资金,用于支持建筑节能重点工作领域,包括机关办公建筑和大型公共建筑节能监管体系建设、新建建筑节能示范工程、既有建筑节能改造、建筑节能适用成熟技术的推广等方面。各市县财政也基本建立了节能专项资金。2011 年,江苏共争取资源节约环境保护中央预算内资金 26465 万元,项目总投资 295167 万元,有力地推进了江苏省节能减排工作。

(三)完善资源环境价格体系

进一步完善资源环境价格体系,切实反映市场供求关系、资源稀缺程度、环境损害成本。加大生产要素差别价格实施力度,鼓励发展清洁能源、可再生能源,倒逼高能耗、高污染产品尽快退出市场。加快环境价格改革,完善排污收费政策。加大排放指标有偿使用力度,探索建立排污权交易市场,建立生态补偿机制。

四、强调重点领域支撑

（一）实施固定资产节能评估和审查管理

2007年，江苏省制定了《固定资产投资项目节能评估和审查管理暂行办法》，明确要求新增年综合用能三千吨标准煤以上的新建、改建、扩建固定资产投资项目的项目可行性研究报告或项目申请报告必须编制独立节能篇。按固定资产投资项目管理权限，由各级政府节能主管部门负责对其组织专题评估和审查。节能评估机构出具的节能评估意见（或报告）是项目审批部门对固定资产投资项目进行审批、核准、备案的重要依据。

2011年，江苏省出台《江苏省固定资产投资项目节能评估和审查实施办法（试行）》，要求全省所有固定资产投资项目均须进行节能评估和审查。市县发改委能评工作也陆续全面展开，绝大部分省辖市都实施了项目能评制度，制定了当地能评管理办法，明确了工作规范，健全了工作机制。

（二）推进企业能源审计和节能低碳行动

"十一五"以来，全省在开展千家、百家企业节能的基础上，全面推进重点耗能企业能源审计。发布了《关于在重点耗能企业全面开展能源审计的通知》，要求各地重点耗能企业按照国家有关节能规范和标准，积极开展能源审计工作，完成审计报告，并在此基础上编制企业节能规划，明确节能目标、重点、措施和年度实施计划，并将能源审计报告和节能规划报当地经贸部门审核；各地经贸（发改）局要加强对所属企业能源审计工作的领导，加强业务指导和检查督促，确保能源审计工作有序推进。

2011年7月，江苏颁发了《关于进一步加强节能工作的意见》，推出进一步强化节能工作的新举措，其中在工业领域，江苏省启动实施了"万吨千企节能行动"，制定考核办法，公布企业名单，逐户开展能源审计，指导督促企业采取综合性措施，挖掘节能潜力，实现节能500万吨标准煤的目标。

2012年5月，江苏省人民政府印发《江苏省万企升级行动计划主要目标任务工作分工》和《江苏省万企升级行动计划年度目标考核评价办法》，明确了当前和今后一个阶段江苏省企业升级的总体要求、主要目标、重点任务及推进机制，对推动企业由一般制造向创新转变，促进产业结构优化升级，全面提升工业经济整体素质,加快工业大省向工业强省迈进,具有十分重要的意义。

（三）大力推动交通运输业节能降碳

"十一五"期间,江苏建设了全国领先的综合交通运输体系,铁路、水运等低碳节能集约运输方式的基础设施建设累计投资约 1150 亿元,占"十一五"交通基础设施建设投资的 39%。为了加强节能减排规划研究工作,逐步完善节能减排管理制度,编制了《江苏省公路水路交通节能规划》,开展了《江苏省交通运输节能减排监测及考核办法研究》、《营运车辆用油定额考核办法制定》等基础研究工作。相继制定、出台了《关于加快道路运输业发展的若干意见》、《关于进一步加强港口行业节能减排工作的实施方案》、《江苏省推进长江干线船型标准化实施意见》等节能减排的政策文件,逐步提高各领域节能减排管理意识和水平,明确节能减排发展目标和要求。进一步加强节能减排监管能力建设,加强交通基础设施建设节能减排管理,严格执行交通固定资产投资项目节能评估和审查、规划与建设项目环境影响评价等级制度;逐步完善运输行业能源消耗统计工作体系,研究制定节能减排考核办法并组织试点,节能减排监管能力得到提升。

《江苏省"十二五"节能减排综合性工作方案》中还指出优先发展城市公共交通,建成城市轨道交通运营里程 250 公里以上,万人拥有公交车达到 15 标台以上,全省公共交通分担率达到 23% 以上。继续实施长江干线船型标准化工作,推进城市公交、出租汽车等运营服务信息化建设,构建公众出行信息服务平台和物流公共信息平台。实施驾驶节能技术应用推广和"绿色汽修"工程。逐步淘汰2005 年前注册的运营黄标车(含运营货车和运营客车),扩大黄标车限行区域,对不符合排放标准的机动车,不予核发检验合格标志,不许上路行驶。结合实施"蓝天工程",逐步在全省范围内供应国Ⅳ标准的车用燃油,积极推进机动车国Ⅳ排放标准实施。全面推行机动车环保标志管理,扩大新能源汽车推广应用范围。

（四）加快建筑节能发展

"十一五"期间,全省累计建成低碳建筑 55766 万平方米。截至 2010 年年末,全省低碳建筑总量 64203 万平方米,约占城镇建筑总量的 33%,比 2005 年末上升了 27 个百分点。在应对气候变化工作方面,江苏省在全面完成"十一五"建筑节能规划的基础上,还对低碳建筑工作进行了创新发展。

一是出台了江苏省第一部地方性建筑节能政府规章《江苏省建筑节能管理办法》，明确了完善低碳建筑全过程监管、大力推动可再生能源在建筑中的推广应用、积极推进既有建筑低碳改造、加强建筑用能系统运行节能管理四方面为江苏省低碳建筑工作的重点领域。

二是省级财政设立了建筑节能专项引导资金，用于支持国家机关办公建筑、大型公共建筑节能、可再生能源建筑应用、低能耗建筑示范以及低碳建筑技术支撑体系建设等工作，有力激发了各界力量参与低碳建筑工作的热情。

三是全面开展低碳建筑考核评价。2008 年，江苏省明确了"十一五"全省要完成低碳建筑节能 1000 万吨标准煤的目标任务，并分解到全省 13 个省辖市。制定印发了《江苏省建筑节能目标任务考核评价管理办法》，对全省各地推进低碳建筑工作情况进行年度考核评价。全省推广实施低碳建筑考核工作深受住建部的充分肯定。

四是成为国家多项低碳建筑重点工作示范省，得到了国家有关部门的肯定和大力支持。2007 年，江苏省被国家财政部、建设部确定为全国机关办公建筑和大型公共建筑节能运行监管体系建设示范省，开展了建筑节能运行监管体系建设工作。通过建筑能耗统计、能源审计、能耗监测等工作，初步掌握全省建筑能耗状况，为下一步制定建筑节能标准、强化运行监管工作提供了数据依据。

同时，积极提升建筑节能标准，在《江苏省"十二五"节能减排综合性工作方案》中提出新建建筑全面执行 50% 及以上节能设计标准，有计划、分步骤实施节能 65% 设计标准，2013 年起，实施居住建筑节能 65% 强制性标准，2015 年，全省新建建筑执行建筑节能 65% 标准的比例达到 50% 以上。积极发展绿色建筑，推进建筑能耗测评标识和绿色建筑星级标识，初步形成符合江苏省情的建筑节能和绿色建筑示范区建设指标体系。

（五）积极开发利用非化石能源

近年来，江苏省加大能源结构调整步伐，大力推动电源结构由单一煤电向煤电、气电、核电、抽水蓄能和可再生能源发电并举的方向发展。《江苏省"十二五"节能减排综合性工作方案》中指出，要有序推进陆上风电，加快发展海上风电。积极实施太阳能示范和建筑一体化光伏发电示范工程，稳步推进生物质能，提高秸秆等能源化利用水平。到 2015 年,全省风电装机容量达到 600 万千瓦,可再生能源占能源消费总量的比重达到 7% 左右,天然气供气能力力争达到 270 亿立方米。

五、强化体制机制建设

(一)切实加强领导组织

"十一五"以来,为适应绿色经济、低碳经济发展的客观形势和江苏生态省建设的目标要求,江苏着力加强节能减排、新能源发展领域的组织领导,先后成立了省级层面的组织协调小组和专职业务部门,形成了低碳经济发展的有力领导和管理格局。

2007 年 6 月,江苏省政府发布《江苏省政府关于成立省节能减排工作领导小组的通知》(苏政发〔2007〕64 号),成立省节能减排工作领导小组,梁保华省长任组长,赵克志、李全林、仇和副省长任副组长,省有关部门主要负责同志为领导小组成员。领导小组的主要任务是,部署节能减排工作,协调解决工作中的重大问题。

2008 年 8 月,江苏省政府发布《江苏省人民政府关于成立省应对气候变化及节能减排工作领导小组的通知》(苏政发〔2008〕76 号),决定将省节能减排工作领导小组调整为省应对气候变化及节能减排工作领导小组。领导小组下设节约能源办公室、污染减排办公室、应对气候变化办公室,以突出绿色低碳发展的组织保障力度。

2010 年 5 月,为更好地实施能源发展战略,江苏省能源局成立,为全省能源领域的专职业务管理部门。江苏省能源局由省发展和改革委员会管理,原省发改委、省经贸委的能源规划建设等职责整合划入省能源局,以进一步促使江苏省调整能源结构,形成科学合理的资源产品价格体系。

2011 年 6 月,省政府发布《江苏省人民政府办公厅关于成立生态省建设领导小组的通知》(苏政办发〔2011〕80 号),决定成立生态省建设领导小组,全面加强对生态省建设的组织领导。领导小组办公室设在省环保厅,省环保厅厅长兼任办公室主任,省发展改革委副主任、省环保厅副厅长、省住房城乡建设厅副厅长兼任办公室副主任。

（二）落实能源总量控制要求

江苏省"十二五"能源发展规划中明确指出，"十二五"时期全省能源发展总体目标是以科学发展观为统领，合理控制总量，调整优化结构，创新体制机制，变革供能模式，保障经济社会发展，促进经济转型升级。

坚持一手抓总量控制，一手抓结构调整，积极引导全社会科学合理高效地利用能源。2015年，全省一次能源消费总量力争控制在3.36亿吨标准煤（包括国家政策允许的非化石能源"增量"），年均增长5.44％。到2015年，全省全部电力可供装机容量达到11000万千瓦（包括风电600万千瓦等省内可再生能源发电装机以及各类区外来电装机）。

（三）明确目标责任考核

"十一五"以来，江苏省切实加强了节能目标责任考核力度，行政问责力度加大，把节能减排指标完成情况纳入各地经济社会发展综合评价体系，作为政府领导干部综合考核评价和企业负责人业绩考核的重要内容，实行"一票否决制"，形成一级抓一级、层层抓落实的工作格局。

从2006年起，为贯彻落实国务院、省政府节能减排工作会议精神，确保完成"十一五"节能减排目标任务，省政府每年与13个省辖市政府签订《年度节能目标责任书》，对每一年度节能减排目标任务进行了严格的目标分解和责任落实。

2007年6月，江苏省节能工作会议上省政府与年综合能源消费量18万吨标准煤以上的江苏沙钢集团等67家"千家企业"签订了节能目标责任书，以确保全省"十一五"期间万元GDP能耗降低20％的目标如期实现，并于11月依据《江苏省节能目标责任评价考核暂行办法》对上述重点耗能企业和江苏省"百家企业节能行动"的126户重点耗能企业的目标责任考核办法制定了可量化的评价指标体系。评价结果按百分制打分，分为四个等级：超额完成、完成、基本完成、未完成。未完成节能减排任务的地方、单位和企业一律不得参加评优评先活动。同时，建立高耗能、高排放行业新上项目与地方节能减排指标完成进度挂钩、与淘汰落后产能相结合的机制。对未完成淘汰落后产能任务的地区，严格控制国家和省安排投资的项目，实行项目"区域限批"；对污染物排放超过总量控制指标的地区，暂停审批新增污染物排放总量的建设项目。

2011年下半年,为确保完成"十二五"节能要求,江苏在全国首创三色预警系统,按月公布各市节能目标完成进度晴雨表,对能耗增长过快和完成目标进度滞后的地区及时预警,从源头控制能源过快增长。根据各省辖市单位 GDP 能耗下降率及对年度节能目标进行对比分析,确定了 13 个省辖市的预警等级,并根据不同的预警等级采取不同的有效节能措施。

第三节　江苏低碳产业发展的政策导向

当前,江苏省经济已进入全面转型升级的关键阶段,加快调整优化产业结构是摆在江苏面前的一项重大而紧迫的任务。"十二五"时期,江苏将围绕"推动科学发展、建设美好江苏"一个主题,紧扣转变经济发展方式一条主线,着力构建结构优化、技术先进、清洁安全、附加值高、吸纳就业能力强的现代产业体系这一大目标,加快推进产业结构战略性调整,加快创新型省份建设,着力推动五个方面的重点工作。

一、以产业结构提升推动结构性降碳

作为全国的制造业大省,江苏既有传统优势产业的雄厚基础,又有新兴产业加快发展的良好势头。"十二五"期间,要加快形成新兴产业和传统产业优势互补、特色鲜明、良性互动、共同提升的发展格局。一是大力发展高新技术产业和战略性新兴产业。把高新技术产业、战略性新兴产业作为带动全省产业转型升级的两大引擎,全力推动高新技术产业和新兴产业加快发展。以倍增为重点,加快规模总量快速增长。2011 年全省高新技术产业产值占工业比重提高 1.5 个百分点,达 34.5%;新兴产业产值占工业比重提高 2 个百分点,达 25%。以创新为动力,强化创新能力建设。重点加强科技服务体系建设,大力发展科技创新园区,积极建设南京、苏州、无锡、常州等国家级创新型城市和一批省级创新型城市。加快一批创新平台建设,搭建行业创新联盟。二是做大做强主导产业。要加快提升装备制造、电子信息、石油化工等主导产业发展水平,全面推进实现高端化发展,提升产业层次和核心竞争力。装备制造业以机械、汽车、船舶为重点,着力打造工程机械、汽车及关键零部件、船舶制造、新型电力装备、机床等产业链；电子信息业重点打造集成电路、计算机及网络设备、通信等产业链；石油化工业以炼油为基础，以乙烯为重点，建设大型乙烯生产基地，大力发展精细化工产品，打造大石化产业链。三是加快传统产业升级。传统产业是江苏省工业的重要组成部分，也是促进经济增长的重要力量。加快传统产业转型升级，推进自主创新，加快技术改造，增强产业发展后劲。推进品牌战略，扩大产品市场份额。推进兼并重组，培育行业优强企业。重点在钢铁、水泥、棉纺、染整、化纤、酿酒等行业，鼓励支持龙头企业围绕主业和优势集聚，开展跨地区、跨所有制兼并重组，构建符合市场经济规律的现代产业链。

二、以产业空间组合优化加速低碳化布局

现代产业重要特征之一是科学合理的布局，形成区域各具特色、错位发展的产业空间格局。目前，江苏省各类土地开发强度达到18％左右，超过德国的13％和日本的7.9％，列全国各省之首。同时，江苏省单位面积产出率仅相当于同期浙江省的77％、广东省的79％，与发达国家相比差距更大。"十二五"期间，从现代化建设全局和美好江苏永续发展的战略需要出发，加快推进实施主体功能区战略，构建全省建设开发、农业生产和生态保护三大空间，进一步优化重大生产力布局和国土空间开发格局，通过产业空间的组合优化加速了产业的低碳化布局。一是加强三大区域分类指导。加快苏北新型工业化进程，研究加快苏北新一轮发展的新思路、新举措，继续推进南北共建开发园区和以产业转移为重点的"四项转移"、"一市一策"有针对性地给予扶持和帮助。提升苏中经济国际化水平，充分发挥临江靠海、依托上海、衔接长三角的区位优势，继续实施江海联动，加速形成制造业新高地。推动苏南加快转型升级，鼓励支持苏南率先发展创新型经济，逐步形成以服务经济为主体的现代产业体系。二是推进四沿产业带建设。充分发挥沿海开发和长三角区域经济一体化两大机遇叠加效应，按照重大区域规划和四沿产业布局要求，沿海产业带重点布局建设风电、钢铁、石化等产业，沿沪宁线产业带重点布局建设电子信息、光伏、智能电网、轨道交通等产业，沿江产业带重点布局建设船舶及海工装备、新材料、精细化工等产业，沿东陇海线产业带重点布局建设工程机械、新能源、资源加工等产业。三是推进产业集聚集约发展。重点实施

产业发展"双百工程",即加快培育打造全省100家特色产业基地和100家服务业集聚区,推动产业集聚、企业集群和资源集约利用。以新兴产业和优势产业为重点,以专业园区、科技园区、开发区为依托,围绕"规模化、集约化、专业化"的目标着力在推动园区做大规模、做长链条、做强技术、做优品牌上下工夫,通过产业聚集化提升碳生产率。

三、以积极实施创新驱动低碳技术发展

把加快企业技术进步、增强自主创新能力作为推进工业转型升级的中心环节,大力推进原始创新、集成创新和引进消化吸收再创新,增强核心技术突破能力,促进科技成果向现实生产力转化。一是突破关键技术。充分发挥江苏省科教和人才优势,加强产学研合作,在关系江苏省产业高端发展的重点领域,制定关键技术导向目录,开展共性技术、关键技术、前沿技术的联合攻关,尽快研发一批高效低碳生产工艺和高端制造装备。二是建设创新载体。着力打造高新技术开发区、归国留学生创业园、科技成果孵化器等载体,创新管理,提升功能,放大低碳技术成果转化效应。加强大中型企业技术中心建设,支持中小科技型企业发展,切实增强企业创新能力。以新兴产业和高新技术产业领域为重点,积极发展公共技术平台。三是完善创新体系。发挥企业主体作用,加速建立参与广泛、利益共享、风险共担的产学研联合新机制,形成市场导向、企业主体、政府推动、产学研联合、服务平台支撑的技术创新体系。积极探索有利于产学研联合的科技人才和科技成果评价体系,建立和完善产学研联合的人才柔性流动、优势互补机制。

四、以强化国际合作提升低碳发展能力

实施更加积极主动的开放战略,努力提高江苏省产业对外开放的层次和水平。一是优化外向型产业。扩大高新技术产品出口,促进工业品出口从劳动密集型产业向资本和技术密集型产业升级、从低附加值产品向高附加值产品升级、从产业价值链低端环节向高端环节升级,以及营销控制、品牌管理等方面升级;鼓励跨国公司把高端制造环节向江苏转移;推动加工贸易向总部经济、生产性服务业、研发品牌、产业集聚以及质量效益、低碳环保、高端制造等方向转型升级。二是提高外资利用水平。积极引导外商投资逐步向新能源、新材料、节能环保等战略性新兴产业及生产性服务业转移。三是加快企业走出去步伐。鼓励企业家电、纺织、资源性等行业内有条件的企业"走出去",围绕品牌、技术和战略性资源开展兼并重组,支持机械、冶金、汽车零部件等行业内有条件的企业收购境外资源和优质资产,建立海外原料供应基地、境外加工生产基地。创造条件收购兼并境外先进技术、优势品牌、营销网络、研发中心和高端人才的企业。

五、以机制保障支撑低碳绿色市场

充分发挥市场在资源配置中的基础性作用,同时采取政策引导、行政法律和倒逼机制等措施,优化资源配置,整合要素资源,向关键产业链、重点集聚区和战略性新兴产业、优强企业、重大项目、知名品牌等领域聚焦倾斜,支持产业结构优化升级。一是优化政策环境。通过制定出台相关指导性文件,改革财税政策,逐年增大节能低碳和循环经济的财政专项引导资金规模,支持产业结构优化升级。整合财政专项引导资金,提高资金使用集中度,拓宽融资渠道,协调各类金融机构形成合力,重点支持产业结构优化升级的重大项目。严格落实产业政策,发布产业指导目录,形成约束激励机制,倒逼产业结构优化升级。二是形成支撑体系。强化人才引进与培养力度,发挥各类人才在产业结构优化升级中的支撑作用。整体发挥各类公共技术服务和专业研发平台的作用,为产业结构优化升级提供技术支撑。加强与国土部门协调沟通,集中可利用的土地资源,优先保障涉及产业优化升级的项目用地需求,争取有更多的重大技改项目获得土地点供指标。推进产业与金融的深度合作,探索形成一套支持江苏省产业结构调整、支持新兴产业和优势产业发展的有效金融体系,有效解决产业发展的资金融通问题,积极推进金融服务和金融工具的创新,大力发展创业投资、私募股权投资、产业投资基金等新型准金融机构的发展,探索发展债券市场、股权交易市场、保险市场对绿色市场的推动,通过政府引导,市场运作,整合资源,协同推进,加快江苏新兴产业发展的步伐。三是做好关键要素供应。做好以电力为主的能源保供工作,推动各有关方面持续实施电源点建设;着力稳定成品油供应,积极争取气源,积极提升可再生能源装机比重,强化电力需求侧管理,编制有序用电方案。

第三章 江苏产业体系现状

在 21 世纪的前十年里,江苏省国民经济实现了飞跃式的发展。作为东部沿海经济发达地区,江苏经济的快速发展在全国范围内起着不可替代的示范、引领和带动作用。十年间,江苏省地区生产总值的平均增速接近 13%;以当年价格衡量,地区生产总值增长 3.97 倍。经过十年的快速发展,江苏省产业经济已经有了极大的飞跃,产业结构不断优化升级,三次产业结构比例更加协调,战略性新兴产业群快速崛起,现代服务业发展成效明显。同时,江苏省总体上已经步入工业化发展的中后期,区域资源要素的匮乏现状与先进的制造业体系不相适应,产业发展日益受到资源环境的硬约束。

第一节 江苏省产业体系总体概况

江苏地处中国东部沿海地区,经济基础和自然条件优越,产业经济的总体规模和水平均在全国领先。近年来,江苏经济总量稳居全国第二,人均 GDP 位居全国第四,用全国 1%的国土面积创造了 10%的地区生产总值。

根据核算,2011 年全省实现地区生产总值 49110.27 亿元,按可比价格计算,比上年增长 11%,占全国比重高达 10.3%,位列全国第二位。其中,第一产业增加值 3064.8 亿元,增长 4%;第二产业增加值 25203.3 亿元,增长 11.7%;第三产业增加值 20842.2 亿元,增长 11.1%。人均地区生产总值 62290 元,即将突破 1万美元大关。从国际经验来看,江苏经济发展接近了库茨涅茨环境曲线的拐点。

产业结构持续优化。三次产业增加值比例调整为 6.3：51.3：42.4。

"十一五"期间,江苏省以年均 8.2％的一次能源消费增长支撑了年均 13.5％的经济增长,每万元 GDP 能耗由 2005 年 0.923 吨下降到 2010 年 0.734 吨,累计下降 20.45％,超额完成国家下达任务,节约能源 5200 万吨标准煤,相当于少排放约 1.3 亿吨 CO_2。

一、先进制造业迅速崛起

培育和发展先进制造业,是关系地方经济社会发展全局和长远持续发展的重大任务。"十一五"期间,全省工业创新投入力度明显加大,以高新技术产业和战略性新兴产业为代表的一批先进制造业加速成长。2010 年,全省高新技术产业实现产值 30354.8 亿元,占规模以上工业比重由"十五"末的 24％提高到 33％。5 年来,高新技术产业投资年均增幅高于全部工业 20 个百分点,全省大中型工业企业研发投入占主营业务收入比重超过 1％,比"十五"末提高 0.2 个百分点,全省建成省级以上企业技术中心超过 600 家,专利申请和授权数均居全国第一。

"十一五"以来,江苏省新兴产业总量迅速扩大,技术层次快步提升,竞争力显著增强,形成了较好的发展基础,已经成为拉动全省经济增长的重要力量。江苏省新兴产业的迅速崛起得益于省委省政府的有效规划引导和超前战略部署。2006 年,江苏省从比较优势出发,明确提出大力推动新能源、新医药、新材料和生物等新兴产业成长壮大;此后,依据江苏省新兴产业的迅猛发展态势及产业结构调整的方向,江苏省进一步将新能源,新材料,生物技术和新医药,节能环保,软件和服务外包,物联网和新一代信息技术六大新兴产业作为江苏省战略性新兴产业发展的重点。自 2008 年江苏省明确培育六大战略性新兴产业的发展战略以来,新兴战略产业规模不断壮大,实力不断增强,显现出旺盛的生命力和抗风险能力。2010 年省政府又出台《江苏省新兴产业倍增计划》,将推动实现新兴产业跨越发展。

2010 年,新能源、新材料、生物技术和新医药等六大新兴产业销售收入达到 20647 亿元,占规模以上工业比重上升到 23％。光伏、风电设备、海工装备、轨道交通等一批新兴产业迅速崛起,其中光伏产业约占全国的 1/2,继电子信息产业后,成为又一个世界级制造基地,船舶产业规模占全国的近 1/3,成为国内第一船舶制造大省。无锡传感网、苏州生物纳米等一批拥有自主知识产权的高端产业在国内外已处于领先地位,成为我国先导性新兴产业的重要生产研发基地。

2011 年 12 月,省政府下发了《江苏省"十二五"培育和发展战略性新兴产业规划》,确定了江苏省将重点培育壮大新能源产业、新材料产业、生物技术和新医药产业、节能环保产业、物联网和云计算产业、新一代信息技术和软件产业、高端装备制造业、新能源汽车产业、智能电网产业、海洋工程产业十大战略性新兴产业。2012 年 6 月,江苏出台十大战略性新兴产业推进方案,就产业布局优化、关键技术突破、龙头企业培育、政策支持实施等问题予以了重点关注。

二、现代服务业明显提速

现代服务业作为一个能耗低、环境污染小、吸纳就业能力强的低碳产业,有着巨大的发展空间,江苏省把加快发展现代服务业作为产业结构调整的重中之重。江苏突出创新驱动、着力优化结构、强化政策落实、健全工作机制,全面启动服务业提速计划,全省服务业尤其是现代服务业取得了长足发展。

"十一五"以来,江苏省服务业产值不断提高,从 2006 年的 7914.11 亿元上升到 2010 年的 17131.45 亿元,且每年的增长速度均高于当年 GDP 增速;2006 年服务业增加值占 GDP 比重为 36.8%,到 2010 年服务业占 GDP 比重已超过了 40%,年均提高 1.1 个百分点,成为东部沿海地区中比重提升最快的省份。同时,金融业、房地产业、租赁和商务服务业等现代服务业增长快于服务业总体增速,软件、物流等新兴服务业快速发展。

发展速度明显加快。全省服务业增速始终高于地区生产总值增速,服务业增加值从 2005 年的 6683.5 亿元提高到 2010 年的 16731.4 亿元,年均增长 14.4%,高于同期地区生产总值增速 0.9 个百分点。全省服务业增加值占地区生产总值比重从 2005 年的 35.9% 提高到 2010 年的 41.6%,5 年提高 5.7 个百分点。

内部结构逐步优化。全省金融、科技研发、商务服务、现代物流、软件等现代服务业发展迅速,成为服务业发展新的增长点。2010 年,金融业实现增加值1966.7 亿元,总量比"十五"末扩大了 4 倍,占服务业增加值比重提高了 4.8 个百分点;物流业实现总收入 3359 亿元;软件业实现营业收入 2300.4 亿元,其中软件服务外包收入 70.9 亿美元。

集聚程度显著提升。"十一五"期间,按照集中、集聚、集约发展的要求,江苏省加大现代服务业集聚区建设力度,到 2010 年年底,全省建成 100 家不同形态的省级现代服务业集聚区,入区企业达 2.2 万家,就业人数 66.3 万人,实现营业收入 3196 亿元,集聚区内主导产业的销售收入和利润占比均达到 80% 以上,其中,科技、软件信息类服务业集聚区创造的营业收入占全省科技服务和软件业总收入的 40% 左右。

三、传统产业加快转型升级

江苏省作为制造业大省,传统制造产业,尤其是纺织、冶金、轻工和建材等传统优势产业,产业规模位居全国前列,是促进全省经济增长的重要力量。"十一五"以来,江苏省在大力发展现代服务业和战略性新兴产业的同时,积极推进传统产业的技术改造升级,以新技术、新工艺、新材料、新设备实现产业结构、产品结构优化升级,提升传统产业的生产经营水平。

2009 年,江苏省经贸委推出《2009 年江苏省百项千亿技术改造重点项目建设计划》,确定了依托重点企业实施的 115 项重点技术改造项目,项目总投资 1135 亿元,技改项目的行业主要集中在装备制造业(53 项)和高新技术产业(73 项)。

通过"百项千亿技术改造工程"等一批技改项目加快推进,加大新产品开发和品牌创建力度,纺织、冶金、轻工和建材四大传统产业的工艺、技术和装备水平得到了提升。"十一五"前四年,江苏省四大传统产业完成技改投入 14700 亿元,年均增幅 18% 以上,主营业务收入、利税年均增幅 13%～14% 左右,2010 年,四大传统产业共完成投资 4651 亿元,同比增长 19.6%。2010 年 6 月,江苏省出台《江苏省传统产业升级计划》,预计到 2012 年全省计划完成技改投入将达到 15000 亿左右。

传统产业提升发展,需要落后产能腾空间,促进节能减排、淘汰落后产能成为改造提升传统产业的重要突破口。"十一五"期间,江苏省落后产能加快退出,提前 2 年完成"十一五"淘汰小水泥厂的任务;提前 1 年完成关闭小化工厂的三年计划。累计淘汰落后炼铁 505 万吨、炼钢 657.2 万吨;关停小火电机组 723.094 万千瓦、淘汰落后水泥 3251 万吨、玻璃 14.5 万标箱、焦炭 444 万吨、造纸 50.3 万吨、酒精 13.9 万吨、制革 25 万标张、印染 4.2 亿米、化纤 16.5 万吨。

四、现代绿色农业稳步推进

"十一五"以来,江苏省坚持工业化致富农民、城市化带动农村、产业化提升农业,加快转变农业发展方式,大力发展现代农业,农业综合生产能力迈上了新台阶,高效农业建设取得新成效,农业科技水平有了新提高。"十一五"期间,大力推进有机农业、循环农业发展,增强农业生态系统固碳肥力;有效推进畜禽养殖业综合整治和废弃物资源循环利用;大力发展沼气等清源能源;着力发展高效设施农业和高标准粮田建设,提高农业抗灾减灾能力。截至 2010 年,全省建成农村户用沼气池 65 万处,规模畜禽场沼气工程 2263 处,秸秆气化集中供气工程 150 处,农作物秸秆综合利用率达 70% 以上,规模畜禽场粪便无害化处理和综合利用率达 78%;全省测土配方施肥推广面积 6200 万亩次/年,商品有机肥推广应用补贴 40 万吨/年以上,高标准农田面积达到 35% 以上,设施农业面积点耕地面积达到 9.9%;全省有机食品、绿色食品、无公害食品"三品"基地建设面积 4549 万亩,建成湿地自然保护区 28 处,新增造林面积 909 万亩,森林覆盖率达到 20.64%。但是从长远看,农业生产要素紧缺现象加剧,农业发展的资源约束条件日益严峻,农业基础设施仍然相对薄弱,气候不确定性因素增加,保障主要农产品生产供给难度依然较大。

第二节 江苏省产业体系总体特征

进入新世纪以来,江苏 GDP 增速始终保持在 10% 以上,经济增长主要依靠高投资、高积累的特征显著,外向型经济模式中资源与产品两头在外。今后一段时期是江苏向基本现代化迈进的重要时期,加快转变经济发展方式刻不容缓,原有经济增长模式中仍存在的诸多不合理和结构性矛盾亟待解决。但要实现传统经济增长模式向绿色低碳经济增长模式的转变,首先要对江苏产业体系现状进行深度剖析。

一、国民经济持续较快增长的潜力大

2011 年,全省实现地区生产总值 49110.3 亿元,按可比价格计算,比上年增

长 11％,占全国比重高达 10.3％,位列全国第二位。其中,第一产业增加值 3064.8 亿元,增长 4％,居全国第三位;第二产业增加值 25203.3 亿元,增长 11.7％;第三产业增加值 20842.2 亿元,增长 11.1％。2011 年江苏人均地区生产总值 62290 元。(见表 3-1)

表 3-1 江苏省 GDP 及三次产业总量(2000—2011)

单位:亿元

年度	地区生产总值		人均 GDP（元）	第一产业	第二产业	第三产业
	总量	增速（%）				
2000	8582.73	10.6	11765	1031.17	4435.89	3115.67
2001	9511.91	10.2	12882	1082.43	4907.46	3522.02
2002	10631.75	11.7	14396	1054.63	5604.49	3972.63
2003	12460.83	13.6	16830	1106.35	6787.11	4567.37
2004	15003.60	14.8	20223	1367.58	8437.99	5198.03
2005	18305.66	14.5	24560	1461.48	10355.04	6489.14
2006	21645.08	14.9	28814	1545.01	12250.84	7849.23
2007	25741.15	14.9	33928	1816.24	14306.40	9618.51
2008	30312.61	12.3	39622	2100.00	16663.81	11548.80
2009	34173.45	12.5	44232	2201.75	18416.14	13555.60
2010	40903.34	12.6	52461	2539.59	21753.93	16609.82
2011	49110.3	11.0	62290	3064.77	25203.3	20842.2

新世纪以来,江苏 GDP 增速始终保持在 10％以上。"十二五"期间,将保持较快增长潜能,预计在 10％,这与高投资、高积累的发展模式密不可分。

二、产业结构进一步优化

2011 年,江苏省三次产业增加值比例调整为 6.3∶51.3∶42.4。与 2000 年相比,农业在经济总量中的占比下降近一半(平均每年下降 0.6 个百分点),而第二产业比重仍然维持在较高水平并略有回落,服务业占比呈现稳步攀升态势。总体上看,江苏省产业结构变动总趋势,遵循库茨涅茨关于产业发展趋势的理论:随经济发展,一产比重快速下降,二产比重显著上升,三产比重随人均收入水平的提高而迅速扩大,产业结构向高度化方向演变。纵观"九五"到"十一五"三个五年期的经济发展,江苏三次产业保持着"二、三、一"的结构比重,同时具备了向"三、二、一"结构发展演进的基础(见图 3-1)。

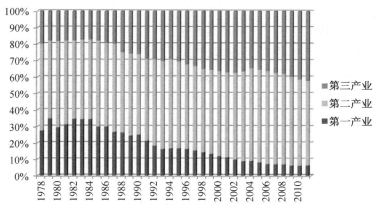

图 3-1　江苏省三次产业构成比(1978—2011)

在江苏三次产业结构中,第一产业中的农林牧渔业发展良好,农业基础不断巩固加强。一产增加值占比虽然不断下降,但其发展开始不断接受工业的"反哺",在持续的惠农政策扶持下,农产品产量稳步攀升,优质高效农业种植面积不断扩大,农民专业合作组织蓬勃发展。同时,江苏是工业制造业发达省份,近年来在二产中先进制造业发展快速提升,2011 年,高新技术产业快速发展,全年实现高新技术产业产值 38377.8 亿元,增长 26.4%,占规模以上工业总产值比重达35.3%,比上年提高 2.3 个百分点。服务业发展水平提升,全年实现服务业增加值 20686.6 亿元,增长 11%,占 GDP 比重为 42.6%,比上年提高 1 个百分点。战略性新兴产业蓬勃发展,新能源、新材料、生物技术和新医药、节能环保、软件和服务外包、物联网和新一代信息技术等新兴产业全年销售收入达 26090.3 亿元,比上年增长26.4%。

三、产业结构效益趋势向好

经过近十年来产业结构的不断优化调整,尤其是 2008 年国际金融危机以来,江苏对自身产业结构的主动转型升级,产业结构效益总体上表现为不断向好和提升。通过增加值率、成本产出率、物耗利税率等七大类结构效益指标的计算及与前期的对比,可以较为明确地反映出这一变化过程。七项指标的计算公式见注释[1]。

根据 1992 年至 2007 年间的历次投入产出表的计算可以发现,长期来看投入产出效益呈现缓步增加的趋势。近十年间,成本产出率、成本利税率、劳动报酬产出率、劳动报酬利税率、物耗利税率五项经济效益指标呈明显递增态势,尤其是劳动报酬产出率和劳动报酬利税率的增长最为显著,2005 年、2007 年均以接近 1 个百分点的速度递增。在总产出水平不断增长的情况下,增加值率和物耗产出率与以前年份相比并无显著变化,这可能与"十一五"期间江苏产业自身的主动调整、转移和升级有一定关系。这些产业格局的再调整过程必然会在一定程度上影响到产出效率,但各项指标的利税率水平的不断提高表明,产业优化的经济效益已经开始显现。(见表 3 - 2)

表 3 - 2　历年投入产出效益指标

单位:%

指标项	1992	1997	2002	2005	2007
增加值率	0.32	0.31	0.32	0.32	0.32
成本产出率	1.15	1.12	1.11	1.15	1.17
成本利税率	0.15	0.12	0.11	0.15	0.17
物耗产出率	1.47	1.45	1.47	1.48	1.46
物耗利税率	0.19	0.16	0.15	0.20	0.22
劳动报酬产出率	6.89	6.05	6.12	7.40	8.15
劳动报酬利税率	0.89	0.67	0.63	1.02	1.21

注:根据历年投入产出表资料计算得出。

---

[1] 增加值率＝增加值合计/总产出合计;
　　成本产出率＝总产出合计/(中间投入合计＋劳动者报酬合计＋折旧合计);
　　成本利税率＝(营业盈余合计＋生产税净额合计－生产补贴)/(中间投入合计＋劳动者报酬合计＋折旧合计);
　　物耗产出率＝总产出合计/中间投入合计;
　　物耗利税率＝(营业盈余合计＋生产税净额合计－生产补贴)/中间投入合计;
　　劳动报酬产出率＝总产出合计/劳动者报酬合计;
　　劳动报酬利税率＝(营业盈余合计＋生产税净额合计－生产补贴)/劳动者报酬合计。

与 2002 年相比较,三次产业的增加值率依旧以三、一、二顺序排列,其中一、三产增长明显。从表 3-3 中可以看出,一产中除增加值率、物耗产出率外,其他五项经济效益指标明显低于平均水平,与 2002 年相比一产中三项利税率指标下降尤其显著。近年来,一产产出份额逐年下降,虽然开始接受二产的"反哺",但与二、三产相比,农业基础投入高、劳动报酬和产业效益较低的特征短期内难以改变。江苏是制造业大省,城市化进程的加速及产业带由南向北的梯度转移,可能需要一产逐年不断地将更多的农业用地转为工业及其他类型用地,这一"农转非"进程的不断累积或将对农产品产出及农业的基础地位造成一定程度的威胁,应当引起重视。

表 3-3　2007 年三次产业总体效益指标

单位:%

指标项	第一产业	第二产业	第三产业	总体水平
增加值率	0.59	0.23	0.60	0.32
成本产出率	1.00	1.14	1.37	1.17
成本利税率	0.001	0.14	0.37	0.17
物耗产出率	2.45	1.31	2.50	1.46
物耗利税率	0.003	0.16	0.67	0.22
劳动报酬产出率	1.78	12.91	4.51	8.15
劳动报酬利税率	0.002	1.62	1.21	1.21

注:根据 2007 年投入产出表资料计算得出。

　　总体看,与 2002 年相比,二产的各项经济效益指标基本保持稳中略升的态势。工业增加值在江苏地区生产总值中过半,随着传统制造业的升级和新型产业的加速发展,预期未来二产经济效益会有较大的提升。三产的七项经济效益指标提升最为显著,呈现出低投入、高产出的产业发展特征,符合未来产业的发展方向。三产增加值份额的提速,将为江苏产业结构的进一步优化做出更大的贡献。

　　产业结构变化的总体效益是指通过不同类别和时期产业结构变化的经济效益对比,进而对各类产业结构变动所产生的总体效益的评价。它包括结构效益和要素节约效益,二者可以由下述两个公式来进行描述。

$$ER = \sum T_{ti}G_{0i}/T_{0i} - TtG_0/T_0 \text{(结构效益)}$$

$$ES = G_tT_0/G_0 - \sum G_{ti}T_{0i}/G_{0i} \text{(要素节约)}$$

上述二式中,G_{0i}、G_0 分别表示为基期的产业 i 部门的产出和基期的产业总产出;T_{ti}、T_t 分别表示为对比期第 t 年的产业中 i 部门的投入和对比期的产业总投入;T_{0i}、T_0 分别表示为基期的产业 i 部门的投入和基期的产业总投入。显然当 $Er > 0$ 时说明产业内部结构在同样多的投入下,获得了更多的产出。$Es > 0$ 则说明产业内部结构在相同的产出条件下,使用了更少的投入。而且 $Er(Er = ER/Tt)$(即单位投入获得结构产出的增加)、$Es(Es = ES/Gt)$(即单位产出所需投入的减少)两项比值越大,说明新的产业结构所获得的两种效益就越好。根据两个公式,我们相应计算了产业结构变化所产生的结构效益和要素节约的变化情况(见表 3 - 4)。

表 3 - 4　历年产业结构效益及要素节约变化情况

年度比较	结构效益		要素节约	
	总效益(亿元)	$Er = ER/T_t$	总节约(亿元)	$Es = ES/G_t$
1992 比 1987	176.428	0.030	57.039	0.008
1997 比 1992	924.723	0.049	390.923	0.019
2002 比 1997	−419.874	−0.019	−26.078	−0.002
2005 比 2002	−108.756	−0.003	8783.122	0.156
2007 比 2005	748.275	0.013	−18761.306	−0.329

注:根据历年投入产出表计算得出,1992—2002 年间的比较数据直接引自汤以伦等的《江苏宏观经济效益评价》(江苏省投入产出表及应用分析,2002)。

从表 3 - 4 中可以看出,与 1997 年相比,2002 年产业结构变动引发的结构效益与要素节约两项指标不同程度的恶化情况随着产业结构的调整有所缓解。这一转变从 2005 年及 2007 年结构效益的快速改善中可以看出,其中 2005 年比 2002 年在结构效益上的止损改变较为明显。同时,此期间内的产业结构调整还带来了要素投入中的大量节约。虽然 2007 年与 2005 年相比,产业结构变动导致要素使用效益上有所恶化,但结构效益的改善仍然是明显的,从产业内部结构来看第三产业对结构效益的贡献是正向的。2005年至2007年间,第三产业在产业结构调整中的速度在加快,对省内经济的总体贡献在提高,但同时也应该注意到产业的要素投入大大增加,而总体效益仍有待改善。

四、生产力布局逐步优化

2011年,江苏省区域发展协调性增强。苏南加快转型升级,苏中崛起明显提速,苏北发展内生动力增强,苏中、苏北大部分经济指标增幅持续高于全省平均水平,对全省经济增长的贡献率达41.2%,比上年提高2.2个百分点;加快推进沿海开发,沿海地区大部分经济指标增速超过全省,地区生产总值达到8262.1亿元,比上年增长12.4%,对全省经济增长贡献率达17%(见表3-5)。

表3-5 区域主要经济指标对比情况

单位:亿元

年份	指标	苏南	苏中	苏北	沿海三市
2005年	地区生产总值(亿元)	11417.34	3216.36	3610.76	2596.82
	第一产业	312.14	339.21	711.35	414.10
	第二产业	6902.05	1821.67	1676.62	1315.92
	♯工业	6345.32	1527.55	1386.09	1074.58
	第三产业	4203.15	1055.48	1222.79	866.81
2011年	地区生产总值(亿元)	29635.09	9133.14	10744.32	8262.07
	第一产业	677.56	646.86	1388.65	908.15
	第二产业	15669.93	4957.56	5146.24	4182.02
	♯工业	14353.50	4213.55	4302.86	3469.73
	第三产业	13287.61	3528.72	4209.43	3171.90

"十一五"期间,全省按照"产业带、开发区、特色产业基地"三个层次,加快生产力布局优化调整。全省沿沪宁线高新技术产业带、沿江基础产业带、沿东陇海线资源加工产业带和沿海临港产业带的布局框架逐步明晰。开发区集聚效应进一步放大,2010年,江苏省23家国家级、99家省级开发区创造了全省2/3的工业增加值、3/4的进出口总额。全省15个国家和省级高新区创造了40%的高新技

术产业产值和 60％的新兴产业产值。泰州医药高新区、昆山高新区分别成为全国唯一的医药高新区和建在县级市的国家高新区。省级特色产业基地建设取得阶段性成效,全省授牌认定的 60 家省级特色产业基地产值规模达到 1.56 万亿元,40 家轨道交通、工程机械、船舶海工、电力电器、高档纺织、精品钢材等优势产业基地综合实力进一步提升,20 家新能源、新材料、生物技术、节能环保等新兴产业基地规模总量加速扩张。

五、产业技术水平得到新提升

"十一五"时期,江苏省把科学技术放在优先发展的位置,大力实施科教兴省和人才强省战略,加快推进科技进步与创新,全面完成了"十一五"规划确定的科技发展目标任务。科技投入显著增长,2010 年,全社会研发投入占地区生产总值的比重达 2.1％;企业自主创新能力显著提升,研发平台体系日趋完善,本土大中型企业建有研发机构的比率实现翻番;知识创新产出显著提高,全省专利申请量和授权量分别达 23.6 万件、13.8 万件,均居全国首位。2010 年,江苏高新技术产业快速增长,2010 年产值占规模以上工业总产值的比重达 33％,新能源,新材料,生物技术和新医药,节能环保,软件和服务外包,物联网和新一代信息技术六大新兴产业加快发展,并形成较为完整的产业链;全省 15 个国家和省级高新园区创造了全省 40％的高新技术产业产值和 60％的新兴产业产值;产学研合作深入开展,科技资源向江苏汇集的速度明显加快。

六、可持续发展能力增强

"十一五"期间,全省工业加大技术改造投入,加快落后产能淘汰,积极推广信息化、节能环保、循环利用等技术,工业经济可持续发展能力明显增强。五年间,全省累计完成技术改造投资 3.8 万亿元,机械、电子、石化、纺织、冶金等重点行业40％以上主要设备达到国际先进水平,85％以上骨干企业实现生产装备自动化。"两化融合"加快推进,全省信息化水平总指数达 0.71,提前 1 年实现国家提出的"十一五"目标。5 年间,全省累计淘汰落后炼铁产能 505 万吨、炼钢 657 万吨、水泥 3320 万吨、印染 4.2 亿米,关停小火电机组 728.6 万千瓦,连续开展两轮化工企业专项整治,累计关停并转 5000 余家化工企业。节能减排成效显著,累计实施节能改造、循环经济项目 1500 多项,6000 多家企业通过清洁生产审核验收。2010

年,全省单位地区生产总值能耗顺利实现下降20%的"十一五"约束性目标,单位工业增加值能耗下降22%、用水量下降30%,工业固体废弃物综合利用率达到97.9%。

2011年,江苏节能减排力度进一步加大,扎实推进重点节能减排工程,积极发展循环经济,控制高耗能产业发展,加快淘汰落后产能,加强化工等行业专项整治。全年共关停小火电机组125.3万千瓦。承担国家和省淘汰落后产能目标任务的66家企业,计划淘汰的落后产能主体设备全部拆除完毕。全年每万元地区生产总值能耗为0.600吨标煤(2010年价),较上年下降3.52%,达到省定时序进度要求。

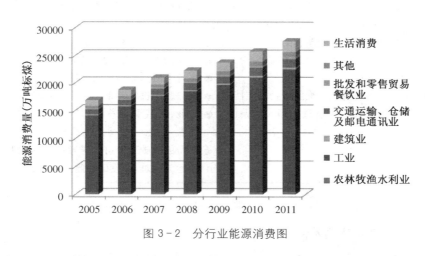

图 3-2　分行业能源消费图

第三节　江苏省构建低碳产业体系面临的挑战

"十二五"开始,江苏进入转变经济发展方式的关键转折期,进入打造以低碳化、服务化、创新化为重要特征的现代产业体系新时期。通过上述对江苏产业体系发展现状以及低碳发展形势的分析,可以采用SWOT法对江苏发展低碳经济面临的优劣势及机遇和挑战予以分析(见表3-6)。

表 3-6　江苏低碳经济发展 SWOT 分析

优势	劣势
● 能源产出率和碳生产率处全国先进水平 ● 节能降碳的潜力空间巨大 ● 拥有较好的专业科技平台和人力资源支撑 ● 地方政府和企业主动参与意识较强 ● 经济本底条件好	● 能源消耗和碳排放体量巨大 ● 能源消费以煤为主,高碳排放特征显著 ● 重工业化水平高,高能耗产业比重大 ● 节能减排主要依靠行政推动特征明显 ● 利于低碳发展的资源环境价格体系尚未形成 ● 资源和产品两头在外,承担了大量国际转移排放
机遇	挑战
● 经济社会发展进入人均 GDP 一万美元阶段,达到环境库茨涅茨曲线拐点 ● 全球绿色新兴市场的蓬勃发展 ● 信息化、智慧化、高端化等产业结构调整措施的助推力 ● 国家应对气候变化政策的鼓励和支持 ● 公众日益觉醒的绿色意识和人居条件需求	● 低碳能源和低碳技术的大规模应用存在市场风险 ● 低碳发展的法律法规和标准规范的缺失 ● 企业信息公开和管理能力有待提升 ● 多部门协同管理的效能需要提升 ● 地方政府投资冲动不利于低碳发展 ● 工业化、城镇化发展和居民消费提升的需求 ● 严苛的低碳政策可能导致产业转移和行业运营困难,引发碳泄露

江苏省发展低碳经济所面临的挑战主要表现在以下几个方面。

一、产业结构偏重化存在历史惯性

当前,江苏省经济主体是第二产业,石化、钢铁、有色金属、电力等高能耗行业优势度高,且行业增长过快,导致能耗大量增加,对全省节能减排工作任务形成较大压力。

2010 年,全省重工业增加值占全省规模以上工业比重为 71.6%,比 2005 年上升 13.5 个百分点。从 2005 年至 2010 年,重工业增加值年均增速达到 23%,比轻工业增加值增速高 5 个百分点。可见,随着未来江苏城市化、工业化的进一步发展,以及居民收入增长后的消费升级,对土地资源、能源资源的需求将快速增加,江苏将面临更大的资源和环境压力;对于正在进入工业化后期阶段的江苏来说,这种结构性高排放特征短期难以扭转。

二、能源利用以煤为主特征短期难以改变

2010 年,全省一次能源生产总量 2700 万吨标准煤,其中化石能源 1789 万吨标准煤,非化石能源 911 万吨标准煤,分别占 66.26％和 33.74％;其中,可再生能源 405 万吨标准煤,占一次能源生产总量的 15％。全省一次能源消费总量中,煤炭、石油、天然气和非化石能源分别占 75.44％、15.52％、3.54％和 5.5％,其中,可再生能源占 3％。

国内缺油少气的资源条件和江苏的省情,决定了江苏能源利用结构以煤为主,低碳能源的选择有限。江苏的一次能源消费结构中,煤炭消费约占 70％的水平,火电占比 80％以上,"高碳"占绝对的统治地位,而核能、太阳能、水能和风能因种种条件的限制,规模扩大还路途遥远。

三、国际转移排放造成生态赤字

江苏是外向型经济大省,经济产出的最终需求结构中,三分之一以上的产品和服务为出口需求。江苏省外向型经济的发展在促进产出增长的同时,也通过产品生产形式承担了国际制造业转移的隐含碳排放。尽管以投资驱动和工业主导的规模扩张发展模式是碳排放量增加的主要原因,但贸易中为商品消费国承担的巨额碳排放转移量也不容忽视。可以预计,今后一段时期内,由于国际分工变化和制造业的继续转移,江苏承受着越来越大的国际转移排放压力。

四、需求快速发展带来巨大增排压力

江苏正加快推进工业化、城市化、现代化,处在能源需求快速增长阶段,大规模基础设施建设不可能停止,居民物质需求水平不断提高。这种生存和发展的高碳排放短时期内难以逆转,如何找到碳减排和发展权的平衡点,是江苏可持续发展的第一难题。如何平衡能源需求和碳排放控制与地方经济发展的关系,是摆在监管层面前的重要课题,能否解决好这个问题,也将直接关系到江苏低碳经济的发展前景。

五、低碳变革的巨大成本和投资风险

低碳经济是对传统工业经济的成本重估,将环境外部性成本内部化的过程。无论是风电、光伏发电还是其他新能源,其发电成本都高出传统能源一大截,因此,发展低碳经济面临的关键问题是谁来埋单。据中国社科院的 2009 年城市蓝

皮书引用[1]，以 2006 年的 GDP 计算，中国由高碳经济向低碳经济转变，年需资金 250 亿美元。据此计算，江苏每年大约需要 70 亿美元来支撑本项转变，这样一个巨额投入，显然是江苏的沉重负担。低碳经济的投资也有巨大的投资风险，实施碳交易和碳税政策的实施途径、效果有待考验。2008 年以来的全球碳交易市场价格大幅跳水，其重要原因就是热衷于低碳经济概念的贝尔斯登、雷曼、美林等投行在国际金融危机中受到重创，造成额度抛售和价格猛跌。国际金融危机以来，欧盟碳交易体系下的排放权交易价格始终维持在较低水平。

〔1〕 中国社会科学院. 城市蓝皮书：中国城市发展报告（NO. 2）［R］. 北京：社会科学文献出版社，2009.

第四章　江苏产业碳足迹概算

开展行业层次的低碳研究,基础工作就是要摸清行业温室气体排放家底,了解行业碳排放的现状和趋势。据此,研究者才可分析行业碳排放的规模、强度和减排潜力;决策者方能制定行业节能降碳的目标和行动计划,制定行业碳排放标准标识,以有效推动产业体系的整体低碳化转型。

第一节　产业碳足迹核算准备

碳足迹是时下的热门环保标识,是新型企业衡量社会责任,承诺环境义务的评价标准。这里,本书将提出产业碳足迹的概念。

一、产业碳足迹的概念

碳足迹的概念虽然缘起于生态足迹,却有其特有的含义,即考虑了全球变暖潜能(GWP)的温室气体排放量的一种表征。碳足迹的概念直接关系到其计算边界,是碳足迹计算方法的理论基础和约束条件。然而对于碳足迹的准确定义目前还没有统一,社会各界有着各自不同的理解和认识。英国的碳信托(Carbon Trust)公司将碳足迹定义为:衡量某一种产品在其全生命周期中(原材料开采、加工、废弃产品的处理)所排放的 CO_2 以及其他温室气体转化的 CO_2 等价物[1]。

---

〔1〕　ETAP. The Carbon Trust Helps UK Businesses Reduce Their Environmental Impact[R]. 2007.

一般认为,碳足迹是一个产品的供应链或生命周期所产生的二氧化碳和其他温室气体的排放总量。据此,将区域产业生产经营作为一个整体来看待,可认为产业碳足迹是指某个行业在其产品(服务)的生产活动的各环节中,直接和间接产生温室气体排放量。

二、碳足迹方法学现状

为使碳足迹信息具备可比性,并保证数据透明度、可靠性和一致性,有必要先明确方法学,选择适合的核算标准。目前来看,国际碳足迹标准五花八门。

(一)国家和区域层次的核算

从国家和区域的宏观层面来看,国际公认的标准来自 IPCC。《2006 年 IPCC 国家温室气体清单指南》提供了国际认可的方法学,可供各国用来估算温室气体清单,以向《联合国气候变化框架公约》报告。2008 年,我国启动了 2005 年国家温室气体清单的编制工作。2010 年,国家发展改革委正式下发了《关于启动省级温室气体清单编制工作有关事项的通知》(发改办气候[2010]2350 号),要求各地组织开展温室气体清单编制工作。2011 年 5 月,国家发展改革委印发了《省级温室气体清单编制指南(试行)》(发改办气候[2011]1041 号)。该指南成为省级层面上实施温室气体清单编制工作的规范,大大简化了 IPCC 方法学,加强了地方清单编制的科学性、规范性和可操作性。

(二)企业和产品层次的核算

温室气体议定书由世界可持续发展商业协会(WBCSD)和世界资源研究院(WRI)于 1998 年共同发起,目的是想通过一个开放的、透明的多方利害相关者参与机制,为企业开发一套温室气体的国际性评估和报告标准。GHG 议定书于 2001 年 10 月发布第一版,经修正后于 2004 年发布第二版。此标准不仅提供了企业碳足迹评估和报告标准,而且提供了使用指南协助企业进行温室气体管理。

2006 年 3 月,国际标准化组织 ISO 发布了 ISO 14064 标准,具有全球广泛的共识性,可以指导政府和企业测量、控制温室气体的排放,并用于碳交易。ISO 14064 所包含的三部分:ISO 14064 - 1 组织层次上对温室气体排放和清除的量化和报告的规范及指南;ISO 14064 - 2 项目层次上对温室气体减排和清除增加的量化、监测和报告的规范及指南;ISO 14064 - 3 温室气体声明审定与核查的规范及指南。该标准规定了国际上最佳的温室气体资料和数据管理、汇报与验证模式。组织可以通过使用标准化的方法,计算和验证排放量数值,确保 1 吨二氧化碳的测量方式在全球任何地方都是一样的。

2008 年,英国标准协会就发布了全球首个产品碳足迹方法标准——《PAS 2050:2008 商品和服务在生命周期内的温室气体排放评价规范》。PAS 2050 提供了两类产品生命周期内 GHG 排放的评估方式:一是从企业到消费者的评估(B2C),包括产品在整个生命周期内所产生的排放;一是从企业到企业的评估(B2B),包括直到输入到达一个新的组织之前所释放的 GHG 排放(包括所有上游排放)。在此基础上,ISO 正积极制定产品碳足迹标准 ISO 14067,预计近期将正式公告,其内容架构则以 PAS 2050 为主要参考依据。

三、产业碳足迹核算方法选择

目前,区域宏观层次和企业微观层次的核算标准、方法学比较明确,而中观的行业层次核算标准起步较晚,国内外研究机构和非政府组织均在积极研制关键行业如火电、水泥、钢铁行业的核算方法学,系统性的行业核算方法学仍缺失。IPCC 方法是从排放类型来区分的,而非行业类型,一个水泥行业的排放可能同时存在能源活动、工业过程、废弃物管理等多领域的排放类型,存在直接排放和间接排放两种模式。

当前学术界对行业层次的碳排放核算绝大多数是基于能源消费的简单估算。江苏是经济大省和资源小省,正处于城市化、工业化加快发展的时期,工业重型化特征显著,化石能源比重高,能源活动占全省碳排放的主导地位。但工业生产过程、农业、废弃物处理的碳排放规模也很巨大,仅以能源消费来衡量行业碳排放的精确性显然不足,需进一步精细化行业层次的排放核算。

因此,进行行业碳足迹估算意义重大,归纳来看有三点:一是有利于从行业角度对温室气体排放进行掌握与管理;二是有利于行业确认减排机会及应对气候变化决策起重要参考作用;三是可发掘潜在的节能减排项目及 CDM 项目,为参与国内自愿减排交易以及排放权交易做准备。从本书的研究角度来看,行业碳足迹是后续的结构分析、排放预测、减排潜力评估的基础,是我们提出高效低碳的现代产业体系的基础保障。

第二节　产业碳足迹核算的方法说明

本节将借鉴 IPCC、省级清单编制指南等规范性方法指导文件,对产业碳足迹核算的方法进行设计和说明。

一、温室气体源的范围

考虑了温室气体产生的机理和特征,可以把温室气体源和汇分类为能源活动、工业生产过程、农业活动、土地利用变化和林业、城市废弃物处理五大领域。本书依据行业碳足迹分析的需要,仅考虑二氧化碳和甲烷两种温室气体;立足于调查统计数据的可获性,仅考虑表 4-1 所列的几类温室气体源。

表 4-1　本书考虑的温室气体源类型

行业部门	区域排放清单中的项目
农业	农业能源活动的直接和间接排放 稻田甲烷排放 牲畜肠道发酵和粪便处理系统甲烷排放 生物质燃烧的甲烷排放 林业和土地利用碳汇
工业	行业能源活动的直接和间接排放 水泥、石灰、钢铁、电石生产过程排放
建筑业和服务业	行业能源活动的直接和间接排放 废弃物处理的甲烷和二氧化碳排放

需要说明的是:废弃物处理排放,包括垃圾焚烧、填埋、污水处理,统一归入环保服务业;生活能源消费排放,属于非生产经营活动引致的排放,本书不作计算;油气系统逸散排放,存在于生产、运输、存储、消费各环节中,考虑到江苏的油气生产规模较少,主要逸散存在于运输、存储等流通环节中,本书将其计入服务业。

二、碳足迹的核算方法

(一)农业碳足迹

从农业行业的碳足迹范畴来看,可能主要分以下几块:一是农业化石燃料燃烧排放,主要用于灌溉、播种、收割等用途的农机使用;二是稻田甲烷排放;三是畜牧业的肠道发酵和粪便处理排放;四是秸秆不完全燃烧的甲烷排放;五是林业碳汇。

1. 农业化石燃料燃烧的排放

农林牧渔业化石燃料燃烧排放,主要用于灌溉、播种、收割等用途的农机使用。农业能源活动二氧化碳排放计算如下公式:

$$E_{CO_2} = AD_i \times EF_i \tag{4.1}$$

式中,E_{CO_2} 是农业能源活动的二氧化碳排放量;AD 是燃料的消费量;EF 是燃料的排放因子,i 是燃料类型。

2. 稻田甲烷排放

省级稻田甲烷(CH_4)排放清单编制方法总体上遵循 IPCC 指南的基本方法框架和要求,即首先分别确定分稻田类型的排放因子和活动水平,然后根据下式计算排放量。

$$E_{CH_4} = \sum EF_i \times AD_i \tag{4.2}$$

其中,E_{CH_4} 为稻田甲烷排放总量(吨);EF_i 为分类型稻田甲烷排放因子(千克／公顷);AD_i 为对应于该排放因子的水稻播种面积(千公顷);下标 i 表示稻田类型,在江苏,绝大多数为单季水稻,根据《省级清单》,推荐采用 215.5 千克／公顷。

3. 畜牧业排放

畜牧业排放包括动物肠道发酵甲烷排放和动物粪便管理系统的甲烷排放。

$$E_{CH_4} = EF_{CH_4} \times AD_i \tag{4.3}$$

式中,E_{CH_4} 为第 i 种动物甲烷排放量,万吨 CH_4／年;$EF_{CH_4,i}$ 为第 i 种动物的甲烷排放因子,千克／头／年;AD_i 为第 i 种动物的数量,头(只)。

动物肠道发酵甲烷排放由不同动物类型年末存栏量乘以对应甲烷排放因子得到,动物饲养方式分为规模化饲养、农户饲养和放牧饲养,排放因子采用本指南推荐排放因子。

动物粪便管理系统的甲烷排放由不同动物类型年末存栏量乘以对应排放因子得到。排放因子采用指南推荐排放因子。

4. 生物质燃烧排放

$$E_{CH_4} = \sum EF_i \times AD_i \tag{4.4}$$

其中，E_{CH_4} 为生物质燃烧的甲烷排放；AD_i 为生物质燃料的燃烧量；EF_i 为分类型甲烷排放因子(克/千克燃料)，下标 i 表示生物质类型，根据《省级清单》，推荐采用秸秆 2.8 克/千克，薪柴 2.4 克/千克。

5. 林业碳汇

森林和其他木质生物质生物量碳贮量的变化，包括乔木林(林分)生长生物量碳吸收、散生木、四旁树、疏林生长生物量碳吸收；竹林、经济林、灌木林生物量碳贮量变化；以及活立木消耗碳排放。具体计算方法见如下公式：

$$\Delta C_{生物量} = \Delta C_{乔} + \Delta C_{散四疏} + \Delta C_{竹/经/灌} - \Delta C_{消耗} \tag{4.5}$$

式中，$\Delta C_{生物量}$：森林和其他木质生物质生物量碳贮量变化(吨碳)；$\Delta C_{乔}$：乔木林(林分)生物量生长碳吸收(吨碳)；$\Delta C_{散四疏}$：散生木、四旁树、疏林生物量生长碳吸收(吨碳)；$\Delta C_{竹/经/灌}$：竹林(或经济林、灌木林)生物量碳贮量变化(吨碳)；$\Delta C_{消耗}$：活立木消耗生物量碳排放(吨碳)。具体计算方法见《省级清单》，数据来源为历年林业统计年鉴。

(二)工业碳足迹

工业行业碳足迹主要包括两块：一是工业部门的能源活动的直接或间接排放，直接包括发电锅炉、工业锅炉、工业窑炉等，间接排放包括钢铁、有色金属、化工、建材和其他行业等的二次能源使用引致的排放；二是工业生产过程的碳体排放，即工业生产中能源活动排放之外的其他化学反应过程或物理变化过程的碳排放。主要包括：水泥、石灰、钢铁、电石生产过程二氧化碳排放。其他生产过程或其他温室气体暂不报告。

1. 能源活动直接和间接排放

根据实物量的能源平衡表，可获得国民经济大类部门分燃料品种的能源消费量。据此，大类部门能源活动碳排放计算方法如下：

二氧化碳排放量＝(燃料消费量(热量单位)× 单位热值燃料含碳量
－固碳量)× 燃料燃烧过程中的碳氧化率

细分工业行业的能源消费统计，目前缺乏分燃料品种的统计，统计部门只有综合能源消费数据。因此，细分工业行业的能源活动二氧化碳排放＝综合能源消费量(热值单位)× 单位热值燃料含碳量－固碳量)× 燃料燃烧过程中的碳氧化率。

2. 水泥生产过程排放

水泥生产过程中的二氧化碳排放来自水泥熟料的生产过程。熟料是水泥生产的中间产品,是由水泥生料经高温煅烧发生物理化学变化后形成的。在煅烧过程中生料中碳酸钙和碳酸镁会分解排放出二氧化碳。水泥生产过程二氧化碳排放量计算公式见下式,此方法是《1996 年 IPCC 清单指南》推荐方法。

$$E_{CO_2} = AD \times EF \qquad (4.6)$$

式中,E_{CO_2} 是水泥生产过程二氧化碳排放量,AD 是省级辖区内扣除电石渣生产的熟料产量后的水泥熟料产量,EF 是水泥生产过程平均排放因子。

3. 石灰生产过程排放

石灰生产过程的二氧化碳排放来源于石灰石中的碳酸钙和碳酸镁的热分解。估算石灰生产过程二氧化碳排放的计算公式见式(4.7),这一方法是《1996 年 IPCC 清单指南》推荐方法。

$$E_{CO_2} = AD \times EF \qquad (4.7)$$

式中,E_{CO_2} 是石灰生产过程二氧化碳排放量;AD 是所在省级辖区内石灰产量;EF 是石灰平均排放因子。

4. 钢铁生产过程排放

钢铁生产过程二氧化碳排放主要有两个来源:炼铁熔剂高温分解和炼钢降碳过程。石灰石和白云石等熔剂中的碳酸钙和碳酸镁在高温下会发生分解反应,并排放出二氧化碳。炼钢降碳是指在高温下用氧化剂把生铁里过多的碳和其他杂质氧化成二氧化碳排放或炉渣除去。

估算钢铁生产过程二氧化碳排放量的计算公式见式(4.8),此方法是省级温室气体清单编制指南中的推荐方法。

$$E_{CO_2} = AD_l \times EF_l + AD_d \times EF_d + (AD_r \times F_r - AD_s \times F_s) \times \frac{44}{12} \qquad (4.8)$$

式中,E_{CO_2} 是钢铁生产过程二氧化碳排放量;AD_l 是所在省级辖区内钢铁企业消费的作为溶剂的石灰石的数量;EF_l 是作为熔剂的石灰石消耗的排放因子;AD_d 是所在省级辖区内钢铁企业消费的作为熔剂的白云石的数量;EF_d 是作为熔剂的白云石消耗的排放因子;AD_r 是所在省级辖区内炼钢用生铁的数量;F_r 是炼钢用生铁的平均含碳率;AD_s 是所在省级辖区内炼钢的钢材产量;F_s 是炼钢的钢材产品的平均含碳率。钢铁生产中焦炭消耗的二氧化碳排放在能源活动温室气体清单部分报告。

5. 电石生产过程排放

估算电石生产过程二氧化碳排放量的计算公式见式(4.9),此方法是《1996年 IPCC 清单指南》推荐的方法。

$$E_{CO_2} = AD \times EF \tag{4.9}$$

式中,E_{CO_2}是电石生产过程二氧化碳排放量;AD是所在省级辖区内电石产量;EF是电石的排放因子。

(三)服务业碳足迹

1. 服务业能源活动的直接和间接排放

由于各种交通工具的设备燃烧效率数据较难收集,这里以综合能源平衡表中的"交通运输、仓储及邮电通讯业"终端能源消费量为基础,乘以排放系数得到交通部门的排放量。从行业口径来看,也是完全符合的。

商服部门排放主要是能源活动产生的排放,这里以综合能源平衡表中批发零售业和住宿、餐饮业、生活消费和其他三项的终端能源消费量为基础,乘以排放系数得到商服部门的排放量。

2. 废弃物处理排放

废弃物处理排放考虑了城市垃圾填埋处置的甲烷排放、垃圾焚烧处理的二氧化碳排放、生活和工业废水处理的甲烷排放。

第三节 江苏的行业碳足迹概况

根据第二节所述方法,可对江苏各行业的碳足迹进行概算,主要结果如下。

一、农业碳足迹

农林牧渔行业既是碳汇又是碳源,化石燃料燃烧、生物质燃烧、畜禽养殖排放和稻田都是明显的碳源;而林业系统方面,表现为净碳汇。

以 2010 年为例,当年全省稻田甲烷排放为 48.2 万吨甲烷,粪便处理为 9.86

万吨甲烷,肠道发酵为9.83万吨甲烷,秸秆和薪柴燃烧分别为5.0和0.4万吨甲烷;林业碳汇方面,综合活立木的生长和消耗,当年林业生态系统碳汇约为51.8万吨。综合源和汇,农业整体为碳源,约为2595.6万吨二氧化碳当量(见表4-2)。

表4-2　农业碳足迹构成

排放源	单位	2005 年	2006 年	2007 年	2008 年	2009 年	2010 年
化石燃料燃烧	万吨 CO_2	836.10	852.70	858.40	860.30	938.50	1026.20
稻田甲烷排放	万吨 CH_4	47.61	47.75	48.01	48.11	48.13	48.15
粪便系统处理	万吨 CH_4	11.03	8.73	9.12	9.68	10.00	9.86
肠道发酵排放	万吨 CH_4	18.30	8.57	8.39	8.95	9.87	9.83
秸秆燃烧排放	万吨 CH_4	9.64	5.26	5.93	5.04	5.04	5.04
薪柴燃烧排放	万吨 CH_4	0.50	0.50	0.44	0.43	0.43	0.43
林业碳汇	万吨 $CO_2\,eq$	−156.63	−163.30	−169.98	−176.66	−183.34	−190.02
农业碳足迹	万吨 $CO_2\,eq$	2769.40	2388.80	2413.80	2416.70	2518.40	2595.60

动态来看,"十一五"期间江苏农业碳足迹基本保持稳定(见图4-1)。

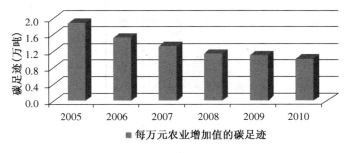

图4-1　农业碳足迹强度的趋势

二、工业行业碳足迹

(一)工业行业化石燃料燃烧的碳足迹

从目前的统计制度来看,细分行业的工业能耗数据只有针对规模以上企业的统计。以2010年为例,工业综合能耗为20597.82万吨标煤,规模以上工业企业的综合能耗为19446.1万吨标煤,占全部工业能耗的90.8%。为方便分析细分行业的工业碳足迹,这里采用规模以上口径数据进行能源活动足迹分析,10%以内统计误差也是可接受的。

　　从细分的规模以上工业行业的能源消费数据考察来看:2010 年,规模以上工业的能源活动碳排放约为 4.86 亿吨二氧化碳,其中制造业排放规模约为 3.27 亿吨二氧化碳(约占 67.2%),电力、燃气及水的生产和供应业排放约为 1.52 亿吨二氧化碳(约占 37.2%),采矿业最少,只有约 0.08 亿吨二氧化碳(约占 1.6%)(见图 4 - 2)。

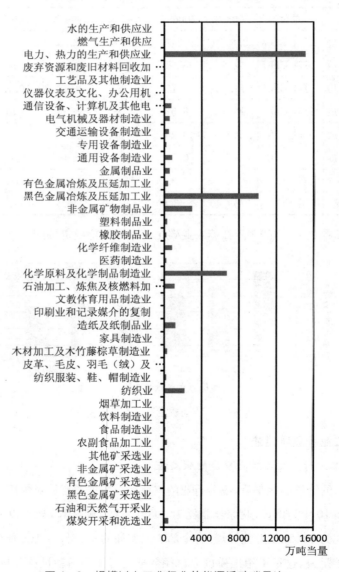

图 4 - 2　规模以上工业行业的能源活动碳足迹

2010年,规模以上工业行业的能源活动排放中,电力、热力的生产和供应业、黑色金属冶炼及压延加工业、化学原料及化学制品制造业三个行业的排放规模最大,分别达到1.51亿吨(占31.1%)、1.01亿吨(占20.7%)和0.78亿吨二氧化碳(占16.1%)。非金属矿物制品业、纺织业、造纸及纸制品业、石油加工炼焦及核燃料加工业、化学纤维制造业、通用设备制造业、通信设备计算机及其他电子设备制造业、金属制品业、电气机械及器材制造业等行业排放规模紧随其后,均在500万吨二氧化碳的规模以上。

(二)工业生产过程足迹

据初步估算,工业生产过程排放从2005年的4482.3万吨二氧化碳上升到2010年的5664.7万吨二氧化碳。虽然从总量来说,只有能源活动排放的约1/10,但从具体行业来看,对个别行业的碳排放贡献和影响很大。以2010年为例,水泥行业的工业生产过程排放为3088万吨二氧化碳,钢铁行业的工业生产过程排放为1362.3万吨二氧化碳(见表4-3)。

表4-3 主要工业生产过程碳排放

项目	单位	2005年	2006年	2007年	2008年	2009年	2010年
水泥熟料	万吨 CO_2	2968.1	2838.6	2917.2	3050.8	3364.2	3087.8
石灰	万吨 CO_2	567.4	644.5	698.2	751.3	855.0	926.9
平板玻璃	万吨 CO_2	113.2	121.3	143.3	124.7	115.2	124.5
合成氨	万吨 CO_2	94.1	116.1	124.1	126.4	126.6	126.5
电石	万吨 CO_2	1.2	1.5	3.7	2.1	0.9	2.5
纯碱	万吨 CO_2	28.3	31.6	37.0	38.4	35.1	34.2
炼铁熔剂	万吨 CO_2	329.8	411.0	466.7	473.8	563.8	640.1
炼钢降碳	万吨 CO_2	380.0	486.2	546.2	562.7	635.1	722.2
小计	万吨 CO_2	4482.1	4650.8	4936.4	5130.2	5695.9	5664.7

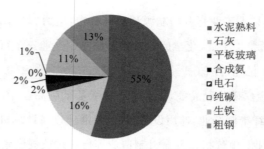

图 4-3 工业行业生产过程的碳足迹构成

（三）工业行业其他活动的足迹

表 4-4 工业行业其他活动的足迹

项目	单位	2005 年	2006 年	2007 年	2008 年	2009 年	2010 年
工业废水 COD	万吨甲烷	1.45	1.25	1.24	1.10	1.08	1.10
煤开采逸散	万吨甲烷	16.6	18.4	14.9	14.6	14.5	13.7

（四）工业行业的足迹

表 4-5 工业行业的碳足迹汇总

单位：万吨当量

行 业	2005 年	2006 年	2007 年	2008 年	2009 年	2010 年
煤炭开采和洗选业	1071.8	1238.4	1011.4	810.3	853.1	817.4
石油和天然气开采业	60.1	55.6	60.0	60.3	61.3	64.9
黑色金属矿采选业	35.5	37.9	37.3	30.4	33.5	25.1
有色金属矿采选业	0.7	1.0	1.1	1.7	2.2	1.8
非金属矿采选业	88.7	142.4	157.3	170.5	173.0	197.3
其他矿采选业	28.2	0.2	0.4	0.0	0.0	0.0
农副食品加工业	148.7	189.4	213.1	257.9	284.2	294.1
食品制造业	148.6	152.1	149.1	145.8	122.5	110.0
饮料制造业	236.0	261.0	283.2	276.8	283.8	265.6
烟草加工业	10.3	9.8	10.6	9.8	10.0	10.3
纺织业	2057.8	1987.2	2217.4	2161.9	2020.8	2185.9
纺织服装、鞋、帽制造业	200.7	222.8	237.4	275.1	256.1	245.9
皮革、毛皮、羽毛（绒）及其制品业	58.1	67.0	76.4	35.7	38.5	34.2

续　表

行　业	2005 年	2006 年	2007 年	2008 年	2009 年	2010 年
木材加工及木竹藤棕草制造业	171.0	243.3	237.9	288.7	325.6	360.3
家具制造业	6.4	8.3	7.8	12.1	9.7	11.6
造纸及纸制品业	824.8	896.4	981.9	1112.6	1190.6	1176.7
印刷业和记录媒介的复制	15.9	18.6	21.6	25.2	25.4	27.5
文教体育用品制造业	2.8	31.0	35.7	37.6	38.1	41.2
石油加工、炼焦及核燃料加工业	906.3	904.8	949.2	843.7	1027.5	1085.9
化学原料及化学制品制造业	5480.8	6335.7	7127.0	7419.7	7608.1	7989.3
医药制造业	192.1	157.8	177.8	214.2	233.3	252.5
化学纤维制造业	742.7	739.3	934.9	740.5	794.7	897.3
橡胶制品业	142.9	159.3	191.7	212.0	204.4	209.9
塑料制品业	236.5	242.5	268.4	275.7	268.4	299.8
非金属矿物制品业	6412.1	6548.4	6884.0	7345.9	7342.6	7130.0
黑色金属冶炼及压延加工业	6683.5	8167.5	9620.0	9703.9	10297.0	11448.1
有色金属冶炼及压延加工业	186.1	233.7	274.0	362.1	349.1	412.1
金属制品业	344.4	419.5	496.2	566.5	562.3	611.9
通用设备制造业	416.9	505.9	632.3	892.2	742.1	859.8
专用设备制造业	116.1	109.9	134.0	197.3	193.6	260.4
交通运输设备制造业	191.2	228.0	267.6	361.6	400.5	473.3
电气机械及器材制造业	209.4	270.6	336.5	426.9	507.5	604.6
通信设备、计算机及其他电子设备制造业	384.6	434.9	527.6	683.9	747.2	809.6
仪器仪表及文化、办公用机械制造业	23.4	28.6	37.9	56.9	74.6	83.3
工艺品及其他制造业	28.3	28.4	36.3	37.7	36.9	41.6
废弃资源和废旧材料回收加工业	5.1	5.3	5.0	14.4	15.4	92.0

行　业	2005 年	2006 年	2007 年	2008 年	2009 年	2010 年
电力、热力的生产和供应业	10623.7	11892.7	12652.9	13056.2	13438.9	15121.1
燃气生产和供应	49.6	21.2	32.2	59.4	42.4	10.0
水的生产和供应业	29.7	32.5	36.8	42.5	42.0	46.4

结合表 4-5,对工业行业的碳足迹进行分析可以得出如下结论。

从碳足迹总量来看,39 个工业行业中,碳足迹上千万吨当量的行业包括电力热力的生产和供应业、黑色金属冶炼及压延加工业、化学原料及化学制品制造业、非金属矿物制品业、造纸及纸制品业、石油加工炼焦及核燃料加工业和纺织业 7 个行业,上百万吨当量的行业则共计有 25 个,不足百万吨当量的行业共计 14 个。

从碳足迹强度来看,39 个工业行业中,有 14 个行业每万元工业产值排放高于 0.4 吨二氧化碳当量,有 25 个行业每万元工业产值排放低于 0.4 吨二氧化碳当量,其中,烟草加工业、仪器仪表及文化办公用机械制造业、燃气生产和供应、家具制造业、通信设备计算机及其他电子设备制造业、电气机械及器材制造业、皮革毛皮羽毛(绒)及其制品业、交通运输设备制造业、专用设备制造业、文教体育用品制造业、纺织服装鞋帽制造业、印刷业和记录媒介的复制、工艺品及其他制造业等行业排放最低,每万元工业产值排放不到 0.1 吨二氧化碳当量。

表 4-6　工业行业碳足迹强度的分类

	足迹总量大(>100 万吨当量)	足迹总量小(<100 万吨当量)
足迹强度高 (>0.4 吨当量/ 万元产值)	电力、热力的生产和供应业 黑色金属冶炼及压延加工业 化学原料及化学制品制造业 非金属矿物制品业 造纸及纸制品业 石油加工、炼焦及核燃料加工业 化学纤维制造业 煤炭开采和洗选业 饮料制造业 非金属矿采选业	黑色金属矿采选业 水的生产和供应业 石油和天然气开采业 废弃资源和废旧材料回收加工业

续　表

	足迹总量大（＞100万吨当量）	足迹总量小（＜100万吨当量）
足迹强度低 （＜0.4吨当量/ 万元产值）	纺织业 通用设备制造业 通信设备、计算机及其他电子设备制造业 金属制品业 电气机械及器材制造业 交通运输设备制造业 有色金属冶炼及压延加工业 木材加工及木竹藤棕草制造业 塑料制品业 农副食品加工业 专用设备制造业 医药制造业 纺织服装、鞋、帽制造业 橡胶制品业 食品制造业	其他矿采选业 有色金属矿采选业 燃气生产和供应 烟草加工业 家具制造业 印刷业和记录媒介的复制 皮革、毛皮、羽毛（绒）及其制品业 文教体育用品制造业 工艺品及其他制造业 仪器仪表及文化、办公用机械制造业

三、建筑业和服务业碳足迹

（一）能源活动排放

表 4-7　建筑业和服务业的能源活动碳足迹

单位：万吨当量

项　　目	单位	2005 年	2006 年	2007 年	2008 年	2009 年	2010 年
建筑业	10^4 t CO_2	532.2	566.9	592.2	605.6	647.6	731.2
交通运输仓储及邮电通讯业	10^4 t CO_2	2338.5	2488.2	2752.6	3124.4	3260.7	3802.7
批发和零售贸易餐饮业	10^4 t CO_2	649.6	676.7	763.1	886.9	953.5	1042.1
其他行业	10^4 t CO_2	970.3	1082.1	1239.0	1400.3	1633.3	1959.9
油气逸散	10^4 t CH_4	26.1	26.9	29.4	31.8	27.7	27.7

（二）废弃物处理

表 4-8　废弃物处理的碳足迹

单位:万吨当量

项　目	单位	2005 年	2006 年	2007 年	2008 年	2009 年	2010 年
垃圾填埋处置	10^4 t CH_4	17.43	16.38	15.51	16.60	12.87	13.11
垃圾焚烧处理	10^4 t CO_2	11.60	30.92	55.16	55.56	105.18	124.63
生活废水 BOD	10^4 t CH_4	6.22	6.32	5.97	5.90	5.65	5.26
工业废水 COD	10^4 t CH_4	1.45	1.25	1.24	1.10	1.08	1.10
废弃物处理小计	10^4 t CO_2e	613.91	605.87	600.38	621.92	575.52	592.02

（三）建筑业和服务业碳足迹

表 4-9　建筑业和服务业的碳足迹

单位:万吨当量

项　目	2005 年	2006 年	2007 年	2008 年	2009 年	2010 年
建筑业	532.2	566.9	592.2	605.6	647.6	731.2
交通运输仓储及邮电通讯业	2964.9	3133.8	3458.2	3887.6	3925.5	4467.5
批发和零售贸易餐饮业	649.6	676.7	763.1	886.9	953.5	1042.1
其他服务业	1584.21	1687.97	1839.38	2022.22	2208.82	2551.92

建筑业的碳足迹为 731.2 万吨二氧化碳当量,交通运输仓储及邮电通讯业为 4467.5 万吨二氧化碳当量,批发和零售贸易餐饮业为 1042.1 万吨二氧化碳当量,其他服务业为 2551.92 万吨二氧化碳当量。

从碳足迹强度来看,交通运输仓储及邮电通讯业碳足迹强度较大,每万元增加值产生 1.875 吨二氧化碳当量,而其他行业碳强度均较小,建筑业、批发和零售贸易餐饮业以及其他服务业每万元增加值的碳足迹分别为 0.30 吨、0.20 吨和 0.27 吨二氧化碳当量。

第二篇　机理与效应

第五章　江苏产业碳足迹的需求拉动效应

　　碳足迹是用来衡量人类活动对环境的影响和压力程度的指标,是对某种活动引起的(或某种产品生命周期内积累的)直接或间接的温室气体排放量的度量。随着低碳经济理念的深入人心,开展碳足迹分析,实施碳中和,已成为广大企业和社会组织的环保新坐标。然而,国民经济产业部门相互关联,不同行业部门生产和消费活动不仅仅在本部门内部产生直接碳足迹,也通过产业间的关联、波及效应间接影响着其他部门的碳足迹。这里,我们借鉴投入产出方法进行碳足迹的产业部门关联效应分析,并引入足迹影响力和感应力指数,对产业碳足迹的需求驱动效应进行分析。

第一节　基于投入产出法的碳足迹分析方法

　　要开展基于投入产出法的碳足迹分析,实质上就是要剖析某个行业对与国民经济整体碳排放的综合贡献水平。比如,农业部门存在大量的水稻甲烷排放和肠道发酵及粪便处理系统排放,但这些排放都是生活和商服部门的消费所引致的;光伏开发利用行业本身是近零碳排放行业,但前端的晶硅原料提存、电池组件生产却需要消费大量能源,产生较多碳排放;老旧建筑实施拆除,按照绿建标准重建,对于商服和生活部门来说碳足迹可显著降低,但对于建筑部门来说却产生了额外排放。综合来看,产业部门间的关联效应,对国民经济整体碳足迹有着深远、复杂的波及效果。碳减排不可头痛医头,脚痛医脚,而要站在国民经济结构战略性调整的高度上,来统筹各部门需求和供应的关系,来谋求产业经济又好又快的发展和整体碳减排目标的达成效果。借鉴该分析思路[1][2],对江苏省的产业碳足迹进行投入产出分析。

一、投入产出表的选取与处理

投入产出分析是研究经济系统中各个部分之间在投入与产出方面相互依存的经济数量分析方法。20世纪50年代初,西方国家纷纷编制投入产出表,应用投入产出分析解决实际经济问题,苏联于1959年开始应用投入产出分析方法,联合国于1968年将投入产出表推荐作为各国国民经济核算体系的组成部分。中国是应用投入产出分析比较晚的国家,1987年开始正式开展投入产出表编制工作,每5年(逢2、逢7年份)调查和编制一次全国投入产出基本表,基本表编制年份以后3年(逢5、逢0年份)编制延长表。截至2012年年中,最新发布的表是2007年的投入产出表。这里,我们选取了2007年的江苏42部门投入产出表进行计算,得出应用于本书的多部门价值量投入产出表。

首先,本书将统计部门公布的统计产出表进行预处理:一是为了和前述章节中产业碳足迹概算中的行业分类进行一一对应,将2007年的江苏42部门投入产出表调整为29部门,分别为农林牧渔业、煤炭开采和洗选业、石油和天然气开采业、金属矿采选业、非金属矿及其他矿采选业、食品制造及烟草加工业、纺织业、纺织服装鞋帽皮革羽绒及其制品业、木材加工及家具制造业、造纸印刷及文教体育用品制造业、石油加工炼焦及核燃料加工业、化学工业、非金属矿物制品业、金属冶炼及压延加工业、金属制品业、通用专用设备制造业、交通运输设备制造业、电气机械及器材制造业、通信设备计算机及其他电子设备制造业、仪器仪表及文化办公用机械制造业、工艺品及其他制造业、废品废料、电力热力的生产和供应业、燃气生产和供应业、水的生产和供应业、建筑业、交通运输仓储及邮电通讯业、批发和零售贸易餐饮业、其他服务行业;二是将表结构进行了转化处理,把进口从最

---

[1] 赖力,黄贤金,刘伟良,等. 基于投入产出技术的区域生态足迹调整分析——以2002年江苏为例[J]. 生态学报,2006,26(4).

[2] 孙建卫,陈志刚,赵荣钦,等. 基于投入产出分析的中国碳排放足迹研究[J]. 中国人口·资源与环境,2010,20(5).

终需求的负数列调整为投入项目的正数行。

表 5-1　价值量投入产出表样式

	中间使用	最终需求			总产出
	部门$(1,2,\cdots,n)$	消费	积累	出口	
部门$(1,2,\cdots,n)$	Z	D	C	E	y
增加值合计	V				
进口	M				
总投入	x				$x(y)$

如表 5-1 所示,从总平衡的角度来看,首先有:x(总投入)$=y$(总产出);从投入角度来看,总投入 x 包含其他产业中间投入 Z,增加值 V 和进口两项:$x=Z+V+M$;从产出角度来看,总产出 x 包括中间产出 Z 和最终需求两大块,而最终需求又可细分为消费 D、积累 C 和出口 E 三项,$x=Z+C+D+E$。

二、模型的构建方法与步骤

这里,以 2007 年为例,分步骤展示基于投入产出技术的碳排放足迹的算法。

(1)以江苏 2007 年价值量投入产出表为基础,首先计算直接消耗系数矩阵 A。

$$a_{ij}=\frac{z_{ij}}{x_j}$$

(2)计算出完全需求矩阵又称列昂惕夫逆矩阵$(1-A)^{-1}$。

(3)计算地区各部门的碳排放足迹强度,以各部门的碳排放足迹向量 P 除以本部门的总产出值 x,记为 C_j。

$$C_j=\frac{P_j}{x_j}$$

(4)将碳足迹强度向量对角化处理[1],并乘以逆矩阵,得到碳足迹乘数系数矩阵 M(又可成为碳排放乘数矩阵)。

$$M=Diag(C)\times(I-A)^{-1}$$

(5)根据复合乘数的算法,国内最终消费、资本形成与出口的碳排放矩阵分

---

〔1〕本书中,对角化处理采用 Matlab 软件中的 Diag 函数来说明。

别表示为 PD、PC 与 PE，是由碳排放完全需求矩阵右乘各部门最终使用的对角矩阵及其组分矩阵所得。

$$PD = M \times Diag(D) \times [1, 1, \cdots, 1]^T$$

$$PC = M \times Diag(C) \times [1, 1, \cdots, 1]^T$$

$$PE = M \times Diag(E) \times [1, 1, \cdots, 1]^T$$

（6）计算进口贸易（包括其他来源商品）的碳排放足迹。理论上来说，进口需求有用于最终需求和中间需求的，计算进口产品（服务）的碳足迹效应比较复杂。这里，我们简单假设进口商品（服务）均用于最终需求，而且各部门进口商品（服务）的碳足迹强度与本地相同，那么类似于其他最终需求的碳足迹效应，可以大致估算进口商品（服务）所蕴含碳足迹。

第二节　碳排放足迹的需求驱动分析结果

一、最终需求的足迹驱动效应

从总体需求结构来看，江苏出口需求的碳足迹贡献最大，达到 30794.1 万吨当量，占三大需求的 54.5%；消费和投资的碳足迹贡献分别为 9627.0 万吨当量和 16027.8 万吨当量，分别占 17.1% 和 28.4%。进口产品和服务的蕴含碳足迹当量为 25352.8 万吨当量，综合进出口贸易江苏表现为碳足迹赤字，为省外承担了 30794.1 万吨当量的转移排放，同时外省也为江苏承担了 25352.8 万吨当量的转移排放，综合而言即江苏为省外承担了 5441.4 万吨当量的净转移排放（见表 5-2）。

表 5-2　最终需求的碳足迹效应

单位:万吨当量

行 业 类 型	消费	投资	出口	进口
农林牧渔业	1110.6	213.7	1089.7	1136.8
煤炭开采和洗选业	163.6	285.9	562.2	1241.3
石油和天然气开采业	10.7	14.1	35.3	96.9
金属矿采选业	2.0	13.2	23.2	57.1

续　表

行业类型	消费	投资	出口	进口
非金属矿及其他矿采选业	12.7	59.1	85.9	161.4
食品制造及烟草加工业	371.4	64.4	220.3	279.6
纺织业	197.5	87.2	1932.8	364.1
纺织服装鞋帽皮革羽绒及其制品业	72.2	14.0	227.6	25.2
木材加工及家具制造业	31.6	50.9	163.3	107.9
造纸印刷及文教体育用品制造业	204.4	135.0	699.9	445.7
石油加工、炼焦及核燃料加工业	185.5	250.0	513.9	865.4
化学工业	1062.8	1357.1	6280.9	2851.5
非金属矿物制品业	420.4	3841.2	2622.6	3070.7
金属冶炼及压延加工业	473.3	3437.1	5984.2	5641.8
金属制品业	32.3	270.3	193.7	175.5
通用、专用设备制造业	29.9	415.5	321.0	197.7
交通运输设备制造业	42.4	122.8	102.5	48.9
电气机械及器材制造业	27.9	90.2	218.4	69.1
通信设备、计算机及其他电子设备制造业	17.6	51.8	458.3	329.5
仪器仪表及文化办公用机械制造业	3.9	12.6	21.4	12.1
工艺品及其他制造业	12.3	8.6	15.4	14.2
废品废料	0.4	1.6	3.1	2.4
电力、热力的生产和供应业	2706.8	3066.3	6890.9	6134.7
燃气生产和供应业	11.2	5.7	15.3	11.5
水的生产和供应业	20.8	6.5	14.1	9.2
建筑业	14.7	526.6	50.9	5.2
交通运输仓储及邮电通讯业	971.9	1034.7	1452.1	1468.6
批发和零售贸易餐饮业	310.8	232.8	219.6	135.6
其他服务行业	1105.4	359.0	375.7	393.2
小计	9627.0	16027.8	30794.1	25352.8

消费需求中,碳足迹最大的行业是电力热力的生产和供应业、农林牧渔业、其他服务行业、化学工业和交通运输仓储及邮电通讯业。上述排放项目直接面向最终消费,碳足迹往往与民生息息相关,刚性较大,减排的主要措施应在消费需求端进行调控。

投资需求中,碳足迹最大的行业是非金属矿物制品业、金属冶炼及压延加工业、电力热力的生产和供应业、化学工业、交通运输仓储及邮电通讯业。这些行业的投资冲动往往引发较高的碳足迹后果,应是节能降碳的主战场。

出口需求中,碳足迹最大的行业是电力热力的生产和供应业、化学工业、金属冶炼及压延加工业、非金属矿物制品业和纺织业。这些行业的产品和服务出口引致了大量的碳排放,需要对相关产品和服务进行升级,切实抑制出口排放驱动水平。

进口的产品和服务中,碳足迹蕴含量最大的是电力热力的生产和供应业、金属冶炼及压延加工业、非金属矿物制品业、化学工业和交通运输仓储及邮电通讯业。综合进出口贸易,化学工业和纺织业的碳足迹赤字十分明显,分别达到3429.4万吨当量和1568.7万吨当量,也就是说这两个行业在2007年因为进出口贸易向承担了4998.1万吨当量的转移碳排放。而存在较明显的碳足迹盈余的行业有石油加工炼焦及核燃料加工业、非金属矿物制品业和煤炭开采和洗选业,省外为江苏承担了合约1478.7万吨当量的转移碳排放。

二、碳足迹影响力与感应力分析

从经济学意义上来看,列昂惕夫逆矩阵系数的列合计反映了该部门对所有部门所产生的生产需求波及与拉动的绝对水平。即当某一部门增加单位最终需求时,通过直接和间接关联最终对各部门所要求的生产量,表现为影响力程度。各列和的总计除以部门个数所得到的平均值与各部门列和的比值,则反映了该部门对所有部门所产生的生产需求波及的相对水平,即影响力系数。与影响力系数相近的另一个指标是感应度系数,它是指当国民经济各部门都增加一个单位的最终需求时,某一部门由此而受到的需求感应程度,也就是需要该部门为其他部门的生产而提供的供应量。根据2007年投入产出表计算影响力、感应度系数,影响力系数、感应度系数大于1,表明该行业对其他产业的影响程度(受其他产业需求变

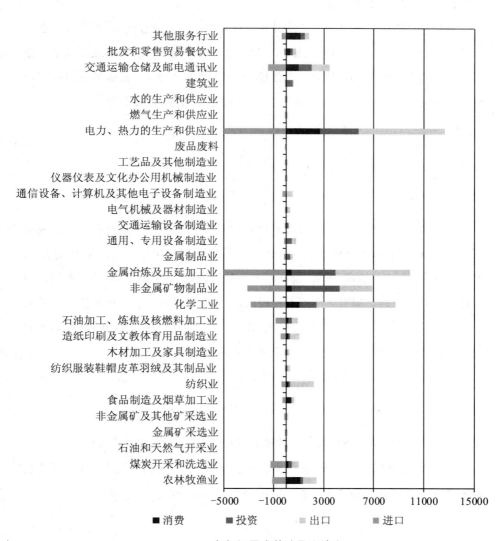

图 5-1 各部门需求的碳足迹效应

化的感应程度)超过平均水平。这里,结合对各部门碳排放足迹的分析,为进一步研究各部门碳足迹与其他部门供给和需求的关联效应,引入碳足迹影响力和感应力指标对部门之间的碳关联进行分析。

影响力系数用来衡量一个产业对其他产业的需求波及程度,或对其他产业的拉动作用程度。这里,我们引入足迹影响力系数的概念,即以碳足迹来衡量产业间的影响程度。令 U 为足迹影响力矩阵,其中元素表示为 u_{ij},表示部门 i 对部门 j 的影响力,F_j 为部门 j 的足迹影响系数,$\bar{c}$ 为碳足迹强度向量,则有:

$$U = \bar{c}(I - A)^{-1}$$

$$F_j = \frac{\sum_{i=1}^{n} \bar{u}_{ij}}{\frac{1}{n} \sum_{i=1}^{n} \sum_{j=1}^{n} \bar{u}_{ij}}$$

感应力系数是反映某产业增加一个单位增加值时,要求其他产业提供的完全供给程度,以说明该产业对经济发展的推动作用强弱。在计量经济学中,感应力亦称"感应度"、"灵敏度"或者"前向联系系数",表现为列昂惕夫逆矩阵系数的行合计。不同产业的感应力大小都不尽相同,用感应力系数来表示产业感应力的大小。这里,引入足迹感应力系数的概念,即某部门增加一个单位碳排放时,要求其他部门提供的产品(服务)中蕴含的碳足迹水平。

首先计算供给系数矩阵 S:

$$S_{ij} = \frac{z_{ij}}{x_i}$$

式中,z_{ij} 表示部门 i 供应给部门 j 的价值量;x_i 表示部门 i 的总投入价值。

令 V_j 为足迹感应力矩阵,v_{ij} 为部门 i 对部门 j 的感应力,E_j 为部门 j 的足迹感应系数,$\bar{c}$ 为生产性土地或者化石能源地的投入强度,则有:

$$V = \bar{c}(I - S)^{-1}$$

$$E_j = \frac{\sum_{i=1}^{n} \bar{v}_{ij}}{\frac{1}{n} \sum_{i=1}^{n} \sum_{j=1}^{n} \bar{v}_{ij}}$$

结果发现,电力、热力的生产和供应业碳排放足迹影响力最大,达到 7.92,这反映了该产业部门对全社会碳排放的推动力极强,也说明了该产业部门发展对碳排放的依赖性最大。非金属矿物制品业、水的生产和供应业、化学工业、金属冶炼及压延加工业、建筑业、交通运输仓储及邮电通讯业、煤炭开采和洗选业、纺织业等行业的足迹影响力均大于1.5,这些部门对全社会碳排放的推动力也十分强劲。金属制品业、造纸印刷及文教体育用品制造业、纺织服装鞋帽皮革羽绒及其制品业、电气机械及器材制造业、通用专用设备制造业、工艺品及其他制造业、木材加工及家具制造业、交通运输设备制造业等产业的碳足迹影响力大于1,这些行业对全社会碳排放的推动效应也比较大。其他各产业部门的足迹影响力系数均小于1.0,说明相对于上述行业部门对全社会碳排放的推动作用是比较小的。批发和零售贸易餐饮业、其他服务行业、通信设备计算机及其他电子设备制造业、废品废料的足迹影响力系数最小,即对碳排放的推动作用最小,这就可以反映出产业结构的调整与升级可以很大程度上促进温室气体的减排。

电力热力的生产和供应业、化学工业、非金属矿物制品业、金属冶炼及压延加工业、建筑业、纺织业、通信设备计算机及其他电子设备制造业的感应力系数最高,且都大于2.0,说明国民经济的整体发展对上述部门的碳排放拉动力最大,即国民经济各部门对其需求所产生碳排放的感应程度最大。其他服务行业、交通运输仓储及邮电通讯业、电气机械及器材制造业、煤炭开采和洗选业、金属制品业、造纸印刷及文教体育用品制造业、农林牧渔业的足迹感应力系数都大于1.0,其他行业的足迹感应力系数都小于1.0,说明国民经济对这些部门碳排放的拉动作用相对较小。足迹感应力的大小是由两方面原因造成的:一是该产业部门的发展对碳排放的依赖程度;二是国民经济发展各部门对该部门的真实需求程度。因此,碳减排的途径可从两个方面实现:一是直接减少产业部门对碳排放的依赖;二是调控产业结构,减少国民经济体系对高能耗高排放行业的依赖性。

对足迹影响力和足迹感应力进行联合分析,可以得到表5-3。

表 5-3　国民经济各行业的足迹影响力和感应力

行　业	足迹影响力	足迹感应力
农林牧渔业	0.967	1.054
煤炭开采和洗选业	1.559	1.405
石油和天然气开采业	0.137	0.089
金属矿采选业	0.142	0.082
非金属矿及其他矿采选业	0.832	0.473
食品制造及烟草加工业	0.805	0.815
纺织业	1.554	2.322
纺织服装鞋帽皮革羽绒及其制品业	1.209	0.939
木材加工及家具制造业	1.078	0.586
造纸印刷及文教体育用品制造业	1.448	1.170
石油加工、炼焦及核燃料加工业	0.658	0.671
化学工业	2.152	5.818
非金属矿物制品业	4.679	4.683
金属冶炼及压延加工业	1.903	4.165
金属制品业	1.462	1.262
通用、专用设备制造业	1.171	2.029
交通运输设备制造业	1.047	0.900
电气机械及器材制造业	1.179	1.582
通信设备、计算机及其他电子设备制造业	0.451	2.108
仪器仪表及文化办公用机械制造业	0.817	0.320
工艺品及其他制造业	1.122	0.224
废品废料	0.076	0.022
电力、热力的生产和供应业	7.922	8.343
燃气生产和供应业	0.708	0.323
水的生产和供应业	2.381	0.651
建筑业	1.845	3.479

行　业	足迹影响力	足迹感应力
交通运输仓储及邮电通讯业	1.757	1.778
批发和零售贸易餐饮业	0.601	0.811
其他服务行业	0.630	1.967

其中,足迹影响力和足迹感应力均大于1的行业共有12个,分别为电力热力的生产和供应业、非金属矿物制品业、化学工业、金属冶炼及压延加工业、建筑业、交通运输仓储及邮电通讯业、煤炭开采和洗选业、金属制品业、造纸印刷及文教体育用品制造业、纺织服装鞋帽皮革羽绒及其制品业、电气机械及器材制造业和通用专用设备制造业。这些行业无论经济增长快慢,都会有较强的碳足迹扩张效应,也应该是产业结构调整、节能降碳的重点。

影响力小而感应力大的行业共有3个,分别是农林牧渔业、其他服务行业和通信设备计算机及其他电子设备制造业,这些行业的碳排放总量规模也较大,但对经济增长的驱动不敏感,应鼓励以绿色低碳模式发展。

影响力大而感应力小的行业共有5个,水的生产和供应业、纺织服装鞋帽皮革羽绒及其制品业、工艺品及其他制造业、木材加工及家具制造业、交通运输设备制造业。国民经济发展对这些行业的碳足迹供给需求不算大,碳排放总体规模较小,但这些行业一旦快速扩张,可能带来较大的碳足迹增速,这些行业需要在低碳目标的导向下,谨慎地规模化扩张发展。

影响力和感应力均小于1的行业共有9个,包括非金属矿及其他矿采选业、仪器仪表及文化办公用机械制造业、食品制造及烟草加工业、燃气生产和供应业、石油加工炼焦及核燃料加工业、批发和零售贸易餐饮业、金属矿采选业、石油和天然气开采业、废品废料。理论上,上述行业属于低碳行业,应值得大力发展。但需要指出的是,江苏的石油和天然气开采业、金属矿采选业、非金属矿及其他矿采选业的足迹影响力和感应力均较低,并不是因为上述行业具备低碳发展特征,而是因为上述行业在江苏规模偏小,经济活动和产业关联相对不活跃造成的。

表 5-4 国民经济各行业的碳足迹关联类型

	影响力＞1	影响力＜1
感应力＞1	电力、热力的生产和供应业 非金属矿物制品业 化学工业 金属冶炼及压延加工业 建筑业 交通运输仓储及邮电通讯业 煤炭开采和洗选业 金属制品业 造纸印刷及文教体育用品制造业 纺织服装鞋帽皮革羽绒及其制品业 电气机械及器材制造业 通用、专用设备制造业	农林牧渔业 其他服务行业 通信设备、计算机及其他电子设备制造业
感应力＜1	水的生产和供应业 纺织服装鞋帽皮革羽绒及其制品业 工艺品及其他制造业 木材加工及家具制造业 交通运输设备制造业	非金属矿及其他矿采选业 仪器仪表及文化办公用机械制造业 食品制造及烟草加工业 燃气生产和供应业 石油加工、炼焦及核燃料加工业 批发和零售贸易餐饮业 金属矿采选业 石油和天然气开采业 废品废料

第三节 碳足迹的需求驱动效应的讨论

本节以区域投入产出分析为基础,来核算生产满足国民经济最终消费的产品(服务)量所需要的直接或间接碳排放量,对江苏的碳排放足迹进行一个系统全面的分析,并使用了碳足迹强度矩阵,分析了各产业部门的碳足迹水平,最后通过足迹影响力和感应力分析,对各部门之间的碳排放关联进行了分析,结论如下。

(1)从需求的角度来看,江苏消费的足迹为 9627.0 万吨当量,投资的足迹为 16027.8 万吨当量,出口足迹为 30794.1 万吨当量,进口产品和服务所蕴含碳排放足迹为 25352.8 万吨当量。

从经济拉动的三大引擎来看,出口和投资是驱动江苏碳足迹的重要原因,贡献率分别达到 28.4% 和 54.6%,而消费对碳足迹的贡献程度相对不高,仅占 17.1%。因此,对于江苏来说,除了生产领域的能效提升和技术改进,通过合理控制投资强度,提升出口产品结构,亦可起到明显的碳减排效果。从碳排放的驱动机理来看,从最终需求的角度来引导和控制碳足迹才是治本之策。

从贸易进出口来看,由于江苏是贸易大省,存在明显的价值量顺差与碳足迹逆差特征,在 2007 年,尽管创造了价值量顺差 3869.4 亿元,取得较好的经济收益,但另一方面,也产生了 5441.3 万吨当量碳排放逆差,这些都是以"江苏制造"之名而承担的国际和区域外转移碳排放。

(2)足迹影响力和感应力分析显示,电力热力的生产和供应业、非金属矿物制品业、化学工业、金属冶炼及压延加工业、建筑业、交通运输仓储及邮电通讯业、煤炭开采和洗选业、金属制品业、造纸印刷及文教体育用品制造业、纺织服装鞋帽皮革羽绒及其制品业、电气机械及器材制造业、通用专用设备制造业 12 个部门的碳排放足迹影响力和感应力都大于 1。这些行业是控制温室气体排放的关键,其对策主要如下:一是要注重抑制行业自身的过快增长,防止其较高的足迹影响力对整体国民经济的碳排放需求形成推动;二是要降低这些高能耗、高排放行业的碳足迹强度,防止国民经济发展形成高碳锁定效应;三是要合理控制国民经济增速,通过抑制最终需求的低效粗放式扩张,来防止高感应力行业的碳足迹快速增长。

第六章　江苏能源和碳排放的
驱动因素分析

进入新世纪以来,江苏社会经济发展虽取得了举世瞩目的成绩,但在工业化和城市化加快推进的进程中,资源能源的需求也越来越大,碳足迹压力也不断提升。因此,研究能源和碳排放的社会经济驱动效应,找出碳排放增加的关键驱动因子,挖掘碳减排的最大潜力因素,有针对性地实施节能和碳减排措施,意义十分重大。本章引入基于投入产出模型的因素分析方法,从技术提升、结构变化和总量扩张三个角度对江苏综合能源消费和碳排放的变化原因进行探讨,以因素分解手段来解释江苏能源和碳排放变化的驱动原因,并有针对性地提出实施节能降碳的政策措施关键所在。

第一节　能源和碳排放的驱动因素分析

本节将对影响江苏温室气体排放的主要因素进行识别分析。

一、江苏能源和碳排放的驱动因素识别

影响江苏温室气体排放的因素很多,主要有能源结构与技术水平、经济发展与产业结构、人口与人民生活水平等。

（一）能源结构与技术水平因素

能源活动是江苏贡献作用最大的温室气体排放源，占到总排放水平的72.7%[1]。因此，发展低碳能源，实施节能和能效提升是控制温室气体排放的关键途径。2010年，江苏全省一次能源消费总量为2.58亿吨标准煤，其中煤炭、石油、天然气和非化石能源分别占75.44%、15.52%、3.54%和5.5%，其中可再生能源只占约3%，能源消费以煤为主的结构性特征非常明显。一般认为，相同单位热值的煤所产生的二氧化碳排放分别是油的1.4倍和天然气的1.7倍。未来，江苏若大力发展新能源与可再生能源，提升油气消费比重，将有效降低能源活动的碳排放强度。

同时，通过推广先进能源技术，淘汰落后产能，也能显著提升能源效率，降低碳足迹胁迫效应。"十一五"期间，江苏组织实施"十大重点节能工程"，累计实施节能改造项目1400多项，有效控制了重点耗能行业和企业的排放水平，形成节能能力约2000万吨标准煤，相当于少排放5000万吨CO_2。如图6-1所示，全省每万元GDP能耗由2005年的0.923吨标准煤下降到2010年的0.734吨标准煤，综合能源的产出率和主要耗能产品单位能耗居国内先进水平。未来，通过抑制高耗能产业过快增长，抓好重点领域节能，推动先进节能技术与产品等措施，江苏的能源利用效率可进一步提高。

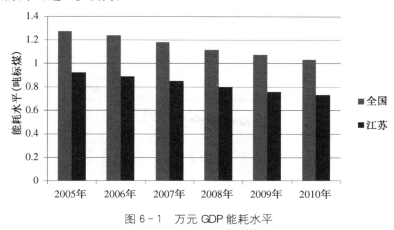

图6-1　万元GDP能耗水平

----

[1]《江苏省人民政府关于印发江苏省应对气候变化方案的通知》[苏政发(2009)124号]。

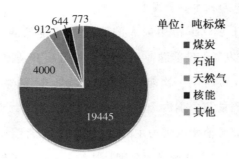

图 6-2　江苏省能源消费结构现状[1]

(二)经济发展水平和工业化阶段因素

从 IEA 的数据分析来看,人均二氧化碳排放和经济发展水平有着明显的正相关关系,人均 GDP 达到 1 万~1.5 万美元以前,人均二氧化碳排放增长较快,以后增长趋缓。因此,可以判定由于经济体量的持续扩大,江苏能源消费与二氧化碳排放持续增长的态势是由经济发展阶段所决定的。不过"十二五"时期,江苏正迈向率先基本实现现代化的新征程,人均 GDP 在 2012 年就将突破 1 万美元大关(见图 6-3),从国际经验来看,接近了库茨涅茨环境曲线拐点,未来江苏的碳排放总量增速将明显趋缓,碳排放强度将大幅度下降。

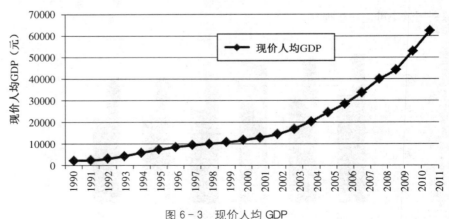

图 6-3　现价人均 GDP

────────

〔1〕《江苏省"十二五"能源发展规划》〔苏政办发〔2012〕71 号〕。

从产业结构来看,江苏仍处于工业化中后期阶段,第二产业比重偏大,重工业化水平偏高。2010年,江苏省第一、二、三产业的增加值比例为6.1%∶52.5%∶41.4%,一次能源消费比例为1.53%∶81.01%∶10.15%。电力、钢铁、石化、建材、纺织五大传统产业仍是江苏省工业的重要组成部分,也是能源消费的需求大户,这对江苏省通过产业结构调整推动应对气候变化工作的开展提出了更高要求。未来,随着江苏经济结构转型升级的不断深化,服务业比重将不断提高,战略性新兴产业规模将不断扩大。但是,保持经济平稳较快增长、积极打造现代产业体系仍是江苏的发展要务,工业用能和二氧化碳排放仍将保持一定的增长。

图6-4　工业化率

（三）人口增长与城市化进程因素

人口增长和生活方式改善是未来江苏能源消费和二氧化碳增长的关键因素。据统计,2010年,江苏省总人口为7869.34万人,城镇化水平60.6%(见图6-5)。其中,2000年到2010年,江苏常住人口年均增长54.2万,城镇化率每年提高1.9个百分点。未来十年,江苏人口还将呈现缓慢增长趋势,预计到"十二五"末,全省总人口将在8100万左右,城镇化水平达到67%左右,到2020年,全省总人口将在8200万左右,城镇化水平达到70%左右(见图6-6)。随着人口规模的增长和城镇化水平的不断提高,将带来大规模的基础设施建设,需要消耗大量的钢铁、水泥等高耗能、高排放产品,从而增加能源消耗和二氧化碳排放。

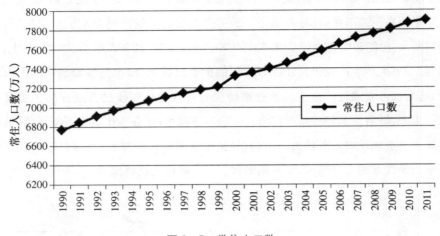

图 6-5　常住人口数

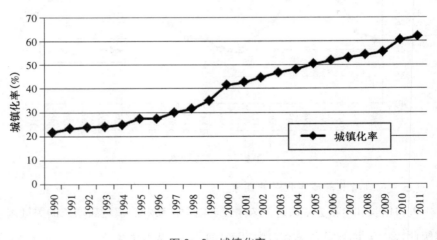

图 6-6　城镇化率

　　同时,随着江苏居民生活水平的提高,居民耐用品消费数量迅速增加。2005年至2010年,江苏城镇居民人均可支配收入年均增加2025元(见图6-7),城镇居民家庭平均每百户年末私家车拥有量从4.29辆增至13.83辆。未来十年,江苏居民人均家电保有量、汽车拥有量、人均住宅面积将进一步增加。

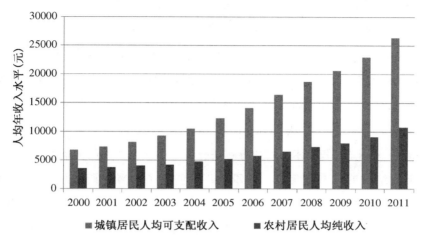

图 6-7　城乡居民人均年收入水平

二、能源和碳排放的驱动效应研究进展

20 世纪后半叶，伴随着能源危机和环境问题的日益突出，国际各界开始反思传统经济社会发展方式，并引发了对能源消费和碳排放总量变化的内在机理研究热潮。承袭这个思路，相关研究逐年增多，而其中以结构分解模型最为有效和受欢迎，也成为国际学界能源、环境经济学和政策学的主流方法之一，其相关结论也为能源消费和环境排放的预测及政策制定提供了依据。

能源消费或环境排放的分解模型有两大类，一是投入产出结构分解模型（SDA），二是指数分解模型（IDA）[1]。SDA 方法以详细的投入产出表技术系数矩阵和最终需求结构数据为基础，不仅能区分各部门要素消费中的直接需求和间接需求，并可有效地区分需求变化的技术系数效应和需求结构效应。Wier & Hasler 对丹麦氮排放进行了结构分解，并区分为排放强度、技术投入、需求结构和需求水平四种效应[2]。类似地，Paul 等对印度 CO_2 排放进行了结构降

---

〔1〕 Hoekstra, R, et al. Compare structural decomposition analysis and index[J]. Energy economics，2003，25(1).

〔2〕 Wier M, Hasler B. Accounting for nitrogen in Denmark—a structural decomposition analysis[J]. Ecological Economics，1999(30).

解分析[1]，Roca 等采用 SDA 模型对西班牙 1995—2000 年污染气体排放进行了分析，将污染排放变化分解为技术变化、需求结构变化和需求总量变化[2]。

　　IDA 模型以分部门总量数据为基础，处理连续时间序列较为方便，不像 SDA 要苛求详细的投入产出表。能源和环境研究中的指数分解模型，可区分归纳为拉斯佩尔指数法（Laspeyres index method）、算术平均指数法（Arithmetic mean divisia index method）和对数平均数法（Logarithm mean divisia index method）[3][4][5]。Huang[6] 采用了加权算术平均数分解法分析了中国二产部门的能源消费变化，并区分为结构变化和强度变化。Zhang[7] 使用了扩展拉斯佩尔指数对中国 1990—1997 年的 29 部门能源消费进行了验证，并区分为尺度、强度和结构效应。Diakoulaki 等[8]将希腊的 CO_2 排放变化分解为经济活力效应、燃料强度效应和燃料结构效应。Ma 和 Dtern[9] 采用对数平均数分解指数分解了 1980—2003 年中国能源强度的变化。

　　在国内，相关研究以 SDA 思路为主流，并主要集中于投入产出表的外延理论

〔1〕　Paul S, Bhattacharya R N. CO_2 emission from energy use in India：a decomposition analysis [J]. Energy Policy，2004(32).

〔2〕　Roca J, Serrano M. Income growth and atmospheric pollution in Spain：An input-output approach[J]. Ecological Economics，2007(63).

〔3〕　Ang B W, Zhang F Q. A survey of index decomposition analysis in energy and environmental studies[J]. Energy，2000(25).

〔4〕　Ang B W, Liu F L, Chew E P. Perfect decomposition techniques in energy and environmental analysis[J]. Energy Policy，2003(31).

〔5〕　Ang B W, Liu N. Energy decomposition analysis：IEA model versus other methods[J]. Energy Policy，2007(35).

〔6〕　Huang J P. Industrial energy use and structural change：a case study of the People's Republic of China[J]. Energy Economics，1993(15).

〔7〕　Zhang, Z X. Why did the energy intensity fall in China's industry sector in the 1990s? The relative importance of structural change and intensity change[J]. Energy Economics，2003(25).

〔8〕　Diakoulaki D., Mavrotas G., Orkopoulos D., et al. A bottom-up decomposition analysis of energy-related CO_2 emissions in Greece[J]. Energy，2006(31).

〔9〕　Ma C B., Stern D I. China's changing energy intensity trend：A decomposition analysis[J]. Energy Economics，2008,30(3).

阐述。如有观点[1]认为，能源使用数量由技术系数矩阵和最终需求决定，具体来看，前者包括能源投入系数和非能源投入系数两部分，后者包括最终需求结构系数变动和各项最终需求总量。孙广生等[2]利用环境经济投入产出模型分析了产业关联引起污染排放变化的作用机理，并将总污染排放梯度变化区分为技术条件变化、产出梯度变化和最终产品梯度变化因素。王玉潜[3]认为可从生产的角度用产业结构和能源直接消耗技术，从使用的角度用需求结构和能源完全消耗技术建立能源消耗强度的双因素分析模型。

本文拟采用 SDA 方法，并结合精炼拉斯佩尔指数，对江苏省经济发展进行资源消费和环境排放的结构分解分析，并考察技术、结构及总量等不同驱动因素对区域资源消费和环境排放变化的影响程度，以对江苏未来资源环境变化做出准确预期，相应地提供有针对性的节能减排政策措施。

第二节　江苏能源和碳排放的驱动分析模型构建

采用 SDA 模型，对江苏能源和碳排放的驱动原因进行建模。

一、能源和碳排放强度技术矩阵构建

投入产出表反映了社会各部门产品在生产、分配、消费、使用过程中以及产品价值形成过程中各部门间经济技术的相互依存、相互制约的数量关系。一般而言，标准价值量投入产出模型存在以下关系：

$$q = (I - A)^{-1} y \qquad\qquad (6.1)$$

其中，$q_{n \times 1}$ 是指某年的经济产出向量，$y_{n \times 1}$ 是指最终需求矩阵，$A_{n \times n}$ 是指技术系数矩阵，$N = (I - A)^{-1}$ 是指相应的列昂惕夫逆矩阵。

〔1〕　王海建. 经济结构变动与能源需求的投入产出分析[J]. 统计研究，1999(6).

〔2〕　孙广生，冯宗宪，薛伟贤，等. 环境经济投入产出污染梯度场的分析[J]. 数量经济技术经济研究，2003(3).

〔3〕　王玉潜. 基于投入产出方法的能源消耗强度因素模型[J]. 中南财经政法大学学报，2005，153(6).

下一步,定义 $V_{k\times n}$ 为资源要素的技术矩阵,k 为资源要素类型,n 为产业分类,矩阵系数为单位经济产出的资源要素需求。如此,可将资源要素总需求的矩阵表示为下列公式:

$$E_{k\times 1} = V_{k\times n}q_{n\times 1} = V(I-A)^{-1}y = Fy \tag{6.2}$$

进一步地,可以将 $F = V(I-A)^{-1}$ 表征为资源要素的技术系数矩阵。

二、能源和碳排放变化的结构降解

投入产出分析(I-O Analysis)作为研究国民经济系统内部门生产联系及结构的数量分析方法,往往对资源和环境系统并未加以考虑。随着资源环境问题的日益严重,将资源、环境的核算纳入到投入产出之中以全面反映整个经济系统的物质流动过程,就成为实现经济发展和环境保护综合平衡的前提。早在 20 世纪 70 年代初期,列昂惕夫开始将他创建的投入产出分析方法应用到环境经济研究中[1]。近年来,能源和环境学家们热衷于采用降解分析的手段来剖析能源利用和环境压力动因,而其中以 Hoekstra 为代表的基于投入产出的结构降解模型(SDA,structural decomposition analysis model)最具代表性。其主要思想就是将资源环境总体变化分解化,并区分归纳为不同的效应。总体来看,可分解为技术效应、结构效应和总量需求效应三类,方法如下公式所示:

$$E = [V(I-A)^{-1}][y/(i'y)][i'y] \tag{6.3}$$

其中,i 是给定的单位行向量 $[1,1,\cdots,1]$,在该表达式中,需求被划分为两组分,一是结构性因素 $y^s = [y/(i'y)]$,二是总量性因素 $y^v = [i'y]$。如此,可以将两个不同年份间的变化作如下分解:

$$\Delta E = E_1 - E_0 = f_1 y_1^s y_1^v - f_0 y_0^s y_0^v = \Delta f_{effect} + \Delta y_{effect}^s + \Delta y_{effect}^v \tag{6.4}$$

其中,Δf_{effect} 定义为技术效应,该效应参入了产业的要素需求强度矩阵和列昂惕夫逆矩阵的变化,反映了技术层次的变化。Δy_{effect}^s 是结构效应,Δy_{effect}^v 是总量需求效应。如此区分三类效应,有利于从更加科学的角度来分析区域资源要素变化的技术节约效应和总量需求扩张效应之间的平衡,对本地区的资源要素需求的库

---

〔1〕 Leontief, W. Environmental repercussions and the economic structure: an input-output approach[J]. The Review of Economics and Statistics, 1970, 52(3).

茨涅茨曲线拐点做出更加准确的判断。Δf_{effect}，Δy^s_{effect} 和 Δy^v_{effect} 采用精练的拉斯佩尔指数法（Refined Laspeyres Index Method，RLIM），具体见公式（6.5）—（6.7）。

$$\Delta f_{effect} = (\Delta f y^s_0 y^v_0) + \frac{1}{2}(\Delta f \Delta y^s y^v_0) + \frac{1}{2}(\Delta f y^s_0 \Delta y^v) + \frac{1}{3}(\Delta f \Delta y^s \Delta y^v)$$

$$\text{(6.5)}$$

$$\Delta y^s_{effect} = (f_0 \Delta y^s y^v_0) + \frac{1}{2}(\Delta f \Delta y^s y^v_0) + \frac{1}{2}(f_0 \Delta y^s \Delta y^v) + \frac{1}{3}(\Delta f \Delta y^s \Delta y^v)$$

$$\text{(6.6)}$$

$$\Delta y^v_{effect} = (f_0 y^s_0 \Delta y^v) + \frac{1}{2}(\Delta f y^s_0 \Delta y^v) + \frac{1}{2}(f_0 \Delta y^s \Delta y^v) + \frac{1}{3}(\Delta f \Delta y^s \Delta y^v)$$

$$\text{(6.7)}$$

三、研究资料和数据来源

研究拟对江苏省 1997 年、2002 年及 2007 年的能源和碳排放进行 SDA 分析。除综合能源和 SO_2 排放外，很难获得细分行业的要素需求数据，这里笔者按三次产业划分。投入产出表数据均来自江苏省统计局编制的《江苏省投入产出表及应用分析》中的 1997 年 40 部门投入产出表和《江苏省 2002 年投入产出表及应用分析》的 2002 年 42 部分投入产出表，并通过行业并归和计算得出简化的三部门技术系数矩阵和列昂惕夫逆矩阵。分行业能源需求数据来自历年《中国能源统计年鉴》和《江苏省统计年鉴》。

第三节　江苏的能源和碳排放驱动因素分析

一、能源和碳排放强度

A_{1997} 为江苏 1997 年三次产业的直接消费系数矩阵，N_{1997} 是 1997 年江苏三次产业的列昂惕夫逆矩阵，A_{2002} 为江苏 2002 年三次产业的直接消费系数矩阵；N_{2002} 是 2002 年江苏三次产业的列昂惕夫逆矩阵。

$$A_{1997} = \begin{pmatrix} 0.205 & 0.029 & 0.012 \\ 0.252 & 0.596 & 0.272 \\ 0.043 & 0.131 & 0.278 \end{pmatrix};$$

$$N_{1997} = (I - A_{1997})^{-1} = \begin{pmatrix} 1.296 & 0.112 & 0.064 \\ 0.981 & 2.906 & 1.109 \\ 0.254 & 0.532 & 1.589 \end{pmatrix};$$

$$A_{2002} = \begin{pmatrix} 0.241 & 0.049 & 0.036 \\ 0.191 & 0.618 & 0.195 \\ 0.058 & 0.098 & 0.230 \end{pmatrix};$$

$$N_{2002} = (I - A_{2002})^{-1} = \begin{pmatrix} 1.378 & 0.206 & 0.117 \\ 0.794 & 2.920 & 0.779 \\ 0.204 & 0.386 & 1.407 \end{pmatrix};$$

$$A_{2007} = \begin{pmatrix} 0.124 & 0.033 & 0.012 \\ 0.222 & 0.647 & 0.214 \\ 0.061 & 0.085 & 0.174 \end{pmatrix};$$

$$N_{2007} = (I - A_{2007})^{-1} = \begin{pmatrix} 1.175 & 0.012 & 0.049 \\ 0.845 & 3.109 & 0.818 \\ 0.174 & 0.329 & 1.298 \end{pmatrix}。$$

按照公式 2,可计算得出各年份单位产出的能源和碳足迹强度矩阵。

二、模型分解结果

根据公式(6.3)—(6.7),对江苏省 1997—2002 年和 2002—2007 年综合能源要素需求变化和 2002—2007 年的碳足迹需求变化的驱动效应进行分解。SDA 分解模型的结果(见表 6-1)。

表 6-1 各类要素需求变化的因素分解效应分析

	单位	年份(年)	技术性效应	需求结构效应	需求水平效应	总体效应
综合能源消费量	万吨标煤	1997—2002	−1501.1	221.8	3737.2	2457.9
		2002—2007	−10673.1	1078.0	21343.3	11748.2
碳足迹	万吨二氧化碳当量	2002—2007	−89644.7	5193.9	113740.8	29290.5

综合能源消费方面,1997—2002 年,江苏能源消费总量增加了 2457.9 万吨标

煤。从驱动原因来看,技术性节约因素显著,节约了 1501.1×10^4 t 标准煤;结构性影响方面,驱动着江苏综合能源消费增加了 221.8×10^4 t 标准煤,这也和期间江苏产业重型化取向明显,第二产业占国民经济比重不断提升的现象一致;需求总量性因素使得江苏综合能源消费增加了 3737.2×10^4 t 标准煤,这是江苏经济总量和人口规模上升的必然趋势,也是最重要的驱动因素。

2002—2007 年,江苏能源消费总量增加了 11748.2 万吨标煤。从驱动原因来看,其中技术性节约效应进一步得到强化,节约了 10673.1×10^4 t 标准煤,这和江苏省大力实施节能降耗重点工程,广泛实施节能技改是分不开的,也是"十一五"期间江苏省单位 GDP 能耗水平快速下降的体现;结构性驱动因素方面,驱动着江苏综合能源消费增加了 1078×10^4 t 标准煤,这一期间江苏虽然工业化率出现了拐点,但整体还是维持在较高水平,电力、冶金、石化化工、建材等高能耗工业扩张显著,因此结构化因素成为能源消费总量攀升的重要诱因;需求总量方面,依然是江苏综合能源消费的主要贡献原因,导致 21343.3×10^4 t 标准煤的增量,这一时期也是江苏增长的快速时期,这五年间 GDP 几乎翻了一倍,平均增速达到惊人的 14.54%。

碳足迹方面,从 2002—2007 年,碳排放总量增加了 29290.5 万吨当量,其中技术性减排效应显著,达到 8.96 亿吨当量的水平;结构性影响方面,驱动着江苏碳足迹增加了 5193.9 万吨当量,说明这五年中江苏结构调整升级的效果不明显,产业结构取向不利于碳足迹的降低;需求总量的扩张使得江苏碳足迹增加了 11.37 亿吨当量,规模十分巨大。

从能源和碳足迹的驱动因素比较来看,碳足迹驱动因素的离差水平更大,特别是碳足迹下降的技术性驱动因素更加明显,这可能得益于先进工艺设备的广泛使用,污染防控工作的强化,以及循环经济和资源综合利用水平的提升,产生了额外的效益。

分析来看,需求总量扩张趋势势必带来江苏碳足迹的不断提高,一些传统行业和高能耗高排放的行业需求仍有较大上升空间,需要从技术性效应和结构性效应着手,双轮驱动地促进节能降碳。

第四节　结论和讨论

本书采取了 SDA 模型和 RLIM 指数,对 1997—2002 年江苏省的综合能源、水资源、建设用地和 SO_2 排放进行了分解效应分析。结果显示,江苏技术性节能效应显著,结构性节能效果不足,需求总量水平拉升十分迅猛,节能降碳的工作重点主要如下:

(1)主动调控经济增速。需求规模的整体上升是能源消费和碳排放足迹上升的首要贡献因子。因此,合理主动调控经济增速,是控制温室气体排放规模的可靠手段。因此,江苏应在坚持"两个率先"发展目标大方向不变的基础上,按不同阶段、不同环境进行适度、有序动态微调经济增速,确保经济增长的平稳性、均衡性和可持续性,减低经济过热倾向、有序回收过剩流动性和压抑通胀,抑制重复投资和过剩产能。通过主动调控经济增速来抑制不合理的碳排放足迹增长预期。

(2)加强能源需求侧管理。"十一五"期间,全省能源消费总量由 2005 年的 1.72 亿吨标准煤增长到 2010 年的 2.58 亿吨标准煤,年均增速 8.4%。依据这样的弹性系数,到 2020 年江苏能源消费总量需要增加 1.9 亿吨标煤,碳足迹将多排 5.1 亿吨当量。在国际能源价格不断攀高,国内煤电油运紧张的大形势下,如何保障额外的能源供给和运输,承受更多的碳排放压力将是江苏面临的重大挑战。因此,推动建立科学合理的能源资源综合利用体系,合理控制能源消费总量,加强能源需求侧管理,十分必要。

(3)突出结构性降碳效果。从 2005 年到 2010 年,江苏产业结构调整取得一定进展,"一二三"产业结构比例从 7.9%:56.6%:35.6% 调整为 6.1%:52.5%:41.4%。但从分析来看,1997—2002 年以及 2002—2007 年两个时间段内,结构性因素都是导致碳排放增加的驱动原因。事实上,结构性因素完全可以和技术因素一样,成为重要的碳减排贡献因素,以达成经济增长和控制碳排放规模目标的双赢。对于江苏,应加快经济结构战略性调整,大力发展现代服务业和战略性新兴产业,加快传统制造业改造升级,有效控制工业领域温室气体排放,加快新能源、新材料、节能环保、新一代信息技术和软件、物联网和云计算、新能源汽车、智能电网等低碳产业发展。

（4）继续深化技术提升节能效果。分析来看,1997—2002 年以及 2002—2007年两个时间段内,技术性因素都是主要的碳减排贡献因素,大幅度对冲了需求增长引致的碳排放增加。统计数据来看,江苏单位 GDP 能耗也在不断下降,从 2005年的 0.923 吨标准煤下降到 2010 年的 0.734 吨标准煤。未来,江苏应继续强化技术节能效果,加大科技投入,发挥科技创新对低碳发展的主导作用,强化企业在技术创新中的主体地位,借助江苏科技人才、高校与科研单位集中的优势,提升重点行业节能降耗水平,推动关键节能降碳工艺、技术和装备的发展。

第七章　江苏进出口贸易的产品碳足迹

商品贸易全球化引起的产品生产区位、污染物排放区位与产品消费区位的空间分离,需要重新审视各国的碳排放责任[1]。江苏省是外贸大省,对外贸易带来的碳排放转移问题不容回避。深入分析全省进出口贸易所产生的碳排放总量,了解征收碳关税可能带来的正负效应,有助于掌握未来发展的主动权。

第一节　贸易碳排放的相关内涵

本节对隐含碳、低碳贸易壁垒等相关名词进行阐述。

一、贸易隐含碳的内涵

任何一种产品的生产都会直接或间接地产生碳排放。为了得到某种产品而在整个生产链中所排放的二氧化碳,称之为"隐含碳"[2]。从对外贸易的角度看,"隐含碳"和"转移排放"的含义基本相同。在国际相关学术研究中,隐含碳被称之为 Embodied Carbon。国际贸易中的"隐含碳"核算已经引起了普遍关注。

就对外贸易的载能量计算而言,通常有两种方法:一种是基于投入产出表的"由上自下"的计算方法;另外一种是基于产品单耗的"由下自上"的计算方法。前

---

〔1〕　张晓平. 中国对外贸易产生的 CO_2 排放区位转移分析[J]. 地理学报,2009,64(2).

〔2〕　齐晔,李惠民,徐明. 中国进出口贸易中的隐含碳估算[J]. 中国人口·资源与环境,2008,18(3).

者是目前能够全面计算进出口产品能耗的最佳方法,在很大程度上代表一国实际进出口贸易中所隐含的能源量。后者采用产品单耗计算方法虽然很难做到全面估算,但可以分产品进行估算,结果相对准确,因此也更有利于为政策决策提供较好的支持[1]。参照相关原理,针对省域层面,这里简要核算以工业为代表的江苏出口贸易碳排放量和以主要进口国为代表的江苏进口贸易碳排放量。

二、国际低碳贸易壁垒的主要表现

"低碳贸易壁垒"是指为降低碳排放直接或间接采取的限制甚至禁止贸易的措施[2]。它与以保护自然资源、生态环境和人类健康为由而制定的绿色贸易壁垒一脉相承,是碳约束在国际贸易上的反映。随着低碳经济的发展,国际低碳贸易壁垒呈现愈演愈烈的态势,主要表现在以下三个方面:

1. 碳关税

碳关税,顾名思义,是指主权国家或地区针对消耗原材料和能源比较多的产品在进口的时候征收的二氧化碳排放特别关税。以美国为代表的发达国家提出拟对不实施碳减排限额国家的进口产品征收碳关税,这引起了包括我国在内的广大发展中国家的强烈反应。从世界经济发展面临气候变暖和能源有限压力的客观角度看,碳关税政策具有一定的合理性。但由于世界各国经济发展不平衡,特别是发达国家和发展中国家所处的经济发展阶段不同、国际贸易产品结构不同、利用能源技术水平不同,所面临的二氧化碳排放压力也不同,简单地在贸易环节对进口产品征收碳关税是不公平的。世界银行《世界发展报告 2010》指出,我国的出口可能因为欧盟和美国的碳关税而分别增加平均水平为 10.5％和 10.3％的关税税负。如果"碳关税"全面实施,我国出口量可能因此下滑近 1/5。

2. 碳足迹标签

"碳足迹标签"又称碳标签,是国际贸易中的新生事物,指在产品标签上把产品生命周期——从原料、制造、储运、废弃到回收的全过程的温室气体排放量(碳

---

〔1〕 刘强,庄幸,姜克隽,等. 中国出口贸易中的载能量及碳排放量分析[J]. 中国工业经济,
2008(8).

〔2〕 陈宝明. 低碳贸易壁垒发展趋势及我国的对策[J]. 中国科技论坛,2012(9).

足迹)用量化的指数标示出来,以标签的形式告知消费者产品的碳信息,引导消费者选择碳排放更低的商品,最终达到减排目的。全球已有 12 个国家和地区在国内推行碳标签制度,碳标签开始成为发达国家消费者选择的重要依据。如果碳标签被普遍应用到国际贸易商品中,就有可能被某些国家用来设置技术贸易壁垒,成为贸易保护的有力工具,特别是发展中国家可能会受到来自发达国家的强制加注碳标签的要求,引发更多贸易摩擦[1]。

3. 低碳技术标准

低碳技术标准逐渐成为各国争相采用的维护本国利益的手段,而且涉及领域日益扩大。近年来,发达国家针对玩具家电、食品、纺织等传统行业制定了一系列低碳标准。欧盟颁布了"关于制定耗能产品环保设计要求框架的指令"(Eco-Design of Energy-using Products),是关于耗能产品环境化设计的综合法律框架,对产品的整个生命周期都提出了环保要求。美国政府也正在酝酿将"能源之星"认证列为强制性认证标准之一。这些技术标准的推行将使我国遭受限制的出口产品范围进一步扩大。

低碳贸易壁垒是世界应对气候变化和发展低碳经济中减排要求在贸易领域的体现,是我国出口贸易要面对的新生事物。鉴于发达国家在低碳经济发展中的领先地位,及其承担的量化减排义务,低碳贸易壁垒将成为发达国家取得国际贸易优势、促进经济结构调整的重要手段。

第二节　江苏省贸易碳排放量核算

江苏省经济外向度较高。2011 年全省实现进出口总额 5397.59 亿美元,同比增长 15.9%,占同期全国进出口总值的 14.82%,连续 9 年居全国第二位,领跑沿海主要外贸省市。"十一五"以来,集进出口功能与吸引外资为一体的加工贸易成为江苏省开展对外贸易的首要方式,并逐步形成了以欧盟、美国、日本、韩国等

---

〔1〕 汤碧. 低碳规则对我国贸易可持续发展的影响及对策[J]. 宏观经济管理,2012(10).

发达国家为主,以周边国家(地区)以及非洲、拉丁美洲等为辅的贸易市场格局。"江苏制造"通过产品生产形式带来的贸易碳排放量不容忽视。

一、江苏省出口贸易碳排放量

2011年江苏省出口贸易达到3126.23亿美元,占同期全国进出口总值的16.5%,连续11年位居全国第二位。2011年全省机电产品、高新技术产品分别出口2077.5亿美元和1294.4亿美元,占出口总额的66.5%和41.4%。一直以来,工业行业既是全省综合能源消费的最大头,占能源消费总量的80%左右;又占出口贸易产品的绝大部分,占全部出口产品的98%左右。因此,对规模以上工业分行业能源消费的出口碳排放量进行估算,能够较准确地反映全省出口贸易的碳排放状况。

各工业行业经济指标来自于《江苏统计年鉴》(2006—2011),工业分行业能源消费数据来自于江苏省统计局能源处相关资料。需要说明的是:由于统计口径的变化,各年度行业碳排放量适用于同年度的行业结构比较,不适用时间系列的纵向比较;与能源消费对应的行业贸易指标采用工业销售产值和出口交货值,用二者之间的比例来衡量各行业的出口情况。

出口贸易的碳排放计算公式可以表示为:

$$EC = \sum_{i=1}^{n} T_i \times C_i$$

其中,EC 表示工业行业出口产品内含的碳排放量,T_i 表示按产值计量的某工业行业的产品出口比例,C_i 表示某工业行业生产的碳排放量。其中,煤炭的碳排放系数采用国内外学者研究的平均值0.717235。

按照《江苏统计年鉴》的产业分类,分为39个行业,各行业2005—2010年出口产品产值的比例与出口产品内含碳排放量详见表7-1。总体来看,2005—2010年,全省规模以上工业行业的出口交货值占工业销售产值的比例略有下降,从2005年的24.54%降低到2010年的20.44%,减少了4.1个百分点;而全省规模以上工业行业出口的内含碳排放量经历了由升转降的过程,从2005年的778.94万吨上升到2008年的1135.11万吨,之后又回落到2010年的930.70万吨,共增加了151.76万吨。具体来看有以下特征:

表 7-1　2005—2010 年江苏省规模以上工业行业出口贸易碳排放量

行业分类	2005		2008		2010	
	出口交货值/工业销售产值（%）	出口贸易 C 排放量（万吨）	出口交货值/工业销售产值（%）	出口贸易 C 排放量（万吨）	出口交货值/工业销售产值（%）	出口贸易 C 排放量（万吨）
一、采矿业	**0.424**	**1.188**	**0.382**	**0.940**	**0.296**	**0.625**
煤炭开采洗选业	0.495	0.955	0.470	0.620	0.025	0.035
石油和天然气开采业	0.000	0.000	0.023	0.004	0.000	0.000
黑色金属采选业	0.000	0.000	0.000	0.000	0.000	0.000
有色金属采选业	0.000	0.000	0.000	0.000	0.000	0.000
非金属矿采选业	0.914	0.233	0.646	0.316	1.041	0.589
其他矿采选业	0.000	0.000	0.000	0.000	0.000	0.000
二、制造业	**26.058**	**777.724**	**25.168**	**1134.167**	**21.386**	**930.074**
农副食品加工业	6.629	2.827	5.139	3.802	2.891	2.439
食品制造业	8.262	3.522	11.770	4.922	10.314	3.253
饮料制造业	0.682	0.462	1.186	0.942	0.530	0.404
烟草加工业	0.038	0.001	0.033	0.001	0.000	0.000
纺织业	22.464	132.620	17.058	105.802	15.150	95.013
纺织服装鞋帽制造业	40.202	23.154	32.166	25.382	25.936	18.299
皮革毛皮羽毛（绒）及制品业	51.253	8.536	43.378	4.440	34.753	3.408
木材加工及木竹藤棕草制造业	21.590	10.589	18.176	15.053	12.528	12.951
家具制造业	66.784	1.220	55.043	1.903	45.458	1.513
造纸及纸制品业	9.498	22.475	10.565	33.722	13.127	44.315
印刷业和记录媒介的复制	10.280	0.468	14.024	1.012	13.307	1.049
文教体育用品制造业	58.062	0.459	47.193	5.087	38.087	4.505
石油加工、炼焦及核燃料加工业	1.102	2.865	1.478	3.578	1.025	3.192
化学原料及化学制品制造业	12.448	191.365	13.079	272.225	9.176	206.083

续　表

行业分类	2005		2008		2010	
	出口交货值/工业销售产值（%）	出口贸易C排放量（万吨）	出口交货值/工业销售产值（%）	出口贸易C排放量（万吨）	出口交货值/工业销售产值（%）	出口贸易C排放量（万吨）
医药制造业	11.632	6.411	11.627	7.143	11.074	8.021
化学纤维制造业	6.525	13.905	9.853	20.932	7.748	19.947
橡胶制品业	30.210	12.385	30.157	18.340	24.397	14.692
塑料制品业	22.342	15.158	19.642	15.535	15.960	13.727
非金属矿制品业	10.096	80.006	7.520	73.723	5.511	47.251
黑色金属冶炼及压延加工业	5.445	93.316	9.238	229.701	4.677	135.321
有色金属冶炼及压延加工业	7.731	4.127	5.975	6.207	5.209	6.158
金属制品业	20.980	20.727	17.544	28.513	11.093	19.473
通用设备制造业	15.985	19.119	14.507	37.133	10.208	25.181
专用设备制造业	14.402	4.798	16.834	9.527	13.281	9.921
交通运输设备制造业	22.319	12.243	28.212	29.269	21.673	29.431
电气机械及器材制造业	19.335	11.617	21.827	26.734	17.745	30.780
通信、计算机及电子设备制造业	68.954	76.092	73.023	143.282	70.597	163.985
仪器仪表文化办公用机械制造业	62.582	4.206	38.569	6.299	27.413	6.551
工艺品及其他制造业	37.487	3.049	36.491	3.947	26.342	3.147
废弃资源和废旧材料回收加工业	0.148	0.002	0.293	0.012	0.240	0.063
三、电、气及水的生产和供应业	**0.003**	**0.024**	**0.000**	**0.000**	**0.000**	**0.000**
电力、热力的生产和供应业	0.001	0.015	0.000	0.000	0.000	0.000
燃气生产和供应	0.000	0.000	0.000	0.000	0.000	0.000
水生产和供应业	0.101	0.009	0.000	0.000	0.000	0.000
合计	**26.485**	**778.936**	**25.550**	**1135.107**	**21.682**	**930.699**

1. 出口贸易总量增长引起行业出口碳排放总量增加

2005—2010 年,全省规模以上工业行业销售产值、出口交货值、出口碳排量年均递增率分别为 18.91%、15.35% 和 3.01%。全省出口贸易在促进经济增长和经济发展的同时,也带来了出口生产碳排放的增加,这意味着江苏省出口贸易方式仍是环境非友好型,江苏省还是国际碳转移排放的重要对象。受国际金融危机影响,出口交货值增长速度低于工业销售产值增长速度,出口贸易比例呈现下降趋势。同时,出口碳排放总量呈现了转折趋势,由 2008 年之前的年均 9.87% 的递增速率,转变为 2008 年之后的年均 6.84% 的递减速率,表明全省经济结构调整和低碳发展战略已初见成效。

2. 各行业出口贸易碳排放量由综合因素决定

进一步对 2005—2010 年各工业行业的出口贸易碳排放量进行排序(见表 7 - 2)。

表 7 - 2   2005—2010 年江苏省规模以上工业行业出口贸易碳排放量排名

	2005	2008	2010
1	化学原料及化学制品制造业	化学原料及化学制品制造业	化学原料及化学制品制造业
2	纺织业	黑色金属冶炼及压延加工业	通信设备、计算机及其他电子设备制造业
3	黑色金属冶炼及压延加工业	通信设备、计算机及其他电子设备制造业	黑色金属冶炼及压延加工业
4	非金属矿物制品业	纺织业	纺织业
5	通信设备、计算机及其他电子设备制造业	非金属矿物制品业	非金属矿物制品业
35	石油和天然气开采业	有色金属矿采选业	其他矿采选业
36	黑色金属矿采选业	其他矿采选业	烟草加工业
37	有色金属矿采选业	电力、热力的生产和供应业	电力、热力的生产和供应业
38	其他矿采选业	燃气生产和供应	燃气生产和供应
39	燃气生产和供应	水的生产和供应业	水的生产和供应业

　　从表7-2看出,2005—2010年间,化学原料及化学制品制造业始终排名第一,其出口贸易碳排量约占总出口贸易碳排放量由24.57%下降到22.14%。连续6年排名前五位的分别是化学原料及化学制品制造业、黑色金属冶炼及压延加工业、纺织业、非金属矿物制品业及通信设备、计算机和其他电子设备制造业,它们的出口贸易碳排放量占工业行业总量的70%左右(见图7-1)。除前四种行业属于传统高耗能行业,通信设备、计算机及其他电子设备制造业出口贸易碳排量的稳步上升,是由于其出口份额始终较大(约占总产值的70%以上)决定的,但同时也说明该行业不能仅停留在低级加工制造的层面上,未来应该向高端化、低碳化的产品结构演进,这不仅能增强该行业抵抗各种贸易风险的能力,而且对于优化行业结构、提高技术水平起着不可估量的作用。

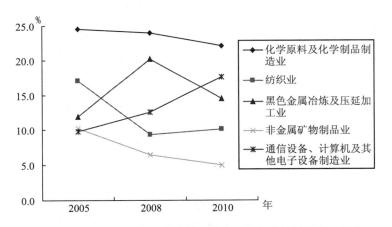

图7-1　2005—2010年江苏省前五位出口行业碳排放量占比变化

　　相对而言,连续排名后五位行业,包括石油和天然气开采业、黑色金属矿采选业、有色金属矿采选业、其他矿采选业、燃气生产和供应业、水的生产和供应业及烟草加工业等,是既因其行业的碳排放量小,又因其没有出口导致的。因此,各行业出口贸易碳排放量是由其出口份额及本行业的碳排量共同决定的。

　　3. 出口碳排放与经济增长出现短"脱钩"趋势

　　2005—2010年间,全省GDP由18598.69亿元增长到了41425.18亿元,年均递增率达到14.28%。同期,工业贸易碳排放量增长速度低于GDP增长速度11.27个百分点。从经济发展与碳排放的相对增长率来看,工业贸易碳排放弹性系数(碳排放增长率与同期经济增长率的比值)呈现逐渐下降趋势,由 1.064 降低为 0.504。这表明"十一五"以来的节能减排约束性考核有力地推动了工业领域节能,全省主动采取措施提高能源利用效率和控制温室气体排放开始发挥作用。但是,总体看来,全省各行业的能源消费与出口状况还没有发生根本的转变,加上计算时间尺度不长,短"脱钩"现象与国际金融危机造成的出口萎缩也有关系。这种经济增长与工业出口贸易碳排放所呈现的"脱钩"趋势还不明显,尚未成为未来经济发展的主要导向。

二、江苏省进口贸易碳排放量

江苏省在进行出口贸易的同时,也展开进口贸易,这就意味着有别国产品的碳排放量将转移到本省区域内。因此,衡量进口贸易所带来的碳排放量也非常必要。要精确地计算进口商品内含的碳排放量需要大量的数据支撑,理论上需要每个国家的投入产出数据。受数据获取难度的限制,多数研究采用国家间单位 GDP 的碳排放强度差异来代替对外贸易产品的碳排放强度差异。

对江苏省主要进口产品的国家分析,2005—2010 年间,亚洲、欧洲、北美洲是我省进口贸易的主要三大洲,三者的进口贸易额占全部进口贸易额的 92% 以上(见图 7-2)。

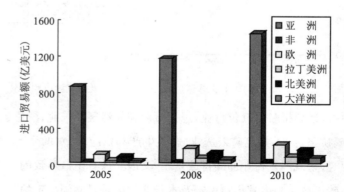

图 7-2　2005—2010 年江苏省主要进口地区比较

对上述三大洲的主要进口国家进一步分析,其中,日本、韩国和中国台湾共占据亚洲市场的 70% 左右,德国、意大利、法国共占欧洲市场的 50% 以上,美国占北美洲市场的 85% 以上。选择日本、韩国、中国台湾、德国、意大利、法国和美国七个国家(地区)的单位 GDP 碳排放强度来核算江苏省进口贸易碳排放量。

鉴于数据的可得性与可比性,这里对 2008—2010 年间的七国进口贸易碳排放量进行计算(见表 7-3)。七国碳排放量数据来源于美国橡树岭国家实验室二氧化碳信息分析中心(CDIAC)[1],七国(地区)GDP 数据来源于《中国统计年鉴》(2009—2011)。

表 7-3　2008—2010 年江苏省主要进口七国(地区)碳排放强度比较

地　区		2008			2010		
		碳排放总量(万吨)	GDP(亿美元)	碳排放强度(吨/万美元)	碳排放总量(万吨)	GDP(亿美元)	碳排放强度(吨/万美元)
亚洲	日本	32946.9	49238	0.669	31048.1	54589	0.569
	韩国	13885.2	9470	1.466	15358.0	10071	1.525
	中国台湾	7052.7	3840	1.837	7221.1	4301	1.679
欧洲	德国	21452.4	36675	0.585	20796.6	33156	0.627
	法国	10280.5	28657	0.359	9887.9	25825	0.383
	意大利	12138.6	23139	0.525	11125.2	20551	0.541
北美洲	美国	154690.3	142646	1.084	149786.5	146578	1.022

根据七国的进口贸易额与碳排放强度,得到 2008 年、2010 年我省主要进口贸易碳排放量分别为 1241.26 万吨和 1463.38 万吨(见表 7-4)。具体来看有以下特征:

1. 进口贸易碳排放量地区差异显著

2008—2010 年,亚洲三国(地区)进口贸易碳排放量始终占据绝大部分,分别占七国(地区)总量的 87.83% 和 86.53%,略有下降。其中,中国台湾和韩国分别独自占了 40% 以上,位居前列。欧洲三国和美国进口贸易碳排放量占比略有上升,分别增长了 0.49 和 0.81 个百分点。形成这样结构的原因,除了受进口贸易量多少的影响外,更重要的是,受到各国碳排放强度水平的制约。从表 7-3 可以看出,同年度比较,亚洲三国(地区)和美国的碳排放强度明显高于欧洲三国的 1

---

〔1〕　http://cdiac.esd.ornl.gov/trends/emis/meth_reg.html.

倍左右;同地区比较,2008—2010年,日本、中国台湾、美国碳排放强度有所下降,而欧洲三国和韩国有所上升。可以看出,一方面上述四国(地区)碳减排的任务还很艰巨;另一方面受国际金融危机影响,欧洲三国GDP增长速度比其他四国(地区)缓慢,碳排放强度显示上升趋势。

表 7-4 2008—2010 年江苏省主要进口七国(地区)碳排放量

地 区		2008			2010		
		进口贸易总额(万美元)	进口贸易碳排放量(万吨)	占总量比重(%)	进口贸易总额(万美元)	进口贸易碳排放量(万吨)	占总量比重(%)
亚洲	日本	2678628	179.24	14.44	3144932	178.87	12.22
	韩国	2788793	408.90	32.94	4013905	612.11	41.83
	中国台湾	2733604	502.06	40.45	2830704	475.25	32.48
欧洲	德国	630601	36.89	2.97	796917	49.99	3.42
	法国	120263	4.31	0.35	138244	5.29	0.36
	意大利	146434	7.68	0.62	176618	9.56	0.65
北美洲	美国	942209	102.18	8.23	1294719	132.31	9.04
合计		10040532	1241.26	100.00	12396039	1463.38	100.00

2. 进口商品有助于减少本地碳排放量

江苏省在为世界市场提供大量产品的同时,也进口来自国际市场的产品。我国2008年、2010年的平均碳排放强度分别是3.906吨/万美元和3.823吨/万美元,以此作为江苏省碳排放强度来间接估算。按照这样的碳排放水平,在江苏本土生产相同数额的进口产品将产生的碳排放量为3922.17万吨和4739.55万吨左右。也就是说,江苏省通过进口商品共避免了2680.91万吨和3276.17万吨的碳排放量。由于中国产品的能耗强度普遍高于世界平均水平,从全球环境角度看,江苏省从国外进口产品相当于间接地减少全球碳污染。

需要说明的是:这里对进出口贸易碳排放量的计算均不是完全口径的统计数据,对计算结果可能产生高估或者低估的偏差,但已经考虑了绝大部分的影响因素,基本能反映全省的总体变化趋势。

第三节　碳关税壁垒对江苏省贸易的可能影响

江苏省是外贸大省,外贸依存度相对偏高,不仅预示着江苏省与世界经济的联系越来越密切,融入世界经济的程度不断加深;同时也加大了全省经济受国际环境和风险影响的必然性,增加了与其他国家发生贸易摩擦的概率。对于国际低碳贸易壁垒的逐渐显化,江苏省必然首当其冲,有必要及早考虑与应对。下面以碳关税为例,简要阐述低碳贸易壁垒可能对江苏省贸易产生的影响。

目前世界上并没有征收"碳关税"的范例,只是欧洲的瑞典、丹麦、意大利等一些国家在本国范围内征收碳税。由于"碳关税"被认为是少数发达国家一种新的贸易保护手段,遭到了发展中国家的普遍抵制,加上"碳关税"本身制定和实施的复杂性,其征收标准、范围等具体细节有待商榷,短时期内难以开征。然而,由于气候变化及能源危机,全球低碳社会呼之欲出,"碳标准"将作为新的国际标准出现在世人面前,中国对于可能实施的碳关税所带来的影响无可回避。如果发达国家未来对进口产品实施碳关税政策,江苏经济发展受到的影响主要有以下三个方面:

1. 出口产品受到限制

目前,提出开征"碳关税"的国家主要是欧美、日韩等发达国家,江苏省对这些国家的出口商品仍然集中在工业制成品等高能耗产品上。2011 年,江苏省出口商品中,工业制成品总额占出口总额的 98%,机械及化学等产品占了 2/3 左右。现阶段,江苏省乃至全国的工业制成品出口增长是建立在加工贸易和承接国际产业转移基础上的,单位出口额的能源消耗和二氧化碳排放均较高。尽管国家加强了对高耗能、高污染产品出口增速的控制,但短期内该类商品的大规模生产和出口还将继续。碳关税的征收将直接对这类产品的国际竞争力造成影响,出口下降,生产企业产生分化[1]。有关专家运用一般均衡(CGE)模型估算,分设 30 美

---

[1] 赵春明,陈开军. 碳关税对我国出口贸易的影响效应及对策分析[J]. 国际经济合作,2012(8).

元/吨碳及 60 美元/吨碳两个等级的碳关税税率,我国工业出口产品降幅最大的 7 个行业依次为:石油加工业、非金属矿物制品制造、金属冶炼加工、化学工业、金属制品制造业、电气机械器材制造业以及仪器仪表办公机械制造业[1]。这些行业也是江苏省的出口优势行业,将受到同样的制约。

2. 产业结构亟需升级

虽然江苏省已经进入工业化中后期阶段,但是工业占经济比重仍然较高。对于江苏而言,相当一段时间内出口和工业增长拉动仍是促进经济增长的重要动力。出口增长压力的增大,最终导致国民经济增长受到影响。美国智库分析指出,如果美欧发达国家按 30 美元/吨碳征收碳关税,相当于对中国出口的全部制造产品加征 26.1% 的关税,将使中国制造业出口下降 20.8%,国民生产总值下降 3.7%[2]。江苏省出口贸易对 GDP 的贡献率高于全国,参照这样的判断,对江苏省制造业和经济增长的拖累将更加明显。一旦碳关税实施,高碳产业的出口贸易环境将面临持续恶化。根据出口产品附着产业链及能源消耗的差异,有针对性地减少工业出口产品的载能量和隐性碳排放,引导加工贸易产业转型升级,淘汰落后产能,大力发展低碳贸易产业,已成为江苏省转变经济增长方式的重要任务。

3. 税收政策有待完善

从目前碳关税征收对象的范围看,发达国家主要针对那些在国内未被征收过碳税的进口产品征收碳关税,对国内已被征收过碳税的产品不再征收碳关税。我国还未对国内高碳产品开征碳税,发达国家碳关税政策的提出,将促使我国加快调整国内对高碳产品的税收政策。从产品利润链看,出口产品的利润与其以碳关税的形式流于国外,不如通过征收碳税的方式留在国内。不管从发展低碳经济,改变国内粗放型增长方式,还是在国外发达国家准备开征碳关税的压力面前,限制国内经济发展以高碳形式增长,对高碳产品征收碳税很有必要。我国碳税税率形式与计税依据已经在广泛的研究和征询中。江苏省一贯走在改革开放的前沿,

〔1〕 沈可挺,李钢. 碳关税对中国工业品出口的影响——基于可计算一般均衡模型的评估[J]. 财贸经济,2010(1).

〔2〕 蓝庆新. 国际碳关税发展趋势析论[J]. 现代国际关系,2010(9).

也是各种政策"先行先试"的典范,理应对碳税的实施做好充足准备。

　　总的来说,由于区域贸易碳排放的变化,不仅受进出口规模、进出口结构的影响,更受部门能源利用结构和能源强度等生产技术因素的影响[1]。考虑到现阶段经济发展及能源结构的特点,江苏省在未来的对外贸易中,除要适当控制出口规模外,尤其是对高能耗、高碳排放的部门,更要积极引进先进生产技术,提高能源利用效率,降低部门能耗强度,从更有利于区域发展和环境保护的角度减少碳污染。遵循"低碳优先"原则,对新能源等先进生产方式以政府补贴等手段降低能源使用成本。建立企业低碳环境责任制度,在外贸企业中实行环境标志产品制度和"碳标签"制度,鼓励外贸企业自主创新,推进现有产业低碳化改造和减排技术革新。还需要广泛借鉴国际经验,构建国际合作平台,加强低碳贸易国际合作。密切关注江苏主要出口市场动向,深入调研欧美、日韩等发达国家碳排放政策、法规等情况,建立和完善相应的预警与快速反应机制,及时为企业提供国际上低碳贸易的新标准、新法规、行动计划及实施措施等信息。

---

　　[1]　魏本勇,方修琦,王媛,等.基于投入产出分析的中国国际贸易碳排放研究[J].北京师范大学学报,2009,45(4).

第八章 江苏产业排放的情景分析预测

经济发展的低碳转型已经成为世界经济发展的大趋势,而未来的国际竞争、区域竞争和城市竞争也实质上取决于各地区的低碳经济发展水平。本书对江苏省的低碳经济发展(目标年为 2050 年)进行探讨,并通过设定基准情景,低碳经济政策情景,以及强化低碳情景三种政策情景对江苏省未来中长期能源需求与二氧化碳排放强度进行分析,探讨地方层面实现 2050 年二氧化碳减排目标所需要的发展路径与对策。

第一节 情景设定

情景分析(Scenario Analysis)是在假定某种现象或趋势持续到未来的前提下,对可能出现的情况或引起的后果做出评估的方法。情景分析的意义不在于准确地预测研究对象的未来状态,而是对不同趋势条件下可能出现的状态进行考察、比较和研究,尤其适用于政策和措施的实施前评估。本研究旨在通过对江苏省过去的能源结构和数据进行分析、核算,分别设定"基准情景"(Business as Usual Scenario)、"低碳经济政策情景"(Low-carbon Economy Scenario),以及在低碳经济政策情景的基础上,通过国际合作和技术转移进一步推进低碳经济发展的"国际合作和技术转移情景"(International Cooperation Scenario),通过将不同的单变量调控措施合成情景方案进行预测分析。

一、情景描述

本研究情景分析的数据基准年为 2010 年，分析年分别为 2015 年、2020 年、2030 年、2040 年和 2050 年（见表 8-1）。

表 8-1 四个情景的基本描述

情景	简称	描 述
基准情景	REF	按照基准年的发展态势发展，2020 年左右实现现代化，万元 GDP 能耗继续下降，能源利用效率缓慢提升，碳捕获和封存技术缓慢发展，生产和生活方式均不够低碳环保。
节能情景	EEI	已充分考虑当前的节能减排措施，生产过程能效利用率有所提高，落后产能淘汰有序推进，节能装备制造业、核电和可再生能源产业有一定发展，经济发展模式发生转变。但此情景下，不会采取专门针对气候变化的对策，高耗能产品产量在近中期保持较高水平，节约型的生活方式和消费方式尚未普及，公共交通体系发展仍显滞后。碳捕获和碳封存技术不普及，降低能耗的重要关键技术不足。
低碳情景	LC	经济发展的动力转向依靠创新驱动，努力做到发展的集约化、减排化和循环化，坚持环保优先、规划先行，节能设备制造业、核电产业及可再生能源加快发展，高耗能产业产能大幅缩减，碳捕获和碳封存技术普及程度提高，节能技术得到强化，对低碳经济发展投入加大，基本形成节约型的生产和生活方式，公共交通获得大幅发展，并成为出行首选，资源利用效率有所提高。
强化低碳情景	ELC	实现环境生态适度超前和同步有效治理，可再生能源产业迅速发展，能源中煤炭、石油比重下降，多元化能源格局形成，节能减排技术取得重大突破，拥有世界领先的关键低碳技术，技术成本快速下降，并得到广泛应用和推广，现代化实现进程加快。

二、情景参数设计

参照 IPCC 第四次评价报告中给出的对未来不同稳定情景的排放目标及中国 2050 年能源需求及碳排放情景分析中的参数设计，设置江苏分情景下的参数（见表 8-2）。

表8-2　2050年可持续发展情景参数描述与特征

参数	节能情景	低碳情景	强化低碳情景
GDP	2010—2020年年均增速为11.94%,2020—2030年为8.94%,2030—2040年为6.39%,2040—2050年为5.37%	2010—2020年年均增速为11.64%,2020—2030年为8.63%,2030—2040年为6.08%,2040—2050年为5.06%	2010—2020年年均增速为11.33%,2020—2030年为8.32%,2030—2040年为5.77%,2040—2050年为4.75%
人口	2035年左右达到高峰,约8590.125万人,2050年为8452.22万人	同节能情景	同节能情景
人均GDP	2050年达到111.65万元	2050年达到99.68万元	2050年达到88.97万元
产业结构	经济结构趋于优化,2020年后第三产业成为经济结构中比重最大的组成部分,第二产业以重工业为主,高耗能产业增速逐渐放缓,但高物质消耗特点仍然明显,新兴产业获得一定发展	经济结构进一步优化,2015年第三产业比重超过第二产业,第三产业和高新技术产业快速发展,三产中知识密集度和附加值较高的生产性服务业快速发展,二产中高耗能产业增幅与比重大幅下滑,新兴产业发展迅速	经济结构调优调轻,技术密集度提高,三产比重进一步提高,三产中现代服务业迅速发展。二产中先进制造业比重和技术领先性进一步提升,新兴产业在国民经济中占据主导地位,在国际上具有较强的竞争力
城市化率	2030年72.1%,2050年82.5%	与节能情景类似	与节能情景类似
进出口格局	2020年开始初级产品出口的比重明显减少,高耗能产品以满足国内需求为主	2015年开始初级产品出口的比重明显减少,高耗能产品以满足国内需求为主;高附加值行业和服务业出口明显增加	与低碳情景类似
省内环境问题	得到较好治理,但是仍然为先污染后治理,体现环境KUZNETZ曲线效果	得到较好治理,KUZNETZ曲线的峰值提前,波谷有所缩小	2020年前得到治理,但前期仍没有完全摆脱先污染后治理,KUZNETZ曲线的峰值大幅提前,波谷明显缩小

续　表

参数	节能情景	低碳情景	强化低碳情景
能源使用技术进步	2035年先进用能技术得到普遍应用,用能、节能技术全国领先,技术效率比目前提高40%左右	2025年先进用能技术得到普遍应用,江苏工业和其他用能技术世界领先;同时江苏也成为世界制造先进节能技术领先者,技术效率比目前提高40%左右	江苏拥有一流的用能、节能技术,引导世界技术发展方向,在省内企业中广泛应用,同时进行技术输出
太阳能、风能等发电技术	2050年太阳能发电成本为0.35元/千瓦·时,海上风力发电大规模建设	2050年太阳能发电成本为0.25元/千瓦·时,太阳能省内广泛应用,风力发电成本下降,近海风力田发挥重要作用	2050年太阳能发电成本为0.23元/千瓦·时,太阳能、风能利用率大幅提高,成本进一步下降
核能发电技术	田湾核电站3—6号机组扩建工程顺利开展,2020年建成3—4号机组	3—6号机组扩建工程顺利开展,开工400万千瓦装机,推进7—8号机组扩建纳入国家规划;2030年建成千万千瓦核电基地;2030年之后第四代核电站开始进入大规模建设阶段	2030年之后第四代核电站开始进入大规模建设阶段
煤电技术	超临界和超超临界为主	2030年以前以超临界和超超临界为主,之后大规模推广IGCC	2020年开始大规模推广IGCC
CCS	不考虑	2020年开始示范项目,之后进行一些低成本CCS,2050年已经开始与所有新建IGCC电站相匹配	结合IGCC电站,全部使用CCS,同时钢铁、水泥、电解铝、合成氨、乙烯等行业采用CCS,2030年之后基本普及
居民生活方式	充分利用清洁能源、节能家用电器普及,农村生活用能转向商品能源	低碳、环境友好住宅广泛利用	低碳、环境友好住宅广泛利用

参数	节能情景	低碳情景	强化低碳情景
交通发展	快速发展,公交出行便利,大城市轨道交通完善	快速,公共交通网络完善,环保出行,轨道交通完善	100 万以上人口城市以公共交通为主,小城市和农村以非机动车出行为主
交通技术	燃油经济性提高 30%	燃油经济性提高 60%	燃油经济性提高 60%

三、分析模型

本书在分析中结合了系统动力学的分析方法进行定量分析。目前,用于研究经济社会系统的方法主要有四大类:投入产出分析、计量经济学、经济控制论和系统动力学。不同的方法所根据的理论基础和技术手段各不相同,各有适用范围。系统动力学方法具有以下主要特点:

(1) 系统动力学把相关问题作为信息反馈系统来研究,认为在每个系统中都存在着信息反馈机制。这正是维纳控制论的主要观点,系统动力学以此为理论基础。

(2) 系统动力学把一切社会经济系统的运动都假想成流体的运动。系统的运动包括物质的运动和信息的运动。其中,物质的运动形成物质流,信息的运动形成信息流。系统就是由这些物质流和信息流组成的闭环(反馈)系统。

(3) 系统动力学特别适合于研究与处理高阶数、多回路、非线性的复杂系统问题。所谓高阶数,是指系统的状态变量数目在三个以上;所谓多回路,是指系统内部相互作用的反馈回路数目在三个以上;所谓非线性,是指系统对外部的输入所产生的输出不符合叠加原理,即系统对几个扰动总和的响应不等于其对各个扰动分别响应的和。为了解决如此复杂的系统问题,系统动力学把所研究的系统划分为若干子系统,并运用因果关联图或流图来反映系统内部错综复杂的因果关系。在分析系统结构时,系统动力学只分析相邻元素的直接联系,对间接的复杂关系则将它们看成是由简单的关系串并联而成的。

本书主要采取依据有关的经济社会发展理论和江苏产业结构特点,在分析并辨明经济系统中众多要素互相联系、前因后果、反馈关系的基础上,绘制我省经济社会发展动态分析与预测模型流图。模型总流图共由六个部分组成,分别是人口、资源、环境、经济、科技、社会。共同构成了江苏经济社会发展大循环系统（见图 8-1 至 8-4）。按流图设计，构建了系统动力学动态仿真模拟模型。运用模型系统进行部分指标的多情景模拟预测。

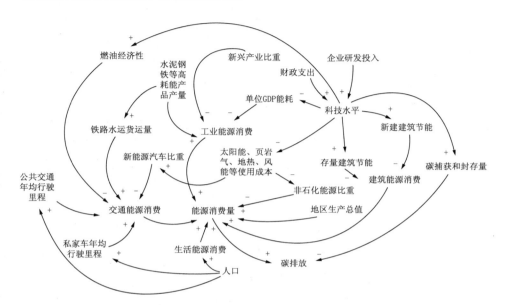

图 8-1 能源子模块因果图

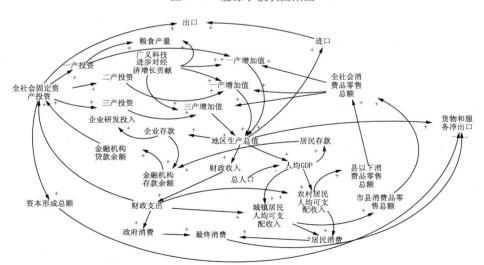

图 8-2 经济子模块因果图

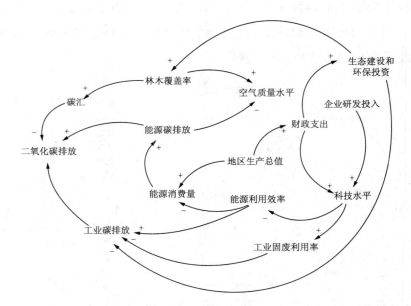

图 8-3　环境子模块因果图

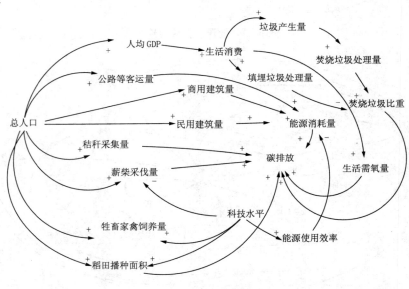

图 8-4　社会子系统因果图

第二节 经济社会系统的情景分析

本节将从 GDP 增长和产业结构、人口和城市化、工业发展及能源需求几个方面对经济社会系统的未来趋势进行情景分析。

一、GDP 增长和产业结构

江苏正面临第三次经济转型的关键期,经济增长方式、产业结构、所有制结构、区域结构和增长动力均将发生重要变化。由于地域面积小,人口密度大,经济发展快、污染排放大,江苏经济发展与环境之间的矛盾问题越来越突出。未来经济发展方向将由依靠物质资源消耗向创新驱动转变,更加注重经济发展和社会环境的和谐发展,归还环境欠账,实现绿色发展。通过采取一系列行之有效的举措,江苏的经济结构有望调优调轻,第三产业、先进制造业、新兴产业的比重将大幅提升,综合能耗将进一步降低,经济发展的可持续性大幅增强。

分时间节点的预测考虑了发达国家 GDP 的增长轨迹以及当前江苏面临的国内外环境和要素供给状况,我们认为江苏省经济发展将呈现逐步放缓的态势。分情景看,由于不同情景对节能和碳排放的重视程度和政策实施力度不同,对经济发展的影响程度也不同,对节能和碳排放越重视,采取的政策措施越多,经济发展放缓的程度就越大。人均 GDP 同 GDP 的变动趋势基本一致,增速将逐步放缓,同一时间节点上随着对节能、碳排放关注程度的加深增速进一步放缓。同时考虑到江苏经济两个率先的基本要求和江苏长期以来高于全国经济增速的经验数据,江苏 GDP 的增速将高于同期全国 GDP 的预测数据[1],人均 GDP 将高于同一时间节点的全国预测数据。

产业结构预测中最重要的是三次产业增加值的比例结构。根据江苏省“十二五”规划纲要中提出的目标,借鉴发达国家工业化历程,我们认为,纵向来看,一产

---

〔1〕 全国的预测数据主要参考《中国 2050 年低碳发展之路——能源需求暨碳排放情景分析》,科学出版社。

比重有下降趋势,但基本保持稳定;二产比重逐渐下降,2050年左右低于30%;三产的比重不断攀升,在国民经济中占据主要份额。横向来看,节能、碳排放措施的实施,将加快落后产能淘汰力度,而这主要集中在工业部门,同时,技术密集度较高、碳排放较少的服务业、新兴产业将获得更快发展,反映到三次产业比重上,就是低碳情景下,第二产业比重下降的幅度和第三产业比重上升的幅度均高于节能情景、强化低碳情景下的比重变化幅度,两者比重更高。

本书运用系统动力学模型预测得到了节能情景、低碳情景和强化低碳情景预测时间节点的绝对量和增速(见表8-3、8-4)。

表8-3 GDP、人均GDP及三产增加值

情景	指标	GDP	人均GDP	一产增加值	二产增加值	三产增加值
	年份/单位	亿元	元	亿元	亿元	亿元
基准年	2010	41425.5	52840.0	2540.1	21753.9	17131.5
节能情景	2020	112633.7	137022.3	6491.1	54175.6	67348.1
	2030	231500.9	273017.6	12083.3	109425.2	179774.3
	2040	559524.5	660950.5	18635.6	181956.1	358932.8
	2050	539538.0	623583.3	29542.9	288008.5	626127
低碳情景	2020	108127.6	131540.5	6203.8	52152.2	66202.2
	2030	212113.2	250152.9	11088.9	100809.7	173117.9
	2040	514286.4	607512.0	16511.7	159787.6	337987
	2050	449060.7	519012.0	25364.9	240705.4	576447.3
强化低碳情景	2020	103782.5	126254.6	5817.7	50194.9	65173.2
	2030	194270.5	229110.4	9491.09	92791.1	167304.5
	2040	472593.5	558261.3	12857.4	140926.3	318809.7
	2050	373431.3	431601.7	18953.93	205433.4	527571.2

表8-4 节能情景下GDP和三次产业增加值增速

单位:%

指标	2010—2020	2020—2030	2030—2040	2040—2050
GDP	11.9	8.9	6.4	5.4
一产	5.3	6.4	4.4	4.7

指标	2010—2020	2020—2030	2030—2040	2040—2050
二产	5.0	7.3	5.2	4.7
三产	7.4	7.40	5.3	4.8

二、人口和城市化

江苏人口素质在全国排在前列,而平均寿命就是人口素质中一项非常重要的指标。伴随着经济社会的发展,出生人口素质会明显提高,"十二五"期间城乡免费孕前优生健康检查率达 90%以上,出生缺陷发生率控制在 8‰以内。妇女儿童健康水平继续提高,孕产妇死亡率控制在 10/10 万以内,婴儿死亡率控制在 6‰以内,0~3 岁儿童早期发展工作体系基本完善。群众生殖健康水平全面改善,家庭保健基本公共服务实现基本覆盖。2015 年,全省居民平均预期寿命提高到 77 岁,比 2010 年人口平均预期寿命提高 1 岁。未来出生人口素质仍将显著提升,平均寿命也有望进一步提高。

随着人口寿命的提高,老龄化问题也将会是今后所要面对的重要挑战。预计到 2015 年,全省 60 岁以上老年人口将达到 1480 万左右,老年人口比例达 19%左右,成为全国老龄化进程最快的省份之一。

80 后第一批独生子女生育高峰即将过去,加上生活方式的改变带来对传统生育观念的变化、老龄化社会的提前到来,在计划生育政策继续实施的情况下,我们认为未来人口增长将逐步放缓。由于江苏老龄化的时间节点快于全国,因此我们预计江苏人口达到峰值的时间节点也将早于全国。预计我省将有望在 2035 年前后达到峰值,之后人口将出现负增长(见表 8-5)。

城市化水平上,江苏要建设更高水平的小康社会和实现基本现代化,必然要进一步发展农村经济,转移农村剩余劳动力,引导人口适度集聚和有序流动,优化调控流动人口规模,促进人力资源在城乡和区域之间有效配置,继续推动江苏城市化的高速发展,逐步实现城乡二元经济结构向现代经济结构的转换。

表 8-5　人口和城市化

指标	2015	2020	2030	2040	2050
人口（万人）	8061.2315	8210.0954	8479.3412	8465.4518	8452.2210
城镇化率（%）	66.7	72.1	77.3	80.5	82.5

三、工业发展

2020年前,工业增加值在地区生产总值中仍然占据重要位置,而工业是能源消耗的重要行业,因此在中长期情景中需要对工业进行较为详尽的分析。这里着重对工业的高耗能行业进行分析。

本书对高耗能行业的预测作了多方面考虑。一是参考了国家层面和省级层面的各项相关规划和意见;二是跟踪研究了高耗能产业的近期动态、相关上下游产业发展情况及发展前景。高耗能产业目前均产能过剩,其中钢铁行业、纯碱行业产能过剩现象较为显著。而经济危机减少了国外需求,加剧了产能过剩态势。同时,高耗能行业的产品价格波动较大,提价空间有限,市场激励不足。政策方面,无论是国家层面还是省级层面,淘汰落后产能、实现绿色发展都是未来发展的重要导向,高耗能产业发展缺乏政策空间。据此我们判断,在不同的情景下,不断加剧的产能过剩将导致不同程度的产量下滑。节能措施越严厉,下滑的程度越大。纵向来看,高耗能产业下滑的速率将随着时间推进逐步加快。对水泥、平板玻璃等建材行业走势的判断,还结合了其下游产业房地产市场走势的分析。

在定性分析的基础上,结合系统动力学模型,对高耗能产品数量进行定量分析和预测,并参照行业专家意见和经验对结果予以修正。表 8-6 给出了几种情景下的预测值。

表 8-6　主要高耗能产品节能情景下产量

	单位	2015	2020	2030	2040	2050
水泥	万吨	19285	22069.6	19959.4	16308.2	12026.1
平板玻璃	万重量箱	4511	4077.6	3877.8	3687.7	3507
合成氨	万吨	315.9	313.9	303.9	283.9	253.9
电石	万吨	1.4	1.2	0.8	0.7	0.5
纯碱	万吨	272.7	262	236.9	210	182.4

续 表

	单位	2015	2020	2030	2040	2050
烧碱	万吨	260.2	250.0	226.1	200.4	174.0
乙烯	万吨	131.9	119.2	93.5	71.8	53.0
生铁	万吨	6941.9	7336.8	7175.5	6936.4	6830.0
粗钢	万吨	7741.9	8136.8	7975.5	7739.5	7435.4
有色金属	万吨	93.5	125.2	185.2	225.8	221.3
纸和纸板	万吨	1438.7	1667.9	1634.8	1478.5	1208.0

四、能源需求

根据经济社会发展情况,我们预测了江苏节能情景、低碳情景和强化低碳情景下的能源需求量(见表8-7至8-9)。

表8-7 能源需求量(节能情景)

单位:万吨标煤

能源	2015	2020	2030	2040	2050
综合能耗	33583.2	41396.4	51045.8	59813.1	66095.1
煤炭	22848.0	25381.2	28334.2	29199.5	27429.5
石油	5144.2	7842.1	10976.3	14300.6	16391.6
天然气	3239.0	4210.0	5462.6	6761.4	7865.3
核能	645.1	1226.0	1780.0	2910.0	5485.9
可再生能源	1706.9	2737.2	4492.6	6641.7	8922.8

表8-8 能源需求量(低碳情景)

单位:万吨标煤

能源	2015	2020	2030	2040	2050
综合能耗	33068.8	40424.1	48283.3	54416.7	58348.1
煤炭	22409.1	24486.2	24969.9	23671.3	20830.3
石油	5090.0	7717.6	10190.8	12515.8	13886.9
天然气	3206.0	4161.8	5361.0	6257.9	6885.1
核能	645.0	1230.0	2931.7	4897.5	7351.9
可再生能源	1718.7	2828.4	4829.8	7074.2	9394.0

表 8-9　能源需求量(强化低碳情景)

单位:万吨标煤

能源	2015	2020	2030	2040	2050
综合能耗	32424.1	39091.9	45776.2	50588.6	53175.7
煤炭	21921.1	22272.9	21799.5	19071.9	15101.9
石油	4993.9	8010.4	10625.0	11938.9	12283.6
天然气	3145.5	4220.1	5404.1	6171.8	6434.3
核能	645.0	1775.0	2910.0	5665.9	8667.6
可再生能源	1718.7	2813.4	5037.7	7740.1	10688.3

从预测的数据可以看出我省未来能源需求呈现以下特点:

1. 分情景能源综合能耗相对减少

总体来看,节能情景下综合能耗相对最多,低碳情景次之;强化低碳情景下,能源的综合能耗最小;低碳情景和节能情景相比,2040 年和 2050 年能源综合能耗分别减少 5396.42 万吨和 7746.98 万吨,分别减少了 9.02% 和 11.72%;强化低碳情景和低碳情景相比,2040 年和 2050 年能源综合能耗分别减少 3828.05 万吨和 5172.36 万吨,分别减少了 7.03% 和 8.07%(见图 8-5)。

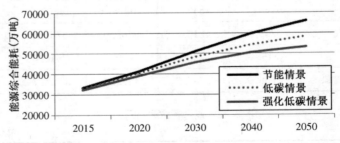

图 8-5　2015—2050 年江苏不同情景下能源综合能耗走势

2. 煤炭需求量将出现拐点

煤炭需求的绝对量在 2015—2050 年间将出现拐点。节能情景下,2030 年之前煤炭需求量呈现上升态势,2030—2050 年之间,煤炭需求量预计将出现拐点,在该拐点出现之后,煤炭的需求量将呈现下降趋势。低碳情景下,该拐点来临的时间将早于节能情景,预计拐点将在 2020—2040 年之间出现,强化低碳情景下预计拐点在 2015—2030 年之间出现。

分情景看,强制低碳情景下煤炭需求量最低。节能情景下,2050 年预计煤炭需求量为 27429.45 万吨,低碳情景下预计为 20830.27 万吨,强化低碳情景下预计为 15101.91 万吨,强化低碳情景比节能低碳情景减少 5728.36 万吨,比节能情景减少 12327.54 万吨。

3. 能源结构逐步趋于优化

煤炭比重逐渐下降,强化低碳情景下煤炭比重最低,低碳情景次之,节能情景下相对较高。无论是节能情景、低碳情景还是强化低碳情景,煤炭的需求在综合能耗中的比重都呈现下降趋势(见图 8-6 至 8-8)。节能情景下,2015 年、2020 年、2030 年、2040 年、2050 年煤炭比重分别为 68.03%、61.31%、55.51%、48.82%和 41.5%,2030 年相比 2020 年下降了 5.8 个百分点,2040 年的下降幅度扩大至 6.69 个百分点,2050 年下降幅度进一步扩大至 7.22 个百分点,呈现加速下降的特征。低碳情景下,煤炭比重的下降幅度相比节能情景下更快,2030 年比 2020 年下降 8.85 个百分点,2040 年比 2030 年下降 8.22 个百分点,2050 年比 2040 年下降 7.8 个百分点,降幅均高于同期节能情景下的降幅。从比重的绝对值上看,2050 年,低碳情景下煤炭比重为 35.07%,低于节能情景 5.8 个百分点。强化低碳情景下,2030 年煤炭比重比 2020 年下降 9.36 个百分点,2040 年比 2030 年下降 9.92 个百分点,2050 年比 2040 年下降 9.3 个百分点,下降幅度相比低碳情景同期进一步扩大。从比重绝对值上看,强化低碳情景下,2050 年煤炭的比重预计为 28.4%,低于低碳情景 7.3 个百分点。

石油比重小幅上升,强化低碳情景下比重最低。节能情景下,石油比重从 2015 年的 15.32%上升到 2050 年的 24.8%,低碳情景下从 2015 年的 15.39%上升到 2050 年的 23.8%,强化低碳情景下从 2015 年的 15.4%上升到 2050 年的 23.1%。强化低碳情景下,2050 年石油比重低于低碳情景 0.7 个百分点,低于节能情景 1.7 个百分点。

天然气比重略有上升,三种情景下比重基本持平。节能情景下,天然气比重从 2015 年的 9.64%上升到 2050 年的 11.9%;低碳情景下,比重从 2015 年的 9.7%上升到 2050 年的 11.8%;强化低碳情景下,比重从 2015 年的 9.7%上升到 2050 年的 12.1%。

核能比重快速上升,低碳情景下比重高于节能情景,强化低碳情景下比重高于低碳情景。节能情景下,2015 年核能比重仅为 1.92%,2020 年提高至 2.96%,2030 年、2040 年和 2050 年比重分别提高至 3.49%、4.87% 和 8.3%,核能需求增速加快。低碳情景下,2030 年、2040 年和 2050 年比重分别为 6.07%、9% 和 12.6%,分别高于节能情景下同期 2.58 个百分点、4.13 个百分点和 4.3 个百分点。强化低碳情景下,2030 年、2040 年和 2050 年核能比重分别为 6.36%、11.2% 和 16.3%,分别高于 0.29 个百分点、1.3 个百分点和 3.7 个百分点。

可再生能源比重加快提升,强化低碳情景下比重最高,低碳情景高于节能情景。节能情景下,2015 年可再生能源占 5.08%,2020 年提高到 6.61%,2030 年相比 2020 年相比提高到 2.19 个百分点、2.3 个百分点和 2.4 个百分点,可再生能源需求增长加快。低碳情景下,2030 年、2040 年和 2050 年可再生能源比重分别为 10%、13% 和 16.1%,分别高于节能情景 1.2 个百分点、1.9 个百分点和 2.6 个百分点。强化低碳情景下,2030 年、2040 年和 2050 年比重分别为 11.01%、15.3% 和 20.1%,分别高于低碳情景 1.01 个百分点、2.3 个百分点和 4 个百分点。

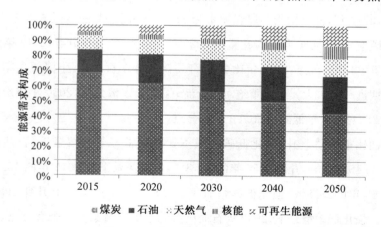

图 8-6 节能情景能源需求构成

4. 能源需求弹性总体下降

纵向来看,能源需求弹性系数总体上呈现下降趋势;横向来看,强化低碳情景低于低碳情景,低碳情景低于节能情景。节能情景下,2015 年、2020 年、2030 年、2040 年、2050 年能源需求弹性系数分别为 0.52、0.46、0.31、0.37 和 0.30。低碳

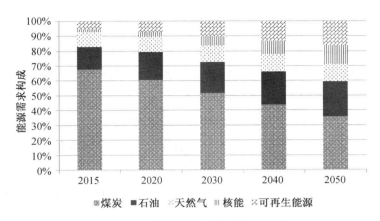

图 8-7　低碳情景下能源需求构成

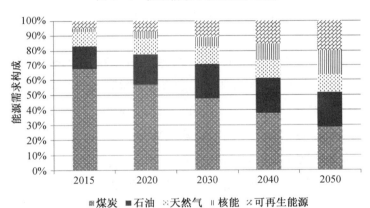

图 8-8　强制低碳情景下能源需求构成

情景下,2015 年、2020 年、2030 年、2040 年、2050 年能源需求弹性分别为 0.51、0.46、0.27、0.3 和 0.23。强化低碳情景下,2015 年、2020 年、2030 年、2040 年、2050 年能源需求弹性分别为 0.48、0.44、0.26、0.27 和 0.18。强化低碳情景下的能源需求弹性明显较低。

第三节　CO₂排放的情景预测

根据前文的讨论,运用省级温室气体清单编制相关技术模型,预测得到节能情景、低碳情景和强化低碳情景三种情景下的 CO_2 排放结果。

一、排放总量和峰值

情景分析结果显示,2050 年节能情景、低碳情景和强化低碳情景 CO_2 排放量分别为 12.77 亿吨 CO_2、10.13 亿吨 CO_2 和 8.15 亿吨 CO_2。

节能情景:2010—2050 年 CO_2 排放量呈持续增长趋势,排放总量由 2010 年的 6.97 亿吨 CO_2 增加到 2050 年的 12.77 亿吨 CO_2,但增长速率逐渐放缓,至 2040 年进入缓慢增长期,2050 年较 2040 年增长了 1.35%。

低碳情景:2010—2050 年 CO_2 排放量呈先增长后减少的变化趋势,并以 2040 年为拐点,2040 年前排放量持续增加,由 2010 年的 6.97 亿吨 CO_2 增加到 2040 年左右的 10.60 亿吨 CO_2,进入 2040 年以后,CO_2 排放略有下降,2050 年较 2040 年下降了 4.39 个百分点。

强化低碳情景:2010—2050 年 CO_2 排放量同样呈现先增长后减少的变化趋势,且其拐点相较低碳情景提前 10 年,2030 年之前持续增长至峰值 9.66 亿吨 CO_2,之后开始下降,并于 2040—2050 年呈现快速下降的趋势,2050 年的 CO_2 排放量为 12.77 亿吨 CO_2,较 2030 年左右峰值减少了 15.56%。

多情景比较:

以 2030 年为时间节点,低碳情景与节能情景相比,CO_2 排放量减少 11.08%,强化低碳情景与低碳情景相比,CO_2 排放量减少 7.33%,与节能情景相比减少 17.59%。

以 2050 年为时间节点,低碳情景 CO_2 排放量比节能情景减少了 20.66%,低碳情景 2050 年的排放量 10.13 亿吨 CO_2 大约相当于节能情景 2020 年前后的排放水平;强化低碳情景 CO_2 排放量比低碳情景减少 19.53%,比节能情景减少 36.15%。

从峰值排放量来看,低碳情景比节能情景减少了 17%,强化低碳情景比低碳情景减少了 8.87%。从峰值排放点来看,节能情景出现在 2050 年,低碳情景在 2040 年,强化低碳情景出现在 2030 年。

三个情景的 CO_2 排放量比较见图 8-9。

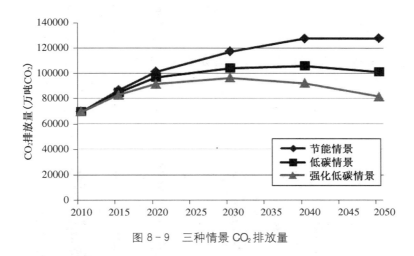

图 8 - 9　三种情景 CO_2 排放量

二、碳生产率

碳生产率是指单位二氧化碳的 GDP 产出水平。根据本章第二节预测的 GDP 结果,可以得到三个情景单位 GDP 的 CO_2 排放强度(见表 8 - 10)。结果表明低碳情景的 CO_2 排放强度基本遵循了先高后低的趋势,强化低碳情景与低碳情景相比变化不大,但排放强度以更快的速度下降,这主要是由于前文对强化低碳情景用能、节能技术发展的设想。

表 8 - 10　单位 GDP 的 CO_2 排放强度

单位:吨 CO_2/万元

年份	节能情景	低碳情景	强化低碳情景
2010	1.68	1.68	1.68
2015	1.16	1.15	1.14
2020	0.79	0.78	0.76
2030	0.39	0.37	0.35
2040	0.23	0.21	0.19
2050	0.14	0.12	0.11

三、碳源结构

从未来江苏省 CO_2 排放结构来看,能源活动碳排放在节能情景下总量和所占比重均持续增加,2050 年较 2015 年比重增加了 5.35%;在低碳情景和强化低碳情景下,排放总量呈现先以不断降低的速率增加后减少的态势,但其所占比重持续增加,至 2050 年,低碳情景相较 2015 年比重增加了 5.47%,强化低碳情景增加了 4.77%;工业碳排放在三种情景下,总量和所占比重均持续降低,2050 年节能情景、低碳情景和强化低碳情景比 2015 年分别降低 1.44%、4.96% 和 4.60%;农业和林业的比重及废弃物处理的碳排放量比重变化不大(见图 8 - 10)。

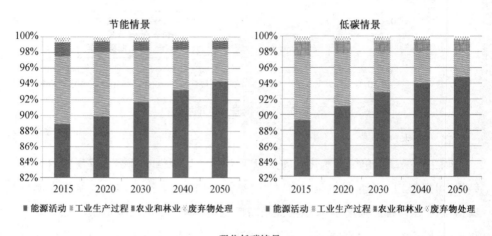

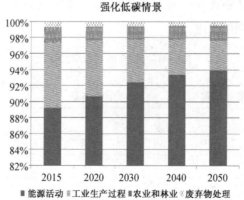

图 8 - 10　各种情景下的排放结构

(一)工业过程排放趋势

从全部排放情况来看,工业碳排放水平的下降是对总体排放水平大幅度下降贡献最大的。节能情景以 2020 年为拐点,2010—2020 年工业碳排放由 6030.42

万吨 CO_2 上升至 8271.49 万吨 CO_2，2020 年之后持续下降至 5269.94 万吨 CO_2，相较 2015 年下降了 28.88%（见图 8-11）。低碳情景自 2015 年开始持续下降，至 2050 年工业过程碳排放水平为 3305.60 万吨 CO_2，排放水平下降了 52.53%，2050 年低碳情景比节能情景多下降了 37.27%。强化低碳情景同低碳情景，工业活动碳排放水平自 2015 年开始持续下降，其下降速率比低碳情景更快，至 2050 年降至 2968.97 万吨 CO_2，较 2015 年共下降了 56.58%，比节能情景多下降了 43.66%，比低碳情景多下降了 10.18%。

这主要是源于未来江苏省对降低工业排放水平的重视，把高耗能行业作为工业结构调整重点，大力发展二产中先进制造业比重。对于强化低碳情景，其工业过程的技术领先性进一步提升，新兴产业在国民经济中占据主导地位，在国际上具有更强的竞争力。

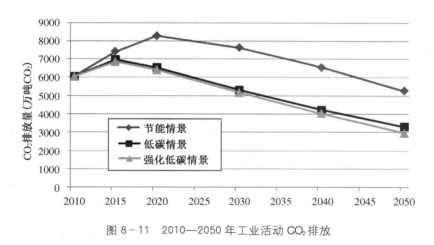

图 8-11 2010—2050 年工业活动 CO_2 排放

（二）能源活动排放趋势

从能源消费的 CO_2 排放总量来看，节能情景下，能源消费的 CO_2 排放量持续增加，但增长速率不断减小，至 2040—2050 年，增长速率不足 1.30%；低碳情景下，2040 年以前能源消费 CO_2 排放持续增加，且增长速率不断减小，2040 年之后，能源消费 CO_2 排放开始减少，2050 年较 2040 年减少了 3.65%；强化低碳情景下，能源消费 CO_2 排放减少的拐点提早到 2030 年，2040 年较 2030 年减少了 3.62%，2050 年较 2040 年减少了 10.94%（见图 8-12）。

对应分析各时间节点,能源消费 CO_2 排放总量变化趋势与 CO_2 排放总量相一致,也表明能源消费碳排放是最主要的碳排放来源。以 2030 年和 2050 年为例,低碳情景比节能情景分别减少 10775.97 万吨 CO_2 和 2444.94 万吨 CO_2,相对减少 10.03％和 20.30％,强化低碳情景与低碳情景相比,2030 年和 2050 年能源 CO_2 排放分别减少 7446.86 万吨和 19361.80 万吨,相对减少 7.70％和 20.18％。

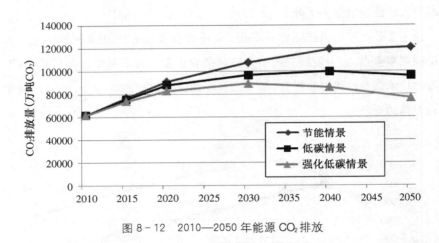

图 8-12　2010—2050 年能源 CO_2 排放

从能源消费排放结构来看,在节能情景下,煤炭、石油和天然气的 CO_2 排放均不断增加,而在低碳情景和强化低碳情景下,由于能源结构的优化,能源消费 CO_2 排放的结构得到优化,煤炭能源的 CO_2 排放分别于 2040 年和 2030 年开始减少。以 2030 年和 2050 年为例(见图 8-13、8-14),伴随着核电、风电等的快速发展,强化低碳情景和低碳情景比节能情景的能源结构优化,2030 年强化低碳情景的石油 CO_2 排放比例超过了 1/4,煤炭 CO_2 排放比例已不足 1/3,至 2050 年强化低碳情景和低碳情景的能源 CO_2 排放结构相较节能情景得到了更进一步的优化,2050 年强化低碳情景,煤炭 CO_2 排放比重比节能情景减少了 8.16 个百分点,石油和天然气分别提高了 5.12 个百分点和 3.04 个百分点。

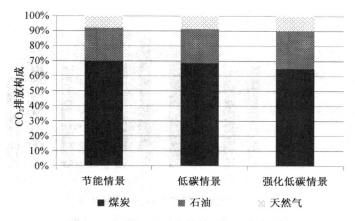

图 8-13　2030 年各情景能源 CO_2 排放构成

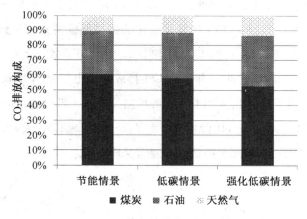

图 8-14　2050 年各情景能源 CO_2 排放构成

四、人均排放

以对未来 CO_2 排放总量和常住人口的预测值计算未来各情景下人均 CO_2 排放量,预测结果见图 8-15。

2010—2050 年节能情景下人均 CO_2 排放量呈持续增加态势,至 2050 年达到 15.11 吨 CO_2/人,但增长的速率不断放缓,至 2040—2050 年的 10 年增长了 0.29%。

低碳情景下,人均 CO_2 排放量呈现先增长后减少的态势,拐点为 2040 年。 2040 年之前,人均 CO_2 排放量以不断减小的速率持续增加,至 2040 年达到 12.52

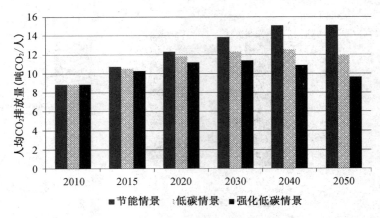

图 8-15 2010—2050 年人均 CO_2 排放量

吨 CO_2/人,2040 年之后开始减少,至 2050 年的 10 年减少了 4.24%。

强化低碳情景下,人均 CO_2 排放量变化趋势与低碳情景相一致,但其由增长到减少的拐点提前到 2030 年,2030 年较 2010 年增加了 28.60%,2030 年之后的20 年以较快速度减少,至 2050 年人均 CO_2 排放量仅比 2010 年增长了 8.94%。

根据 2010 年各地区的人均 CO_2 排放量测算[1],江苏省的人均 CO_2 排放量比全国平均水平高 40%以上,比世界平均水平高出近 4 吨 CO_2/人,未来需要进一步降低人均 CO_2 排放量,按照节能情景不能满足该要求。

---

〔1〕 数据来源:http://www.cngascn.com/html/news/show_news_wl_1_14597.html。

第三篇　路径和模式

第九章 低碳产业结构:绿色导向的产业升级

低碳经济是相对于化石能源消费为主的高碳经济发展模式而提出的创新模式。原有的高碳经济是建立在以工业为主的产业结构运行下的经济模式,大量工业消耗的能源动力主要依赖于煤炭、石油等化石能源,造成了高碳排放的负面效应,因此产业结构制约着经济发展模式的转变,决定了经济发展中碳排放的规模与强度。在构建低碳经济新模式的过程中,江苏需要打破高碳产业发展模式的锁定,注重调整优化产业结构,推进低碳绿色现代产业体系的构建,以产业体系优化引导产业低碳发展,最终实现低碳绿色发展方式的转轨。

第一节 低碳产业与低碳产业结构

低碳经济要实现发展成果的低碳化,核心是解决资源的优化配置问题,依托合理的资源重新调整分配,降低经济运行中各个环节的碳排放。资源的优化配置过程就是劳动力、资本、技术、土地、能源等各种资源要素以"成本—收益"为导向在不同企业、行业之间的配置,从而演化出产业分化和重组的过程,这实际上是产业形成、结构调整的过程。冶金、化工、钢铁、有色金属、水泥等高碳产业的发展建立在对资源的高度占有、高消耗和高排放基础上,引发经济发展与环境资源之间的紧张矛盾,产业结构调整升级的内在压力巨大。低碳绿色理念所引导的经济发展新模式呼唤高碳产业向低碳产业的转化,资源在产业间重新配置也势在必行,低碳产业和低碳产业结构的良性发展是江苏低碳经济推进的重要驱动力量。

一、工业化历程与碳排放

低碳经济是以高碳经济带来资源环境承载力而难以持续为逻辑起点的。历史上,欧美日等发达国家在经历农业社会、工业社会和后工业社会的不同阶段时都呈现出不同的碳排放情景(见图 9-1)。从发达经济体历史排放情况看,碳排放规模基于生产方式不同出现较大规模的起伏,总体上按照发展阶段不同,以农业社会低排放、工业社会高度排放、后工业社会排放再次降低的曲线运行,发达经济体碳排放快速扩张的阶段基本上正是工业加快发展的时期,而伴随着技术的持续创新和服务业比重的提升,工业比例持续下降,工业能耗逐步降低,低能耗低排放的服务业成为经济增长的主导,碳排放也明显转头向下。从图 9-1 可以看出,发达经济体人均碳排放量快速增长的时期是 20 世纪初期至 20 世纪 20 年代和 20 世纪 40 年代中期至 20 世纪 80 年代,这两个时期正是发达国家工业化快速扩张的时期,由于这一时期重化工业比例较高,以煤为主的工业能源消耗量较大,导致人均碳排放量急速上升。在 1850—2008 年的历史累积排放中,发达国家排放量达到世界的 72.5%,其中 1950—1990 年间高达 77%,而这一时期发达国家因工业快速增长所导致的碳排放占到 1850—2008 年的 47%(见表 9-1)。20 世纪 80 年代后,发达经济体不约而同地在人均碳排放量上下行或放缓,这正与该时期经

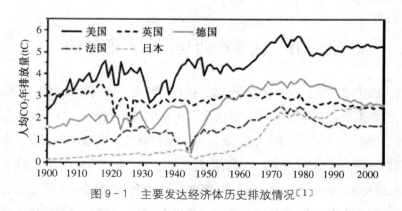

图 9-1 主要发达经济体历史排放情况[1]

---

〔1〕 赵捧莲,杨来科,闫云凤. 中国碳排放的影响因素及测算:模型比较及文献述评[J]. 经济问题探索,2012(2).

济结构优化调整相吻合(见表 9 - 2、9 - 3),可以看到 80 年代后美日欧等主要发达国家一、二产业在国民经济中的比例持续下降,服务业比重达到 2/3 以上,整体产业结构以"软"为特征,经济进入了后工业化时代,人均二氧化碳排放量随之步入了缓慢增长或下降的阶段。从发达经济体由高碳向低碳转向的发展走势可以明显判断,低碳经济发展并非一路坦途,碳排放量的增长摆脱不了经济发展的既定阶段,而高耗能、高排放、高污染的重化工业增长阶段是温室气体排放大幅增加的重要时期,转变经济发展方式,优化产业结构,提高能源利用效率,是低碳发展的内在出路。

表 9 - 1　部分国家及地区不同时期累计碳排放和人均累计碳排放[1]

国家/地区	1850—2008 年		1950—2008 年		1990—2008 年	
	累计排放量(PgC)	人均累计排放量(tC)	累计排放量(PgC)	人均累计排放量(tC)	累计排放量(PgC)	人均累计排放量(tC)
全球	345	93	285	62	132	22
发达国家	250	257	193	169	75	58
发展中国家	87	23	85	22	54	11
美国	94	543	70	307	28	102
中国	31	29	31	28	21	16
德国	22	318	15	188	4	55
英国	19	434	9	167	3	49
日本	14	131	13	113	7	52
印度	9	12	9	10	6	6
法国	9	195	6	114	2	34
加拿大	7	373	6	241	3	86

〔1〕 朱江玲,岳超,王少鹏,等. 1850—2008 年中国及世界主要国家的碳排放——碳排放与社会发展 Ⅰ[J].北京大学学报(自然科学版),2010,46(4).

表 9-2 1971—2010 年主要国家人均主要年份二氧化碳排放量

单位:吨/人

年份	1971	1975	1979	1980	1985	1990	1995	2000	2005	2008	2010
中国	0.96	1.15	1.47	1.44	1.63	1.97	2.50	2.42	3.89	4.92	5.40
印度	0.36	0.39	0.40	0.41	0.54	0.69	0.83	0.96	1.06	1.26	1.39
日本	7.23	7.66	8.02	7.52	7.25	8.61	9.14	9.33	9.55	9.04	8.97
加拿大	15.46	16.31	17.44	17.42	15.57	15.63	15.90	17.38	17.35	16.52	15.73
美国	20.66	20.19	21.63	20.47	19.06	19.46	19.28	20.18	19.48	18.33	17.31
法国	8.24	7.99	8.79	8.37	6.37	6.06	5.96	6.21	6.17	5.77	5.52
德国	12.49	12.40	14.13	13.48	13.06	11.97	10.63	10.04	9.81	9.74	9.32
英国	11.15	10.31	11.10	10.14	9.63	9.60	8.90	8.90	8.85	8.35	7.78

资料来源:http://www.iea.org/termsandconditionsuseandcopyright/。

表 9-3 1970—2011 年主要国家产业结构情况

年份	1970	1980	1990	1995	2000	2002	2003	2005	2010	2011
中国	—	30.1： 48.5： 21.4	27.1： 41.6： 31.3	20.5： 48.8： 30.7	13.2： 45.1： 41.7	19.1： 42.1： 38.8	14.6： 52.2： 33.2	12.6： 47.5： 39.9	9.5： 44.6： 45.9	10.1： 46.8： 43.1
印度	45.2： 21.9： 32.9	38.7： 24.2： 37.1	31.4： 27.6： 40.9	28.4： 27.9： 43.7	23.4： 26.2： 50.5	26.2： 26.9： 48.2	22.2： 26.6： 51.2	—	—	—
日本	6.1： 46.7： 47.2	3.7： 41.9： 54.4	2.5： 41.2： 56.3	1.9： 38.2： 59.9	1.8： 32.4： 65.8	1.3： 30.4： 68.3	—	1.7： 30.2： 68.1	—	—
加拿大	4.4： 36.3： 59.3	3.7： 34.7： 61.6	2.4： 28.6： 69	2.4： 28.1： 69.4	2.3： 33.2： 64.5	—	—	—	—	—
美国	7.3： 28.7： 64.0	2.5： 33.4： 64.1	2： 28.1： 69.9	1.6： 26.8： 71.7	2.8： 24.2： 74.6	—	1.2： 22.3： 76.5	1.3： 20.9： 76.9	—	—
法国	—	4.2： 32.1： 63.6	3.4： 26.5： 70.1	3： 24.4： 72.6	2.8： 11.9： 74.3	2.9： 26.1： 70.9	2.7： 24.5： 72.8	2.2： 20.9： 76.9	—	—
德国	3.7： 55.8： 40.6	—	—	1.2： 30.1： 68.7	1.3： 30.3： 68.5	1.2： 31.2： 67.6	1.1： 30.8： 68.0	0.9： 29.7： 69.4	—	—

续　表

年 份	1970	1980	1990	1995	2000	2002	2003	2005	2010	2011
英国	—	—	1.7：31.4：66.9	1.6：28.2：70.2	1.0：28.2：70.7	1.0：28.8：70.2	1.1：28.5：70.5	1.0：26.2：72.8	—	—
江苏	—	29.5：52.3：18.5	25.1：48.9：26	16.8：52.7：30.5	12.2：51.9：35.9	10.5：52.8：36.7	9.3：54.6：36.1	7.9：56.6：35.6	6.1：52.5：41.4	6.3：51.3：42.4

注：① 发达国家数据来源于国家统计局 1995—2011 年各年度《国际统计年鉴》,中国数据来源于相应年度的《国际统计年鉴》和《中国统计年鉴》。

② 2005 年一列中美国、日本产业结构比例为 2004 年数据。

③ 江苏数据来源于《江苏统计年鉴 2012》。

　　毫无疑问,高碳增长模式因经济运行机制的惯性、资源要素的沉淀固化,存在较大的转换边际成本和效率损失边界,因此从高碳到低碳的演进存在较高的经济社会成本。低碳经济发展方式集中体现在三个环节:能源供应环节,主要是优化能源结构,发展清洁能源;能源需求环节,主要是提高能源利用效率,减缓能源消费;末端治理环节,主要是发展林业碳汇,推进碳捕获和封存技术。[1] 低碳经济所追求的碳排放下降涵盖了经济运行系统的全部环节,而经济增长的高碳化源于中国正处于工业化、重型化为主的发展阶段,同时城市化进程加速带来城市人口的快速扩张、全球经济一体化下的以价值链为核心的产业配置格局所形成的众多生产耗能环节在国内的发展以及国内技术工艺相对落后等因素,都使得经济快速增长与能源供需产生背离,高碳排放技术经济范式严重制约碳排放的下降。[2][3] 根据新经济增长理论,技术进步是经济增长的内生变量,而技术结构通过生产发展作用于产业结构的形成,引发多样化技术条件下产业的差异和重组,不同产业发展力量的不平衡则在生产中促成能源消耗的阶段性变化,从而产生不同的碳排放规模。可以说,产业结构、技术能效对经济增长的碳排放密度具

〔1〕 吴力波. 中国经济低碳化的政策体系与产业路径研究[M].上海:复旦大学出版社,2010.

〔2〕 赵捧莲,杨来科,闫云凤. 中国碳排放的影响因素及测算:模型比较及文献述评[J]. 经济问题探索,2012(2).

〔3〕 王圣,王慧敏,蒋松凯,等. 江苏省沿海地区经济发展与碳排放相关性研究[J]. 中国人口·资源与环境,2011,21(6).

有重要影响,高碳排放模式如果不能在产业结构、技术能效上进行改变,则高碳向低碳的转化无法成功。研究表明,在同等收入水平下单位产出的能耗的绝对水平中,中国处于欧美之间,然而从增长路径看,欧美在重化工业加速阶段单位产出能耗的下降速度远快于中国,我国应高度重视产业结构、产品结构的高附加值化,将产业结构与技术路径优化并重,只有如此,低碳转型才能实现,低碳增长路径才能构建。[1]

发达国家碳排放的经历表明,碳排放与工业化发展有着极大的内在关联,在工业化快速发展时期,碳排放增长尤其快速,而伴随整体产业结构持续调整和人均国民收入的快速提高,碳排放将进入拐点阶段(见表9-1至9-4)。

江苏正处于工业化中后期,人均GDP从1980年的361美元快速提高到2011年的9545美元,接近日本20世纪70年代的水平,产业结构持续优化,2011年服务业占比达到42.4%,第二产业占51.3%,整体上仍处于工业为主导、服务业提速的阶段,与1970年日本、德国的产业结构类似,此时日本、德国等发达国家基于产业结构优化和人均收入增加,人均碳排放量已开始迈入缓慢增长阶段,见表9-2。而据测算,江苏人均碳排放量从2005年的6.27吨提升到8.86吨,并呈持续增长趋势,尚未显露碳排放减缓的迹象。与主要发达国家的国民收入增长、产业结构优化和碳排放的发展相比较,江苏当前呈现出的是经济快速发展与碳排放持续扩大并行的状态,碳排放拐点滞后于经济发展、人均收入的提高,碳排放整体控制压力仍然很大,这与工业结构仍占较大比例有着很大的联系。随着江苏向基本实现现代化新征程的迈进,江苏经济仍需要以较高的速度成长,经济增长对能源的需求仍将快速扩大,这对于能源对外依赖度极高的江苏节能降碳来说是重大的考验,要实现低碳绿色可持续发展,高碳经济向低碳经济转轨必须高度重视低碳产业成长和低碳产业结构调整优化,加快产业转型升级,这是江苏低碳发展推进的必由之路。

---

[1] 吴力波.中国经济低碳化的政策体系与产业路径研究[M].上海:复旦大学出版社,2010.

表 9-4　1980—2010 年主要国家人均国民收入

单位：美元

年份	1970	1980	1990	1995	2000	2002	2003	2005	2007	2010
中国	—	220	320	520	930	1100	1270	1740	2360	4260
印度	110	270	390	370	450	470	530	740	950	1340
日本	1940	10390	26660	39720	34620	33640	33430	38930	37670	42130
加拿大	3880	11150	20150	19880	22130	22660	24390	33170	39420	—
美国	4950	13030	23330	28150	34400	35230	37570	43210	46040	47240
法国	2990	12780	20240	24700	24450	22510	25280	34900	38500	42390
德国	2860	—	20630	27920	25510	23030	25620	34780	38860	43290
英国	2250	—	16300	19120	25330	25560	28450	38140	42740	38560
江苏	—	361	657	877	1421	1736	2023	3038	4430	7805

注：① 中国和主要发达国家数据来源于国家统计局 1995—2011 年各年度《国际统计年鉴》。
② 江苏数据根据《江苏统计年鉴 2012》人均 GDP 指标计算得到。

二、江苏产业转型升级与低碳产业发展一致性

“十二五”时期是江苏全面建成更高水平小康社会并向基本实现现代化迈进的关键时期，江苏面临着科学发展、和谐发展、率先发展、一体化发展深入推进的重大战略任务，江苏省提出全力实施转型升级工程、生态文明建设工程等“八项工程”，通过系统化的工程建设，开创科学发展新局面。传统发展方式在推进江苏快速前行的同时，也给江苏资源环境带来了沉重的负担，推动经济社会转型发展、探索新发展路径是“两个率先”宏伟目标赋予江苏的历史使命和时代课题。转型升级则成为江苏走科学发展之路的重要抓手，产业转型升级内在地包含于转型升级工程中。江苏产业转型升级是按照科学发展新要求，适应江苏经济发展方式转变和生态文明建设的内在规定，推进产业发展方式的转变和产业结构的升级，其方向就是产业发展以创新驱动为主，产业结构以构建现代产业体系为优化标准，坚持先进制造业与现代服务业“双轮驱动”，新兴产业加快发展与传统产业改造提升“两手并重”，现代农业、现代工业、现代服务业“统筹并举”，突出资源节约和环境保护，注重经济社会资源环境的和谐统一，实现江苏发展的可持续性。可以说，江苏产业转型升级是科学发展观在产业领域的具体体现，是基于新技术经济范式的

产业发展模式的重大转型。

　　低碳产业是推进高碳增长模式向低碳增长模式转变的驱动力量,是低碳经济发展中的重要产业系统。低碳产业着眼于经济增长中降低能源消耗、发展新能源、减少碳排放、提升经济低碳绿色成分的目标,把产业发展与资源节约、生态建设有机地结合起来,实现产业生产力与生态生产力的相互融合,解决了产业转型升级中可持续发展的问题。低碳产业涉及的产业领域广泛,既有传统的重化工业,也有新兴能源产业和技术与服务行业等新兴领域,这些产业领域都依托低碳技术实现改造升级、拓展发展,可以说低碳产业是产业转型升级的切入点和突破口,因此低碳产业发展与产业转型升级有着内在的一致性。

　　那么,产业结构的持续优化与低碳减排之间究竟有着怎样具体的联系?为此,我们建立碳减排量与产业结构之间的关联方程,由于数据资料限制,将考察时间段界定在 2005—2010 年,具体数据见表 9-5。

表 9-5　江苏碳排放强度与产业结构

时　间	2005 年	2006 年	2007 年	2008 年	2009 年	2010 年
碳排放量 (万吨当量)	47560.32	51537.50	57138.41	60435.32	64598.37	69685.80
地区生产总值 (GDP,亿元)	18305.66	21645.08	25741.15	30312.61	34173.45	40903.34
碳排放强度 (吨/万元 GDP)	2.60	2.38	2.22	1.99	1.89	1.70
第二产业增加 值(亿元)	10355.04	12250.84	14306.40	16663.81	18416.14	21753.93
第二产业占 GDP 比(%)	56.57	56.60	55.58	54.97	53.89	53.18
第三产业增加 值(亿元)	6489.14	7849.23	9618.51	11548.80	13555.60	16609.82
第三产业占 GDP 比(%)	35.45	36.26	37.37	38.10	39.67	40.61

　　注:本表数据来自于表 3-1、4-2、4-5、4-9 数据或据其计算获得,碳排放数据为估算数。

　　结构反映了系统组成部分的存在状况及其相互联结的方式,产业结构指产业间的相互联系及其方式,主要指资源流动条件下不同产业的成长规模变动及其在经济中重要性改变的状况。与高碳经济模式下的产业结构不同,低碳产业结构以低碳联结各产业,指各低碳产业之间及内部的相互联系及其比例关系。在现有的产业统计体系下,难以完全准确地测算出低碳产业的具体规模,但从碳排放源来看,能源消耗和工业部门排放对碳排放规模起着至关重要的影响,而工业部门又是能源消耗的重点行业,因此工业部门温室气体排放在全社会排放中占据重要地位,考虑到第二产业以工业为主体,据此我们以第二产业占 GDP 比代表工业结构,以 x_1 表示。服务业是低能耗、低排放行业,在排放量中占据较小比例,服务业占比提升表示了经济增长结构的持续优化,以 x_2 表示服务业占比。为了变量之间量纲的统一,更好地反应碳排放状况,以碳排放强度 y 作为被解释变量。将碳排放强度 y 分别与第二产业占比 x_1 和服务业占比 x_2 进行回归,结果如下:

$$y = -10.448 + 22.817 x_1 \quad\quad (9.1)$$
$${\scriptstyle (-5.988)}{\scriptstyle (7.211)}$$

$$y = 8.385 - 16.498 x_2 \quad\quad (9.2)$$
$${\scriptstyle (14.457)}{\scriptstyle (-10.795)}$$

方程下方数字是 t 检验值,F 检验值分别为 52.0 和 116.53,DW 检验值分别为 2.16 和 2.39,可信度达到 95% 以上,方程是合理的。

回归结果发现,工业部门排放与碳排放强度有着极强的相关性,相关系数达 0.929,工业部门占比每提升 1 个百分点,万元 GDP 碳排放量将提高 0.23 吨 CO_2e[1],由此可以看出,工业规模的持续扩大将会加大工业部门能源消耗的增长和生产过程的碳排放,导致整体碳排放量上升。如果加大产业结构调整力度,积极推进高新技术产业、先进制造业、战略性新兴产业发展,有效控制高耗能、高污染、高排放工业增长,不断提升工业部门能效水平,提高工业部门碳效率,则工业部门结构调整所带来的结构性碳排放将会有效改善江苏整体的碳排放强度,并对全省的碳排放总量增长起到积极的抑制作用。从这一角度讲,作为工业结构仍占较大比例的省份,江苏以现代工业体系为主导的产业结构优化必然为全省应对气候变化、控制温室气体排放开辟出巨大的结构空间。

---

〔1〕 CO_2e 是衡量各种温室气体的温室效应强度的统一指标,CO_2e 吨数作为衡量温室气体减排的统一单位。

服务业排放与碳排放强度同样存在着高度相关性,相关系数高达 0.967,与工业部门不同,服务业结构与碳排放之间呈现负相关,服务业占比上升则会有效降低碳排放强度。服务业整体规模的扩大和其内部结构的优化,尤其是现代服务业的快速扩张,在提高分工效率的同时,也在降低原先隐含在生产部门有关环节的能耗,从而减轻江苏碳排放压力。作为低碳产业体系的一部分,服务业发展及其结构优化将推动江苏更加完善绿色可持续产业体系。

总而言之,产业结构优化能够全面推进碳排放的降低,低碳产业体系的形成和完善也必然有利于控制温室气体排放的进程。

第二节　江苏低碳导向的产业结构优化路径

在全球应对气候变化的形势下,作为经济和社会发展的重要变革,低碳模式正成为协调经济社会发展与应对气候变化关系的根本途径。江苏在转型发展中面临传统发展模式带来的气候变化影响,如何实现产业低碳发展模式是摆在江苏面前的一项重大课题。建设以低碳排放为特征的产业体系和消费方式,是江苏应对气候变化、构建低碳模式的根本对策。在低碳产业体系构建过程中,如何更加科学地推进产业低碳化发展,优化低碳产业结构,降低碳排放强度,提升碳生产率,诸多问题都需要统筹考虑解决。

一、现代产业体系与低碳产业体系

低碳经济是江苏科学发展、转型发展的重要抓手和突破口,低碳产业支撑江苏低碳经济的前行。在转型升级中,江苏经济发展模式转换和结构化效率的改善离不开现代产业体系的建立,现代产业体系的成功构建将把江苏产业结构提升到新的层次。低碳产业系统及其结构优化与现代产业体系对江苏发展路径转轨都有着积极的作用,作为新兴的产业系统,低碳产业体系完善及结构优化缺少应有的路径借鉴,能否找到其与现代产业体系的内在联系,有必要首先阐述清楚。

产业体系是一国或地区中各产业基于经济发展关联而集合形成的经济系统,伴随着技术进步、要素变动、结构调整等因素的发展,产业体系处于动态演进、完善中。现代产业体系尚未有统一的内涵界定,这是由于现代是相对的、动态的概念,以不同的时间点为基点,现代产业体系会表现出不同历史时期的产业内容和特定表征。然而,无论时代发展如何更替和变换,产业体系在发展演进中必然会融入这一阶段的技术、资源、人才、资本等要素。在当前的技术经济环境下,现代产业体系可以被认为是融合现代高新科技、较高素质人力资源、多样化资本、现代制度运行体系等要素的新型先进产业体系,高科技含量、高附加值、低能耗、低污染产业构成现代产业体系的主体。可以说现代产业体系具有产业结构高级化、技术创新性强、产业组织开放度高、产业融合性高、资源利用高效等特征,代表了产业演进发展的方向,与新技术经济范式所决定的经济发展模式相一致。江苏要构建的现代产业体系则以高新技术产业为主导、服务经济为主体、先进制造业为支撑、现代农业为基础,此产业系统可以实现江苏结构优化、附加值高、技术进步、清洁绿色的可持续发展,构筑江苏产业发展新高地。江苏现代产业体系建立的过程也是构建产业新结构的过程,可实现产业结构的高级化。

任何产业系统都难以与原有产业基础脱离,而是在原有基础上逐步演进转化。江苏低碳产业将依托最新低碳技术,改变当前非低碳技术对能源资源消耗大、环境伤害严重的不可逆状态,形成低碳产业系统,将具有江苏现代特色的技术、人才、政策、资本等要素集中融合到该系统中。可以说,江苏低碳产业系统以低碳排放为导向,注重产业模式调整、技术体系创新、能源结构优化,广泛涵盖了农业、工业、服务业各领域,并创造出新的产业形态,如可再生能源和新能源产业、碳汇产业等,将产业结构低碳调整、低碳产品生产供应、低碳服务提供实施完整地融入到节能降碳价值链条中。因此,江苏低碳产业系统以低碳技术研发为先导、以产业结构调整为核心,加快推动经济发展由高碳向低碳绿色转变,实现经济、社会、资源、环境的有机统一。这一产业模式发展内容和方向与现代产业体系的推进导向保持一致,现代产业体系内在地植入了节能降碳的因子,可以有效降低产业发展中的碳排放,低碳产业系统通过节能降碳发展丰富现代产业体系。

江苏现代产业体系中的产业在国民经济发展中居于主导地位,具有很高的产业技术吸纳能力,因而增长率高、产业关联度大、带动能力强,属于主导产业范畴,是转型升级中形成合理有效的产业结构的核心。江苏推进低碳产业发展及结构优化就是丰富完善现代产业体系,低碳产业系统所涵盖的很多行业具有现代产业体系下主导产业的特征,因而低碳产业结构优化的路径可从现代产业体系下主导产业的发展导向中得到借鉴。

二、低碳产业体系构建与结构调整

在低碳经济环境下,产业结构的形成和调整以低碳化为指引,就是产业结构调整以比例协调化、结构知识化、排放减碳化为标准,推进资源按照低碳排放原则实现重置,构建低碳化的供给结构和需求结构模式。[1] 江苏构建低碳产业结构以低碳绿色发展模式为导向,结合江苏的能源自给率低、资源紧张、环境容量小的基本省情和产业发展基础,着力推进能源结构、产业模式、技术体系的改善,构建以低碳排放为特征的产业体系和生产方式,促进产业结构低碳化演进。在低碳产业结构形成中,江苏应加强低碳产业系统与现代产业体系的衔接,把江苏转型升级中发挥主导作用的产业的低碳化发展作为建立低碳产业系统的核心驱动,积极培育低碳战略产业,以低碳产业体系的建立和完善推进低碳产业结构优化。

(一)以战略产业培育引导低碳产业结构调整

在目前有关低碳经济探讨的文献中,低碳战略产业选择和培育标准的研究较为缺乏,很多研究基于低碳经济在产业领域的覆盖和延伸,定性描述低碳产业的发展。在缺少可资借鉴的研究思路的情况下,探讨江苏低碳战略产业培育应该另辟蹊径。考虑到低碳产业与现代产业体系下的产业具有相近的特性,而后者属于主导产业的范畴,因此江苏低碳战略产业选择可以从主导产业选择的基准进行借鉴。

1. 江苏低碳战略产业选择的基本原则

主导产业选择的基准在不同研究者的观察视角下并不完全一致,在诸多理论中日本学者筱原的"两基准"是具有较强说服力的基准理论,然而在我国的主导产业选择中不可避免地产生应用的失效。国内学者对我国主导产业选择基准的深化研究也未能从根本上解决已存在的不足。尽管如此,主导产业选择还是包含了一些基本特性,如科技含量高、产业关联强、代表产业发展潮流、资源利用率高等

---

〔1〕 徐玖平,卢毅. 低碳经济引论[M]. 北京:科学出版社,2011.

要素。因此,江苏低碳战略产业要满足低碳条件下主导产业选择的基准,应该将主导产业选择标准与低碳技术、节能降耗、低碳产出、科技创新等要求联结在一起。基本原则如下:

第一,低碳战略产业必须体现江苏低碳经济发展和产业转型升级的方向,具有较强的低碳排放的产业特质,在低碳绿色发展模式构筑中居于主导地位,是低碳产业结构调整的核心。

第二,具有技术优势。低碳技术代表了低碳经济条件下的最新技术水平,低碳战略产业应该在生产工艺、现代化生产设备配置、技术创新研究上体现出雄厚的技术实力,产业低碳科技含量高,低碳技术吸收应用转化速度快,具有引领和驱动产业结构升级的根本力量。

第三,效率和附加值高。低碳经济条件下,低碳产业发展的重要目标是节能降碳,低碳战略产业作为低碳产业系统的主导产业,基于低碳技术的应用,应高效利用能源,降低能源资源消耗,提升碳生产率,打破高耗能、高排放、低效率价值链的锁定,实现高附加值。

第四,绿色清洁生产。低碳战略产业应走资源节约、环境友好的可持续发展道路,用最小的资源环境代价实现最大的产出,建立绿色清洁发展模式,推动经济资源环境的融合。

第五,低碳战略产业应具有较强的扩散效应,能将产业技术、生产、市场等优势通过价值链传递到各关联产业中,带动低碳产业结构的升级。

2. 指标体系构建的原则

在低碳战略产业选择中,应建立相应的评价指标,在指标选择过程中要着眼于以下几点:

一是科学性。应注重科学理论依据,从江苏低碳经济发展实际出发,科学选择能反映产业发展现实状况及未来发展趋势的指标。

二是客观性。在指标选择过程中,应尽量排除主观因素的影响,客观分析所选指标的经济含义,从有利于体现战略产业特征的角度确定入选指标。

三是特色性。要选择体现产业低碳排放特征的指标,充分显示低碳条件下产业低碳化的成果,这需要统计数据具有完备性。

四是可比性。指标之间要实现口径上的一致性,防止数据单位不统一引发评价的失效。

五是准确性。在指标综合评价中,需要选择合适的评价方法,排除指标间的相关性,排除重复信息,使评价结果更准确。

3. 指标体系的构建

结合江苏低碳产业系统特征和产业发展基础,根据低碳产业结构对低碳战略产业发展的根本要求及主导产业选择标准,建立江苏低碳战略产业指标体系(见表9-6)。

表9-6 江苏低碳战略产业选择评价指标体系

一级指标	二级指标
低碳产业经济效益	低碳产业产值
	低碳产业产值占比
	低碳产业增加值率
低碳产业技术创新	碳减排经费投入量
	产业科技人员占比
	低碳科技进步率
低碳产业节能减排	产业碳排放强度
	单位增加值能耗
产业关联度	影响力系数
	感应度系数
低碳产业区位比较优势	低碳产业市场占有率
低碳产业成长潜力	低碳产业产值增长率
	低碳产业就业增长率
低碳产业需求收入弹性系数	

上述指标反映了低碳产业发展中的重要量化考核标准,既涵盖了产业成长、产业影响的内容,又包括了产业低碳化特征的描述。

指标体系构建后需要选择有效的评价方法和模型。考虑到指标体系的多重性,在评价选择中要排除主观因素带来的评价结果随意性大的弊端,剔除指标之间的相关性，弱化重复信息的影响，比较理想的方法是运用主成分分析法。在计算过程中，选出 m 个主分量 $Z_1, Z_2, \cdots, Z_m$，以每个主分量的方差贡献率作为权数，构造综合评价函数：

$$F = B_1 \hat{Z_1} + B_2 \hat{Z_2} + \cdots + B_m \hat{Z_m}$$

其中 $B_i (i = 1, 2, \cdots, m)$ 为主分量 Z_i 的方差贡献率。

然而，值得关注的是，在现有的发展模式下，经济统计数据指标是以生产为核心标准统计经济社会产出的，这就使得数据更多关注生产过程及新增产出规模，而关于生产排弃物等与价值创造活动有关的内容难以在现有的统计体系中形成比较完备的数据资料，如碳排放量、废弃物循环利用量等反应可持续发展的指标都难以查阅到。因此，这就使低碳战略产业评价的实施存在重大困难，没有系统完备的、令人信服的数据作支撑，则评价结果缺乏科学性和客观性，必然会误导产业低碳化发展，影响低碳产业结构调整。从这一角度而言，本章所提出的指标体系和评价方法只能是对江苏低碳战略产业选择进行思路性的初步探讨，以为今后的深化研究进行铺垫。

4. 以低碳战略产业发展推进低碳产业结构优化

尽管由于现有统计体系有关低碳产业特征数据的缺乏，低碳战略产业选择评价实施的可行性降低，但这并不意味低碳战略产业的基本界定无法开展，如果把低碳产业放在江苏转型升级这一大背景下，那么转型升级所确定的结构调整范畴仍然可以视为低碳战略产业的基本边界。通过把握转型升级进程中江苏现代产业体系构建的脉络，将低碳技术、低碳资源、低碳组织模式等低碳要素与现代产业体系建设和传统制造业改造提升相融合，建立低碳经济下的低碳产业系统，并以低碳战略产业为龙头，形成低碳农业、低碳工业、低碳服务业的低碳产业结构，则可大大加快以低碳排放为特征的低碳产业结构优化和低碳发展模式转轨的进程。

低碳产业体系包括火电减排、新能源汽车、建筑节能、工业节能与减排、循环经济、资源回收、环保设备、节能材料等，涉及农业、工业、服务业领域的低碳化。江苏低碳战略产业是低碳产业体系的重要构成部分，也是江苏转型升级的重要驱动，其范围应涵盖在农业、工业和服务业领域，包括现代农业、先进制造业、高新技术产业、现代服务业、战略性新兴产业和改造升级的重点传统工业行业，可以说低碳战略产业的发展就是低碳农业、低碳工业、低碳服务业的聚焦,其推动的低碳化产业结构模式也就是低碳农业、低碳工业、低碳服务业的结构形态。

（二）以综合举措体系构建推进低碳产业结构调整

产业结构是经济发展过程中资源在不同产业之间流动配置的结果,产业持续发展所引起的产业分化和整合为产业结构演进变动提供动力基础,低碳战略产业的培育为低碳产业结构优化升级带来坚实的引领力量。虽然不同产业既是产业结构变动的结果,又是产业结构持续演进的动力和载体,不可否认的是,产业发展本身并不能系统、完整地解决产业结构的调整。江苏低碳产业结构形成和演进,还需要通过一系列配套的政策举措,构建比较完整的低碳产业结构实现机制,才能达到低碳环境下更为合理的结构目标。

1. 制定低碳产业发展规划

低碳产业结构的形成和调整既可通过市场资源配置功能实现,也可发挥政府规划引导职能实现。低碳产业作为新兴的产业形态,处于产业生命周期的幼稚阶段,纯市场化的引领更容易产生产业发展的无序、无力、无效,且江苏在发展中面临的能源和环境约束更趋严峻,迫切需要避免经济建设和能源基础设施在生命周期内的锁定效应,难以允许低碳产业重复其他产业之前的路径依赖,因此江苏低碳产业结构调整首先应高度重视产业规划的引领作用。目前,江苏全省范围内的低碳产业发展规划尚没有制定,有必要完善规划体系,统筹规划机制,制定中长期低碳产业发展专项规划,从前瞻、长远、全局的角度,确定低碳产业发展的地位、目标,统筹规划产业发展的重点任务、阶段步骤、推进路径,为产业低碳化发展和低碳产业结构优化创造条件。

2. 强化政策引导和法制制约

高碳产业结构向低碳产业结构的逆转受制于传统发展路径的锁定,需要外部的政策、法制力量进行破解。江苏低碳产业结构只有构筑新的产业发展模式才能形成,制度经济学的经典理论告诉我们,适应生产力发展的创新制度才能建立起新的发展模式,因此低碳产业结构调整需要制度革新,包括政策完善和法制规范。对江苏而言,促进低碳产业结构发展,就是在政策和法制上要提升产业准入门槛、完善财税措施、强化政府需求和居民生活方式引导等。具体而言,在产业准入门

槛上，要根据地区经济发展水平和生态资源环境的动态变化，适时提高产业节能减排、投资门槛，加大重点行业节能减排技术改造力度，强化高耗能老旧设备的淘汰力度，以更严格的标准控制高能耗、高污染项目建设，强制高碳排放的企业产能退出市场；在财税措施完善上，加大激励市场主体节能减排的财政扶持力度，对新能源产业、节能环保产业、新能源汽车等低碳特征明显的战略性新兴产业及节能降碳明显的传统支柱产业予以财政补贴，或设立"碳预算"项目，优先扩大低碳产品政府采购规模，对居民应用节能低碳产品进行适度补贴，鼓励企业投资发展低碳产业和低碳技术研发。同时要加强地方法制完善，进一步修改完善与江苏碳排放省情相适应的可再生能源、环境保护、资源利用等方面的地方性法规，构建完善低碳特色法律体系，规范社会主体排碳行为，引导居民建立低碳生活方式。

3. 大力推动低碳技术创新

低碳经济发展模式的建立离不开低碳技术的支撑，低碳产业结构的形成和优化无法脱离低碳技术的推动。目前，江苏低碳技术与发达国家和地区仍有较大的发展差距，如大型风力发电设备、太阳能光伏发电技术、燃料电池技术、生物质能技术、节能提效控制系统技术等江苏急需的低碳技术核心环节没有掌握，导致低碳产业价值链聚集产业的低增值环节，产业结构水平提升不畅。对此，江苏要建立多层次的低碳技术创新渠道，促进低碳技术取得突破。一是要充分保障低碳技术创新的研发投入。江苏低碳技术积累和技术水平难以在短期内实现赶超，这必然导致低碳技术创新面临的技术不确定性风险远高于其他产业的技术创新，因此企业技术创新投入的力度受限。在此情况下，公共资金的引导至关重要。除了政府财政资金支持外，要积极创新技术研发的资金支持机制，江苏应主动考虑设置低碳基金等低碳发展资本，有效支持低碳技术研发和商业化应用。二是加强低碳技术自主创新。要以培育自主知识产权、自主品牌和创新型企业为重点，注重低碳技术研发和转化应用，把战略性新兴产业关键技术、传统产业节能减排改造升级技术与低碳产业结构调整结合起来，重点突破太阳能、生物质能、风电设备、智能电网、新能源汽车、化工冶金纺织等传统产业的节能提效控制系统等领域关键技术，通过低碳技术自主创新能力的提升抢占低碳产业发展制高点，奠定低碳产业结构优化的根本基础。三是加强国际技术合作。江苏应积极加强利用低碳发展国际合作机制,通过 CDM 等国际技术交流合作机制,引进、消化、吸收先进适用的低碳技术,实现低碳技术发展的跨越。

4. 积极提升低碳标准制定能力

把低碳产业标准、低碳技术标准作为低碳产业发展的重要驱动器,引导低碳产业向更高技术层次提升,从而推动低碳产业结构发展完善。江苏要掌握低碳标准制定话语权,从更高层次引导低碳产业和产品的发展走向,提高低碳产业国际竞争力。要加快人才培养和核心技术的掌控,在主要工业耗能设备、机动车、家用电器等产业低碳标准制定上实现突破,积极参与制定行业能效和碳强度的国际标准,构建代表江苏低碳产业发展水平、引领世界低碳产业发展的标准,有效引领低碳产品、低碳技术达到国际先进水平。

第十章　低碳生产技术:新一轮的生产力革命

从国内外经济增长力量来看,技术是推动经济发展的重要因素,也是优化经济增长路径的根本支撑。低碳经济是国际社会对未来经济发展新模式达成的新共识,这一增长模式的塑造和推进同样离不开低碳技术的创新、发展。当前,江苏正处于转型升级的关键时期,推动经济低碳化增长是转变经济发展方式、调整优化经济结构、推进生态文明建设的内在要求和战略选择,发展低碳生产技术对加快江苏转型升级步伐、构筑低碳产业体系、提升低碳环境下的产业竞争力具有重大的现实战略意义。实施以节能降碳为重点的减排技术,既能有效应对气候变化,又可以降低江苏未来发展面临的能源供给压力,也可以减少环境污染,改善生态系统,为江苏可持续发展提供坚实的技术支撑。同时,加快推进低碳技术发展,充分挖掘减排技术的内在潜力,可以在电力、交通运输、工业、建筑和农林业等主要排放领域更加有效地控制温室气体排放量,最大限度地减少减排潜力的损失,并从技术的及早推广应用中获得可观的节能减排收益。

第一节　低碳生产技术概述

技术结构和技术特性决定产业结构、产业特征,内在地影响产业发展模式,继而锁定经济发展路径,形成一定的经济发展方式,因此技术是经济发展的驱动器。低碳经济作为 21 世纪具有深远影响的新发展模式,需要低碳技术的支撑和驱动,研发和使用低碳技术成为推动碳排放减少的关键渠道。对此,IPCC 在第三次评估报告中也强调指出,技术进步是解决温室气体排放和全球气候变化问题的最重要的决定因素[1]。因此,江苏要实现低碳绿色发展,必须对低碳技术的内涵、界定范围有清晰准确的把握。

一、低碳技术界定的基础

低碳经济发展正处于起步阶段,世界各国和地区都在积极探索,在路径演进、产业发展、技术创新、政策配套等各方面都存在不确定性。新经济模式的形成和发展离不开人类改造自然、推动生产增长的技术革新,因此明确低碳技术的发展方向,首先应客观认识低碳经济概念的脉络和内在的丰富内容。

从 2003 年英国政府首次提出"低碳经济"概念开始,无论是理论层面还是实践层面的发展,人类对低碳经济的界定都清晰地描绘出三个显著的特征:一是低碳化,即低碳经济要从传统高碳化发展模式进行加快转型,降低产出的碳排放量,控制温室气体排放;二是高效率,即低碳经济追求碳生产力提升,用更低的能源、资源消耗转换更高的物质服务产出和更低的产品、服务碳排放;三是可持续性,即低碳经济作为新的经济模式,把经济发展放在大的运行系统内,考虑经济、社会、资源、环境的协调性,统筹人的发展需求与资源、环境承载力的统一。因此,可以说"低能耗、低排放、低污染"和"高能效、高效率、高效益"是低碳经济发展的基本要求,这种内在的本质特征也决定了低碳技术发展的方向,界定了低碳技术的内容和层次。

二、低碳技术内涵、特征与分类

从低碳经济内在本质特征可以看到,降碳减排必须摈弃传统的发展模式,构建起低碳发展、高效发展的新技术经济模式,兴起新一轮的产业技术革命。低碳经济的三个显著特点决定了低碳技术必须具备满足低碳发展的上述特性。

(一)低碳技术内涵与特征

众多的文献资料对低碳技术进行了比较系统的总结归纳,形成了比较一致的看法,结合低碳经济概念的界定,低碳技术被认为是涉及电力、交通、建筑、冶金、

---

〔1〕 国家发展和改革委员会能源研究所.减缓气候变化:IPCC 第三次评估报告的主要结论和中国的对策[M].北京:气象出版社,2004.

化工、石化等部门以及在可再生能源及新能源、煤的清洁高效利用、无碳和低碳能源技术、油气资源和煤层气的勘探开发、二氧化碳捕获与埋存等领域开发的有效控制温室气体排放的新技术。从这一概念界定可以看出，低碳技术的主要功能就是通过节能、提高能效、开发新能源、锁定碳排放等来控制温室气体排放，推动低碳模式的构建。从广义范围而言，所有能够降低人为活动碳排放的技术都是低碳技术。

低碳技术与一般技术相比，具有更为明显的技术特色和时代特征，超出了传统技术的价值引领功能，将人、自然、社会成功地串联起来，描绘新经济模式下的低碳发展路线图，构筑出新的技术经济范式。其特征可概括如下：

1. 追求低碳绿色。低碳技术的内在功能是为低碳增长模式提供技术支撑。经济低碳化表现在产业发展中的碳含量降低、碳排放减少或无碳排放，构建低碳产业结构。作为产业增长动力的低碳技术以提效降碳为导向，注重强化节能功能，创新高效工艺流程，开发太阳能、风能、生物质能等绿色新能源，丰富资源循环利用方式和内容，在生产生活中将低碳技术的研发理念转化成现实的低碳绿色应用功能，减少对化石能源的消耗量和对资源、环境的侵蚀，为追求低碳绿色氛围的培育奠定技术基础。

2. 注重能效提升。传统增长模式下的碳排放量主要由化石能源消耗引起，低碳增长模式所追求的"低能耗、低排放、低污染"必须摆脱对化石能源的过度依赖和低效率使用，通过技术发展改变能源结构，提高能源使用效率。低碳技术以推动碳排放量下降为重要目标，把降低单位产出的能源消耗作为技术创新的发展方向，积极注重节能技术完善和提升，依托技术节能潜力减少化石能源消耗，从而降低碳排放。同时，低碳技术把能效提升的方向还放在新能源开发与研制上，运用新技术提升新能源生产效率，减少能源生产的碳排放。因此，低碳技术通过发挥技术功能将能效改善提高到新的水平。

3. 涉及领域广泛。低碳技术覆盖面广泛，凡是产生碳排放的领域和环节都涉及低碳技术的应用，从生产源头、生产过程、生产末端，甚至服务环节、产品使用环节、废弃物处理环节都存在低碳技术发挥的空间，如二氧化碳捕获与埋存所需要的低碳处理技术。从产业应用角度看，低碳技术在冶金、化工、石化等工业行业和农业、林业、电力、交通、建筑等各行业都有着积极的应用,从而出现低碳交通、低碳能源、低碳城市、低碳产业、低碳建筑等极其鲜明的低碳称谓。可以说,低碳技术覆盖了宏观、中观、微观的广泛领域,已经走出一般传统技术局限于生产服务某一环节的狭隘空间。

4. 经济生态和谐统一。传统经济增长模式在实现经济发展的同时,向地球家园排放了不利于生态环境保护的大量温室气体,对人类整体生存环境尤其是江苏这种生态环境承载能力较脆弱的区域造成了巨大的负面影响。低碳技术是以低碳绿色为显著特征的新兴技术,创造了人类技术发展史上前所未有的将经济效益、生态效益相统一的一场技术革命,在提高碳生产率获取巨大经济效益的同时,积极减少人类发展所带来的碳排放量,有效降低发展的负外部性,保护有限的资源和生态环境,实现生态效益提升。同时,积极发展去碳技术,捕获、封存二氧化碳,研制科学利用二氧化碳的新技术,既可推动环保发展,又能获取可观的经济效益。因此,低碳技术真正实现了经济、社会、生态和谐统一的发展愿望。

5. 强化发展可持续性。2008 年国际金融危机发生后,世界各国都集中关注转型发展,发达国家和地区积极重塑经济新优势,提升可持续发展能力,纷纷将目光转向低碳技术的研发创新,力图通过低碳绿色增长新模式实现可持续发展。江苏紧紧把握"十二五"时期新一轮经济调整的机遇,确定转型升级发展、推进生态文明建设的重大实践课题,深化拓展科学发展道路。低碳技术根植了低碳绿色理念,从根本上支撑低碳发展新模式,成为推动科学发展、转型发展的重要动力,满足人、自然、经济、社会、生态有机统一的要求,适应江苏确定的转型升级、可持续发展的总布局。

(二)低碳技术分类

低碳技术覆盖领域广泛,技术内容丰富,应用环节众多。要理清低碳技术发展重点,需要对其进行清晰的分类。而从不同的角度观察低碳技术,可以得出丰富的低碳技术归类。

从低碳技术的内涵看,低碳技术体现为工具属性和工艺属性,前者指碳减排的工具,通过科学家的实验研究产生,体现人类对低碳未知领域的感知,后者指降低温室气体效应的手段,通过市场化的工艺设计和革新产生,从而满足人类已有的需求[1]。根据工具与工艺结合的方式,低碳技术包含成熟的技术、工具占主导的技术和工艺占主导的技术三种。此种分类理论化色彩浓厚,抽象性较高,较难把握,因而不足以让人们对低碳技术面貌有深刻的把握。

从低碳技术的减碳形式看,低碳技术可区分为减碳技术、无碳化技术、去碳化技术三种类型。减碳技术指电力、交通、建筑、冶金、化工、石化等高能耗、高排放领域的节能减排技术,如建筑节能技术、电力需求侧管理技术、煤清洁化技术、油气资源和煤层气的勘探开发技术、锅炉节能技术等。无碳技术指使碳排放为零或接近零排放的技术,这种技术主要是通过清洁能源的发展来实现的,如风能、太阳能、核能、地热能和生物质能等可再生能源。去碳技术,以二氧化碳的捕获与埋存技术(CCS)为典型。

从碳排放源头和低碳技术的应用环节看,低碳技术可分为源头减碳技术、过程控碳技术、末端碳处理技术。考虑到源头碳排放主要是能源使用引起的,因此源头减碳技术的重点是改变能源利用结构,大力发展绿色能源技术,如风力发电技术、太阳能发电技术等。过程控碳技术主要是对生产、运输、消费和使用等过程的碳排放进行减排,需要依托节能技术改造和工艺流程优化设计。末端碳处理技术主要是对已排放的温室气体进行控制、利用,如碳利用、碳捕获和碳埋存技术。[2]

从上述分类方法看,第一种分类理论化色彩浓厚,抽象性较高,较难把握,因而不足以让人们对低碳技术面貌有深刻的把握。第二种、第三种分类方法尽管划分视角不同,但都直观地指明了低碳技术发展的轨迹和脉络,可以使人们更清晰地了解和认知低碳技术。在实际探讨低碳技术时,我们可以将两种方法分类的低碳技术融合在一起,低碳技术发展的路线图将更为明晰。如此,低碳技术可以更为简明地分为绿色能源技术、节能减排技术、二氧化碳捕获和埋存技术。

---

〔1〕　邓线平. 低碳技术及其创新研究[J]. 自然辩证法研究,2010,26(6).

〔2〕　徐玖平,卢毅. 低碳经济引论[M]. 北京:科学出版社,2011.

第二节　江苏低碳技术发展路径

低碳技术适应了科学发展、低碳绿色可持续发展的理念,成为经济发展转轨的驱动力,为新的技术经济范式的构筑夯实基础。江苏正处于科学发展、转型发展的关键阶段,开启基本实现现代化新征程的宏伟目标对经济发展、社会进步、生态环境保护的和谐统一提出了更高的要求,推动发展低碳技术是江苏转型发展的现实需求,也是江苏发展新阶段的客观要求。

一、江苏低碳技术发展的背景和原则

推动低碳经济发展,促进低碳技术创新,对于资源紧张、生态环境承载力弱的江苏而言无疑具有巨大的现实意义,这也是时代前进的要求。作为新兴的技术群,按照技术生命周期理论,低碳技术总体上处于发展的初期阶段,不可避免地与产业、企业产生摩擦融合,因此江苏需要关注低碳技术发展的基本原则。

(一)低碳技术发展的背景

低碳技术应用于生产的全过程,从技术属性上看,是人类技术发展史上少有的将提高效率与降低负效应成功结合的产业技术,与人类天人协调的最高发展境界相匹配。江苏进入转型发展的新阶段、新征程,以“两个率先”为标志的江苏科学发展目标,植入了低碳绿色理念,更加重视新兴技术对转型发展的支撑和驱动,低碳技术发展有着内在的必要性。

从江苏发展竞争环境看,世界经济正处于新一轮的转轨调整中,低碳绿色发展模式成为世界上大多数国家应对国际竞争的积极选择。欧美等发达国家把低碳技术作为构筑新竞争优势的重要技术取向,并通过领先的技术实力和技术标准设置竞争门槛,形成绿色竞争壁垒,加重发展中国家产品和服务的出口压力。伴随低碳绿色理念的深入普及,国内各地区也在低碳技术研发创新上加大投入,尤其是随着国家应对气候变化各项政策的推进,先行发达地区依托低碳技术推进本区域经济发展方式转变、提高经济低碳绿色含量的发展动向显著加强,低碳技术已然成为各发达地区抢夺未来区域竞争优势、形成国际竞争实力的重要技术法宝。依照 SWOT 分析法，江苏面临着国内外低碳技术发展的良好机遇期，拥有坚实的发展低碳技术的产业和人才基础，与此同时也要看到，江苏在低碳技术这一新兴技术领域还存在不少薄弱环节，面临着国内外先行者的竞争压力，因此发展低碳技术是江苏构筑未来竞争优势的内在要求，是时代的必然选择。

（二）低碳技术发展的原则

低碳技术作为新兴的群体技术，代表了未来发展的技术走向，因其新，所以发展过程中缺少成熟的技术铺垫和丰富的经验支撑，需要按照技术发展的科学规律，结合江苏产业基础、技术优势、发展重点，遵循积极稳妥的低碳技术发展原则，推进江苏低碳技术创新、产业化应用实现率先突破。

1. 重点突破。低碳技术具有良好的应用前景，但作为技术群，每项技术都有各自的应用范围和优势。江苏要在低碳技术发展上实现率先突破，必须摒弃均衡推进战略，集中资源重点突破江苏转型发展急需的、具有战略优势的技术，培育出主流低碳技术。要在三大低碳技术领域选择关键技术实行重点攻关，结合江苏能源资源小省的省情，短期内集中发展节能与能效提高技术，如煤炭、石油和天然气的清洁、高效利用技术，可再生能源和新能源技术，中长期内主要开展节能减排控制技术，如生物与工程固碳技术，先进煤电、核电等重大能源装备制造技术，二氧化碳捕集、利用与封存技术。

2. 技术领先。传统经济发展方式较难转变，一个重要的因素是既有技术结构催生、影响当前的产业结构，技术应用被锁定在原有发展模式中。江苏要发展低碳绿色产业，降低能源消耗和碳排放，构筑新经济发展模式，必须打破高碳技术锁定。较之高碳技术，低碳技术要在已有技术基础上挖掘碳减排潜力，需要高端引领，确保各项技术处于前沿。江苏发展低碳技术也必须有效保障技术的先进性，既研发创新先进技术，促进新兴低碳技术发展，又推动传统技术升级，实现节能减排、循环发展的推进。

3. 避免风险。作为新一轮创新性技术，低碳技术有着无与伦比的先进性和高效性，同时与所有新兴技术一样，也存在技术发展的风险性。江苏作为低碳技术发展的新秀，所面临的主导低碳技术路线是非完全确定的，缺少现成的成功经验可供模仿，在以往的市场换技术式的跟随和赶超战略发生失效后，必须同发达国家、地区一样面对技术的高度不确定性和巨大的研发投入。同时,江苏低碳技术发展还必须面临技术产业化后的市场需求不确定、非市场化竞争等风险。因此,江苏在推进低碳技术发展过程中,需要重视技术创新应用与技术风险的平衡,通过系统性措施克服技术不确定风险及各种外部风险。

4. 成本推动。在应用新技术的过程中,需要综合考虑技术的利用效率、成本、制约因素等各项影响环节,在低成本下获取技术使用的最大效益。低碳减排技术是新兴的产业技术,分布领域广泛,各项技术均有不同的减排效率和使用成本,据测算,如在建筑及家电、道路运输、高排放工业、电力、农林业 5 个部门推广应用 200 多项重大减排技术,到 2030 年全国最大技术减排潜力将达到 70 亿吨排放量,接近全国温室气体排放量的 50%,其中电力和高排放工业应用减排技术所达到的减排潜力占到总减排潜力的近三分之二,而要实现如此巨大的技术减排量,巨大的投资资金需求是必需的,尤其是随着减排技术措施的扩大实施和资金投入巨大的重大技术的应用,新增投资的规模相当可观,据测算全国未来 20 年中年均需新增资本投入 12000～16000 亿元。[1] 按照江苏在全国经济规模比例和投资的需求,未来江苏在 5 大领域的新增资本投入预计年均将达到 1500～2000 亿元,资金压力较大。

同时,温室气体排放控制都有相应的时间窗口,延迟减排一方面会与现有战略形成冲突,增加社会成本;另一方面因减排技术的拖延使用会导致基于“锁定”效应等因素形成的技术减排潜力的损失(见图 10-1),并因技术应用成本的上升带来减排成本的整体增大,因此江苏在发展低碳技术过程中必须考虑技术成本问题。面对巨大的技术投资需求和技术减排效率的差异性,江苏应综合考虑减排成本与减排效率之间的平衡,按照低碳技术的减排成本曲线依次有序推进低碳技术的发展和应用。低碳技术减排成本曲线见图 10-2。

---

〔1〕 麦肯锡公司. 中国的绿色革命——实现能源与环境可持续发展的技术选择[R]. 2009.

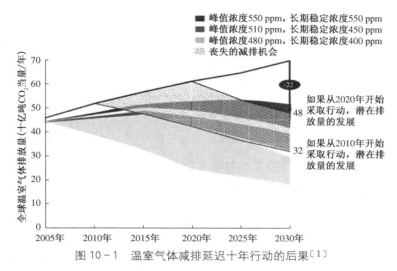

图 10-1 温室气体减排延迟十年行动的后果[1]

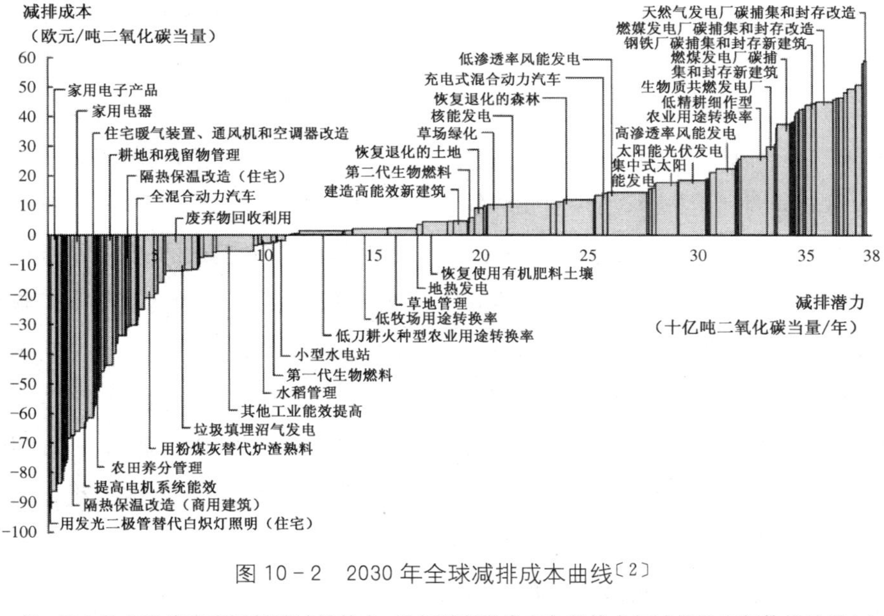

图 10-2 2030 年全球减排成本曲线[2]

注:每个长方形代表不同低碳减排技术,长方形宽度代表各项技术年减排温室气体排放量(十亿吨/年),长方形高度代表单位减排成本(欧元/吨)。

[1] Tomas Nauclér and Per-Anders Enkvist,通向低碳经济之路——全球温室气体减排成本曲线(2.0 版).

[2] 麦肯锡公司.中国的绿色革命——实现能源与环境可持续发展的技术选择[R]. 2009.

二、江苏低碳产业的技术发展重点

结合低碳技术发展类型和江苏转型发展的技术需求,江苏未来低碳技术发展就是围绕绿色能源技术、节能减排技术、二氧化碳捕获和封存技术三个方向有步骤有重点地予以推进。

（一）江苏低碳技术发展总方向

江苏要着眼于提升温室气体排放控制和低碳经济发展的科技支撑能力,提高能源供应保障水平,大力推进非化石能源技术和煤清洁化技术的研发创新,积极开发具有江苏优势的太阳光伏电池及其利用技术和太阳能光热发电技术、风力发电技术、生物质能发电技术,推动超临界和超超临界发电技术,推进绿色能源和可再生能源发展;着力加强化工、纺织、建材、机械、汽车、冶金、电力等重点行业高效清洁燃烧、工业余热利用、高效电机节能等工业节能领域技术研发,推进钢铁行业由高炉向电炉转变,加强高炉煤气的更好利用,在基础化工领域推广应用先进电动机,强化实施热电联产,大力推动水泥新型干法的普及利用,通过提高水泥质量降低混凝土中的水泥使用率,加强工业废弃物的处理和综合利用,大力发展城市固体废弃物和填埋气发电;强化建筑与基础设施节能技术、交通运输工具的节能技术和新能源利用技术,加快主要耗能领域的单项技术、系统集成技术以及共性关键技术的攻关,促进节能建筑标准的落实,加快建筑被动设计的实施,积极推广节能荧光灯和高效空调、冰箱等电器的使用,在居民生活、工业生产供热中实施热电联产,采取有效措施提升先进内燃机效率,大力推动混合动力车和纯电动车发展;加强林业管理,提升林业碳汇关键技术研发,积极推广垄作免耕技术、灌溉节水技术、有机施肥技术、虫害防治技术、农作物育种关键技术、禽畜养殖技术、沼气工程技术、秸秆利用技术等低碳农业技术[1];推进工业固碳、农业固碳、生物固碳工程技术,积极开展二氧化碳捕集、利用与封存技术研究。[2]

（二）江苏关键低碳技术发展

1. 绿色能源技术

江苏绿色能源技术重点是围绕化石燃料清洁化利用技术和太阳能光伏技术、

---

[1] 徐玖平,卢毅. 低碳经济引论[M]. 北京:科学出版社,2011.

[2] 麦肯锡公司. 中国的绿色革命——实现能源与环境可持续发展的技术选择[R]. 2009.

风电技术、生物质能技术、核电技术等可再生能源技术以及智能电网等核心关键技术进行攻关，集中突破高效率低成本光伏发电装备、大规模高性能风力发电装备、生物质能成套装备和核电配套装备等关键技术。

（1）化石燃料清洁化利用技术。传统化石能源利用带来了大量的碳排放，未来要有效控制温室气体排放，必须有效推动化石能源清洁发展，提升化石燃料的清洁化利用水平。结合江苏能源利用结构，着力推进以煤为主的传统能源清洁化利用技术的研发、推广，重点推动煤洁净燃烧技术、整体煤气化联合循环技术、热电联产技术、余热余压发电技术等技术应用，有序推动天然气对煤炭的替代，稳步发展天然气发电。

（2）可再生能源技术

① 太阳能光伏技术。作为江苏重要的战略性新兴产业，光伏产业在国内新能源领域独占鳌头，未来江苏光伏产业将以高纯多晶硅、高效低成本晶硅电池和薄膜电池、集成系统与设备、电站控制系统、生产装备及配套材料为重点，着力提升光伏产品性能。江苏太阳能光伏技术应以光伏产业发展重点找准定位，着力突破硅烷法、物理法等高纯多晶硅提纯工艺技术和关键装置、大面积超薄硅片和浆料回收利用、太阳能并网发电和平衡调度等关键技术。

② 风电技术。江苏海上风能资源丰富，风电发展潜力巨大，对风能装备产品的需求规模潜力可观。江苏应结合风电装备发展需求，集中开展大型离岸海上风电升压站建造及送出技术、海上风电机组发电机、叶片、大功率齿轮箱、塔筒和轴承等关键零部件技术、6～10兆瓦大型风电机组的关键技术、超大型风电机组智能控制技术及大型风力发电机设计与优化、大型风电机组整机与关键部件的检测等关键技术研发。

③ 生物质能技术。生物质能技术要解决重点装备技术和发电技术，着力解决生物质气体、液体和固体燃料等新型能源产品制造工艺，突破生物柴油、生物乙醇、合成燃料等新一代液体燃料制备、生物燃气重整和净化、低成本低能耗固体燃料成型制造等关键技术，积极推进大型畜禽养殖场、大型生物质利用企业工业废弃物或副产物的沼气发电、木材加工废弃物的热电联产、垃圾焚烧发电和填埋气发电技术创新。

④ 核电技术。核电技术要在核电关键零部件和核电专用设备研发上下工夫,重点研发核电站用压力容器、蒸发器、稳压器、阀门、管道、主泵以及数字化控制系统设计制造技术。核电关键零部件要以核电用大锻件、核级主管道、核级不锈钢无缝钢管及管件、核级钛合金管道及管件、核级传热管、核级电缆、核级海绵锆、核级各类阀门、全封闭组合开关、核电站专用泵、核动力蒸汽发生器传热管材等为研发重点。核电专用设备在核电站自动控制设备、核电用超高压交直流输变电成套设备、大型高效节能变压器等控制系统研发方面进行推进。

⑤ 分布式能源技术。积极推动供能方式革新,大力发展分布式能源技术,重点是推进天然气分布式能源技术、可再生分布式能源技术、利用可再生能源的楼宇型和区域型分布式能源技术等技术需求发展,推广应用制约可再生能源分布式利用的分布式能源系统微型电网技术,提升能源利用效率。

(3)智能电网技术。按照消纳区外来电、调峰能力及新能源(含分布式能源)接入、能源消费总量控制总体要求,推进智能电网关键技术发展,实现智能电网技术整体达到国内外领先水平。要突破制约智能电网发展的关键技术,重点在电网智能控制技术、发电厂自动控制及新能源接入电网关键技术、输变电装备制造关键技术、配电自动化及智能微网关键技术和智能用电关键技术等环节进行攻关。

2. 节能减排技术

节能减排是指节约物质资源和能量资源,减少废弃物和环境有害物排放。节能减排技术要从提高能效、减少环境有害物排放两个方面进行。

(1)提高能效技术。能效提高关键在于用能设备和用能产品的用能效率,要在工业节能技术和家用商用节能技术上开展低碳技术的研发创新。对于工业节能技术,重点是在锅炉窑炉节能、电机及拖动系统节能、余热余压利用领域展开,按照上述领域积极推进燃煤工业炉窑节能改造技术,工业余热、燃气轮机余热、生物质发电等节能锅炉技术,大功率稀土永磁无铁芯电机技术,高压直流输变电技术,高压变频调速、静态无功补偿等节电技术,与变频调速等技术相结合的水泵、风机、压缩机、电动机等系统节能技术,钢铁、石化、建材等行业余热发电成套工程化技术,吸收式热泵、低温强化换热器等关键技术,在线能源计量、检测技术。对于家用商用节能技术,重点推进节能产品的技术研发,如半导体照明与照明节能控制技术,流程工业能量系统优化技术,能量转换系统效能提高及改造技术,仿真节能控制技术,新型窑炉、管网、墙体、屋面等保温材料技术等。

（2）新能源汽车技术。在整车、电池、电机、电控关键领域,重点突破关键技术。以纯电动和混合动力汽车为核心,把动力电池及管理系统技术、驱动电机及系统控制技术、整车电控技术、整车匹配技术、车载充电技术、电空调技术、电转向技术、电制动技术作为重点,积极开发发动机技术、动力耦合技术、自动变速箱技术。在动力电池领域,集中攻关电池分选和一致性技术、电池可靠性和耐久性设计技术、电池成组连接技术和电管理、热管理、充放电、安全防护技术。

（3）环保技术。围绕电力等行业脱硫脱硝、生物脱氮除磷、高浓度有机废水处理、农村污水处理、污泥和垃圾渗透液处理处置,大力推进电力烟气脱硫脱硝成套技术、建材和钢铁行业脱硫脱硝、有动力膜生物反应器、选择性催化还原氮氧化物控制等技术发展。

（4）资源循环利用技术。重点推进废旧家电、电子信息产品、汽车、废铅酸电池等废弃资源及有色和稀贵金属回收再利用技术创新,积极推进高浓度有机废水及焦炉、高炉、转炉煤气回收和资源化利用等技术,提高工业林业固体废弃物综合利用率。

3. 二氧化碳捕集、利用与埋存技术

该技术是指将各大型排放源所产生的二氧化碳收集起来,并用各种方法储存以避免其排放到大气中的一种技术,包括二氧化碳的捕集技术和二氧化碳的埋存技术。二氧化碳的捕集技术分为物理法、化学法和生物吸碳法,但常用的是物理吸附法和生物吸附法。二氧化碳的埋存技术以人类现有能触及的领域为边界,包括陆地埋存、地下埋存、海洋埋存、森林埋存,江苏苏北具有良好的采煤层、含盐层等地质条件,开展地质封存的空间较大,油田二氧化碳存储技术在江苏也有一定的实施条件,根据江苏省有色金属华东地质勘查局和南京大学表生地球化学教育部重点实验室对苏北盆地油田封存二氧化碳潜力进行的探索,苏北油田封存二氧化碳的潜力较大,未来可在二氧化碳驱油技术方面深入挖掘。二氧化碳捕集、利用与埋存技术总体上仍处于初期发展阶段,江苏要推进低能耗的燃烧前、燃烧后及富氧燃烧、碳捕集流程工艺及关键技术的研发,开展埋存选址、泄漏风险评估与处理、测量与监测等关键技术的研究,加强二氧化碳在化工利用等领域利用技术的研发,实现重点行业二氧化碳捕集、利用与埋存技术的突破。

第十一章　低碳能源发展:可持续的
能源供给模式

　　煤炭、石油是传统工业的血液。传统产业发展模式依赖于化石能源的技术经济体系和利益链条。在这种发展模式下,能源、资源投入和产出、效益线性相关,企业发展依赖于要素规模投入。如此,企业产能规模越来越大,能源原材料成本越来越昂贵,企业越来越依赖于高碳发展的路径。工业化经济受此正反馈机制的影响,就很难从高碳锁定境况中摆脱出来。因此,要建立高效低碳的现代产业体系,首要任务是大力发展清洁能源和新能源,建立高效低碳的能源产业体系。

第一节　低碳能源的内涵及现状

一、低碳能源的内涵

　　能源是经济社会发展的动力源泉,低碳能源在现代产业体系构建和发展中扮演着重要角色。不同形式能源的单位热值所含碳的数量相去甚远,其燃烧所产生的二氧化碳排放效应也不尽相同。低碳能源是相对高碳能源而言的概念,是指一种含碳分子量少或没有碳分子结构的能源,广义地说是一种绿色能源,它可减少温室气体排放,兼顾对社会性污染排放的减少,是减缓气候变化的关键举措。

　　从分类来看,低碳能源包括两类:一是煤炭、石油、天然气等化石能源的清洁利用,特别是煤这种高碳能源的低碳化转型利用;二是新能源和可再生能源,包括水能、核能、风能、太阳能、地热能、海洋能和生物质能等能源。

表 11-1　各种发电方式下每千瓦·时排放 CO_2 折合碳[1]

单位:g

发电方式	燃煤	燃油	天然气	核能	水力	风能	光能	地热
燃料排放	246	188	138	——	——			——
设备运行排放	24	12	40	5.7	4.8	33.7	34.7	6.3
总排放	270	200	178	5.7	4.8	33.7	34.7	6.3

化石能源主要包括煤、石油和天然气这三种,其中煤含碳量最高,石油次之,天然气最小。相对于煤炭来讲,石油和天然气就属于低碳能源。

生物质能包括农作物秸秆等植物性燃料,燃烧过程也释放出大量的温室气体。但植物性燃料中的碳是绿色植物通过光合作用吸收大气中的二氧化碳而固定的。由于植物是可再生的,燃烧释放后又可以吸收固定碳。如果吸收固定量与燃烧释放量相等的话,生物质能是属于碳中性的,不会增加温室气体排放。新能源包括风能、太阳能、水能、核能、地热能等,这些能源在产生能量和消费的过程中没有碳原子的参与,不产生二氧化碳。当然,与新能源生产相关的设备需要消耗能源,涉及温室气体排放,如核电厂所用的水泥钢材和风力发电机的生产。但新能源所生产和供给的热值远高于相关设备生产所需要的能源。与化石能源一样,新能源可满足经济社会发展所需要的热值,但没有温室气体排放,属于无碳能源。

能源发展转换的规律,就是从高碳到低碳,最后走向无碳。无碳能源相对于传统能源,具有污染少、储量大的特点,对于解决当今世界严重的环境污染问题和资源(特别是化石能源)枯竭问题具有重要意义[2]。

二、国外低碳能源发展情况

2010年,全球能源消费中,化石燃料(原油、天然气、原煤)占了88%,核能占了5%,水能(包括小水电)占6%,可再生能源约占1%(见图11-1)。与2009年相比,化石燃料占比增加了10个百分比,水能占比增加了3个百分比,核能及其他可再生能源占比基本持平。

[1] 资料来源:http://wenku.baidu.com/view/6c76077d1711cc7931b71661.html.

[2] 刘灿伟. 我国低碳能源发展战略研究[D]. 济南:山东大学,2010.

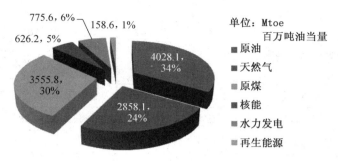

图 11-1　2010 年全球能源消费结构[1]

（一）新能源持续快速增长

2007—2010 年,全球新增可再生能源项目投资分别为 1040 亿美元、1300 亿美元、1600 亿美元和 2110 亿美元,呈稳定上升态势。根据彭博新能源财务公司(BNEF)报告显示,2010 年全球可再生能源(电力和燃料)的投资破纪录,投资总额超过 2110 亿美元,比 2009 年的 1600 亿美元增长 32%,约为 2004 年的 5.5 倍。其中,中东和非洲地区投资 50 亿美元,同比增长 104%;中南美洲 131 亿美元,同比增长 39%。风力发电投资额达 947 亿美元,太阳能为 261 亿美元,生物质能为110 亿美元。

到 2010 年底,全球发电累计装机容量约 1320 GW。其中,水电发电装机容量 1010 GW,风能发电装机容量 198 GW,光伏并网发电累计装机容量 40 GW,太阳能热利用约为 185 GW,生物乙醇产能 860 亿升,生物柴油 190 亿升(见表 11-2)。

表 11-2　2007—2010 世界可再生能源发展概况[2][3]

指　标	单位	2007	2008	2009	2010
新增可再生能源投资	亿美元	1040	1300	1600	2110
可再生能源发电装机容量(只包括小水电,累计)	GW	210	250	305	312

〔1〕　BP. Statistical Review of World Energy 2011[EB/OL],bp. com/statisticalreview.

〔2〕　REN21. 2010. Renewables 2010 Global Status Report (Paris:REN21 Secretariat).

〔3〕　REN21. 2011. Renewables 2011 Global Status Report (Paris:REN21 Secretariat).

续　表

指　标	单位	2007	2008	2009	2010
可再生能源发电装机容量（全部水电，累计）	GW	1085	1150	1230	1320
水力发电累计装机容量	GW	920	950	980	1010
风力发电累计装机容量	GW	94	121	159	198
光伏并网发电累计装机容量	GW	13	16	23	40
光伏并网发电新增装机容量	GW	3.7	6.9	11	24
太阳热利用（累计）	GWth	125	130	160	185
乙醇产能（年）	亿升	530	670	760	860
生物柴油（年）	亿升	100	120	170	190

（二）新能源覆盖面不断扩展

近几年,在发达国家加快发展新能源产业的同时,发展中国家也在新能源开发力量投入方面加大了力度,在制定政策、投入经费占国民收入的比重方面甚至超过了发达国家,新能源发展占比也越来越高,总发电能力已经超过全球新能源发电能力的一半。当前,中国在新能源市场增长已领先于世界。印度总风力发电能力在世界上排名第五,并呈现迅速扩大态势,特别是在农村新能源发展方面,如沼气和光伏发电;巴西已成为全球第一大乙醇燃料生产国,同时还在努力发展新的生物质能,增加风力发电设施研发与生产。阿根廷、哥斯达黎加、埃及、印度尼西亚、肯尼亚、坦桑尼亚、泰国、突尼斯和乌拉圭等国新能源市场也在快速增长。

随着新能源技术不断发展和传统化石能源日益短缺,新能源发展进入一个多样性的新时代。如风力发电在 20 世纪 90 年代只局限于少数国家,只有在美欧少数发达国家小规模使用和发展,截至 2010 年已有 82 个国家开展风电业务,其中澳大利亚、加拿大、日本、中国、印度和巴西等国在近几年有明显增长,拓展技术呈现多样性。中东、北非和撒哈拉以南非洲至少 20 个国家的新能源市场也十分活跃,在低碳经济发展的大背景下,与发达国家站在同一起跑线上同步发展低碳新能源,这进一步增强了发展中国家推动新能源发展的信心。与此同时,新能源制造业的领袖正在从欧洲转向亚洲,如中国、印度和韩国等国承诺继续使用新能源,并大力发展新能源产业。可以断定，全球新能源的发展趋势是逐步从化石能源的补充地位向替代地位转变，最终将成为能源供应的主力。

三、国内低碳能源发展概况

从全球范围看，今后相当长时期内，煤炭、石油等化石能源仍将是能源供应的主体，我国也不例外。在发展新能源的同时，我国注重统筹化石能源开发利用与环境保护，加快建设先进生产能力，淘汰落后产能，大力推动化石能源清洁发展，实现节能减排，新能源步入全面、快速、规模化发展的重要阶段。

（一）绿色新能源快速发展

1. 太阳能。我国幅员辽阔，太阳能辐射量差距较大，年辐射总量在 860～2080 kW·h/m² 之间，直接辐射年总量在 230～1500 kW·h/m²，年平均直射比 0.24～0.73，年日照时数 870～3570 小时。全国 90％以上的陆地属于太阳能资源较丰富区。随着技术进步，光伏发电的装机容量快速增加。我国已形成了具有国际竞争力的太阳能光伏发电产业链，光伏电池制造技术处于全球先进水平，光伏电池产量位居全球第一。在大型光伏电站特许权招标和"金太阳示范工程"推动下，国内太阳能发电市场开始启动，规模化应用的格局正在形成。我国太阳能热水器产业已进入商业化运行阶段，在广大城市和农村建筑应用广泛，产业经济效益良好，市场化程度不断加深，太阳能热水系统安装总量世界第一。2011 年，太阳能光伏新增装机 210 万千瓦，累计装机达到 300 万千瓦。全国城镇太阳能光热建筑应用面积达 21.5 亿平方米，浅层地能建筑应用面积 2.4 亿平方米，已建成及正在建设的光电建筑应用装机容量达 127 万千瓦。

2. 风能。根据中国气象局第三次全国风能资源普查结果，我国陆地 10 米高度层风能资源理论可开发量为 43.5 亿千瓦、技术可开发量为 2.97 亿千瓦。我国的风能资源有两个特点：一是风能资源季节分布与水能资源互补，我国风能资源丰富，但季节分布不均匀，一般春、秋和冬季丰富，与水能资源季节分布刚好互补，大规模发展风力发电可以在一定程度上弥补我国水电冬春两季枯水期电力和电量的不足；二是风能资源地理分布与电力负荷不匹配，沿海地区电力负荷大，风能资源丰富的陆地面积小，西部地区风能资源丰富，电力负荷却很小，给风电的经济开发带来一定困难。自 2000 年以来，我国新增风机台数及装机容量均呈快速上涨态势。2011年,风电并网容量新增1600万千瓦,居全球第一,并网风电发电量800亿千瓦·时。

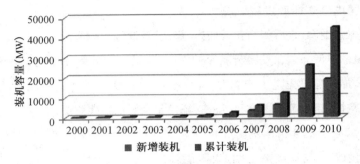

图 11-2 2000—2010年我国风电装机容量

3. 水能。我国水能资源理论蕴藏量约为5.7万亿千瓦·时/年,居世界首位。水能资源大部集中于西南地区,其次在中南地区,经济发达的东部沿海地区的水能资源较少。水电是目前技术成熟和最具有经济性的可再生能源,近几年保持快速稳定发展,我国三峡、拉西瓦、龙滩等大型水电工程陆续建成投产,五年投产装机容量约1亿千瓦。2011年,水电装机新增1400万千瓦,累计达到2.3亿千瓦,在建规模5500万千瓦,新开工装机规模1260万千瓦,发电量6626亿千瓦·时。水电的快速发展为保障能源供应、调整能源结构、应对气候变化以及促进可持续发展做出了重要贡献。

4. 生物质能。我国生物质能分布十分广泛,理论资源量超过50亿吨标准煤。主要包括农作物秸秆、薪柴、禽畜粪便、生活垃圾、工业有机废渣与废水等。农作物秸秆年产量约6亿吨,林业废弃物年可获得量约9亿吨,甜高粱、小桐子、黄连木、油桐等能源作物可种植面积达2000多万公顷,可满足年产量约5000万吨生物液体燃料的原料需求。我国已基本掌握了利用农林生物质、城市垃圾、致密成型生物质燃料等的发电技术,大中型沼气技术日益完善,农村沼气应用范围不断扩大,木薯、甜高粱等非粮生物质制取液体燃料技术取得突破,木薯制取液体燃料开始了规模化利用,万吨级秸秆纤维素乙醇产业化示范工程进入试生产阶段。2011年,各类生物质发电装机600万千瓦,发电量300亿千瓦·时。

5. 其他新能源。近年来,我国浅层地温能在建筑领域的开发利用快速发展,

2011年,地热能发电装机2.42万千瓦,海洋能发电装机0.6万千瓦,地热、海洋能发电量1.46亿千瓦·时。中低温地热、潮汐能、波浪能、潮流能等尚处于技术研发和小型示范应用阶段,目前已有较好的技术储备,具有较好的发展潜力。

（二）化石能源清洁利用深入发展

1. 发展能源科技。我国是煤炭消耗大国,煤炭清洁化利用具有十分重要的意义。我国大力发展低阶煤净化提质、褐煤干燥等煤炭清洁利用技术,具有世界先进水平和自主知识产权的煤炭直接液化、煤制烯烃技术取得突破,培育发展了一批规模以上大型煤炭企业和现代化的安全高效矿井,全国采煤机械化程度达到60%以上,井下600万吨综采成套装备全面推广,煤炭资源得到高效安全开发。建成了比较完善的石油、天然气勘探开发技术体系,推进深海油气田开发建设,复杂区块勘探开发、提高油气田采收率等技术在国际上处于领先地位,3000米深水钻井平台建造成功,千万吨炼油和百万吨乙烯装置实现自主设计和制造。

2. 改善用能条件。推进石化行业能源利用清洁化工程,改善用能调节,提高用能效率。2006年以来,我国石化行业对石油天然气开采过程中的共、伴生矿产资源,煤炭开采过程中伴生的煤层气资源,工业生产过程中产生的"三废"和余热、余压,消费过程中产生的废旧轮胎和废塑料等均积极地开展了综合利用工作。在利用农业废弃物秸秆生产燃料乙醇、利用废弃地沟油生产生物柴油等方面也取得了重大进展。工业废水、废液的回用节约了宝贵的水资源,煤层气、焦炉气、二氧化碳、化工废气等的综合利用实现了变废为宝和减排增效,磷石膏、电石渣、煤矸石、炉渣、氨碱法白泥等固体废物的综合利用,这些举措都有效转变了能量变废为宝和能源综合利用的问题,为化石能源清洁利用打开了新局面。

第二节　江苏低碳能源发展情况

江苏紧紧围绕富民强省、"两个率先"目标,以控制碳排放为基本目标和强制性约束条件,推进清洁绿色低碳能源快速发展,减少温室气体排放,为低碳经济发展提供了有力保障。

一、江苏传统化石能源清洁化利用情况

(一)主要成绩

1. 优化能源结构。在稳定煤炭生产、增加煤电供应的同时,突出加强核能利用,加大可再生能源开发力度,优化能源结构。2010 年,全省一次能源生产总量 2700 万吨标准煤,其中化石能源 1789 万吨标准煤,非化石能源 911 万吨标准煤,分别占 66.3%和 33.7%;可再生能源 405 万吨标准煤,占一次能源生产总量的 15%。全省一次能源消费总量中,煤炭、石油、天然气和非化石能源分别占 75.4%、15.5%、3.5%和 5.5%;可再生能源占 3%。到"十一五"末,非煤发电装机并网规模达到 1024 万千瓦,5 年净增 700 万千瓦,占全省发电装机的比重由 7%上升到 15.9%;太阳能光热利用建筑面积达到 6887 万平方米。电力消费结构继续优化,服务业和居民用电占比上升。

2. 提高火电机组效率。江苏绝大多数省辖市都建立了节能监察机构,为全省推动节能及化石能源清洁使用提供技术支持。江苏出台《节能减排工作实施意见》,设立节能减排专项资金用于减排项目的贴息补助,推进"上大压小",累计关停小火电机组 728.6 万千瓦。加快大容量、高参数、低排放发电机组建设步伐,60 万千瓦及以上机组占比由"十五"末的 12.8%提高到"十一五"末的 46.2%。燃煤电站供电煤耗由 350 克下降到 322 克,低于全国平均水平 13 克。加强电网建设与改造,降低电网损耗,全省线损率由 8.7%下降到 7.6%。加强能效电厂建设,推进合同能源管理,提高用户能效。坚持"以热定电"原则,推进热电联产建设和区域供热方式优化,提高综合热效率。按不变价计算,全省万元地区生产总值能源消费由 2005 年的 0.923 吨下降到 2010 年的 0.734 吨,累计下降 20.45%(见表 11 - 3)。

表 11 - 3　2006—2010 年江苏万元地区生产总值能耗变动情况

地区	单位	2006 年	2007 年	2008 年	2009 年	2010 年	2011 年
全国	吨标煤	1.241	1.179	1.118	1.077	1.032	1.011
江苏	吨标煤	0.891	0.853	0.803	0.761	0.734	0.708

数据来源:全国数据依照统计年鉴、统计公报推算;江苏数据 2006—2011 年来自国家统计局等三部门公报。

（二）存在问题

1. 能源消耗格局仍呈现"高碳"特征。目前,在江苏经济结构中,重工业仍占主导地位,统计数据显示,2011 年,江苏三次产业增加值比例为 6.3∶51.3∶42.4,第二产业增加值为 25023.8 亿元,增长 11.7％,增速高于一、三产业。其中,规模以上重工业生产总值约 67544.02 亿元,占规模以上工业总产值的 73.4％,工业企业特别是重工业企业的能源消耗结构比较单一,大量依赖煤炭,而由于煤炭的二氧化碳排放强度较高,致使江苏能源消耗状况以"高碳"为主。近年来,煤炭在一次能源中的比重不降反增,占到近 80％,而石油、天然气所占比重增长缓慢。因此,江苏能源消费仍以煤为主,"高碳"特征突出。

2. 能源供应仍呈现"紧张"局面。煤炭作为江苏经济发展的重要物质基础,为江苏工业提供了 90％以上的动力,在江苏省一次能源构成中占主导地位。但江苏煤炭资源十分匮乏,可采储量仅占全国的 1.2％,绝大部分要依靠省外调进,自给率甚低。此外,江苏电力供应也相当紧缺。江苏电力消费总量从 2004 年的 1452 亿千瓦·时上升到 2010 年的 3117 亿千瓦·时,6 年增加了 1.14 倍。而电力消费的增长主要来自第二产业用电量的增长,其增长量超过全社会用电增长量的 85％,其中,第二产业用电量的 98％以上都是工业用电。

二、江苏新能源开发利用情况

江苏碳汇、清洁资源较丰富,拥有发展新能源产业的先天条件。首先,江苏地处我国风能资源丰富区域,实际可开发量居全国第七位,拥有 954 公里海岸线,海岸线以外领海及毗连区约 4 万平方公里,其中大片浅海沙洲最适合发展风能发电。其次,江苏的太阳能资源也较丰富,开发利用太阳能的空间巨大。再次,江苏湿地资源约 215.7 万公顷,占全省国土面积的 21.5％,是全国湿地资源最丰富的省份之一。而湿地在吸收、固定二氧化碳中均有重要的作用。最后,江苏地热资源优越的地区达 3.9 万平方公里,占全省总面积的 38％,可采资源量折合标准煤达 56 亿吨,开发潜力巨大。江苏省还拥有核电站,核能在能源结构中的比重增大,有利于建立低碳经济体系。此外,除了具有低碳资源上的优势,江苏在开发新能源和节能减排领域也具有良好的技术基础。低碳经济能否发展,很大程度上取决于低碳技术和低碳产品的研发、储备及产业化。目前苏南地区的企业、高校、科研机构等在先进低碳技术的研发上非常活跃,着力发展新能源高新技术,形成整体集聚和规模效应,以低碳技术的研发推动低碳经济的发展。

（一）光伏

江苏是光伏产业第一大省,发展势头强劲,技术达到国际先进水平,是我国光伏产业发展的主导力量,在世界光伏领域具有举足轻重的作用。一是光照资源较丰富。江苏平均年日照数为 1400～3000 小时,太阳能资源年理论储量为每平方米 1130～1530 千瓦·时,每年每平方米地表吸收的太阳能相当于 140～190 公斤标准煤热量,太阳能资源比较丰富,开发利用前景较为广阔。二是有一定的土地资源。江苏沿海及苏北地区有大面积滩涂资源和一定面积不适合农作物、树木生长的山坡荒地,适合发展地面光伏发电项目。三是屋顶及建筑物资源较大。江苏城市建筑屋顶面积为 9.7 亿平方米,加上农村屋顶面积 3.1 亿平方米,按照 40% 的屋顶面积可有效用于光伏发电,2010 年我省总计可用于光伏发电的屋顶面积达 5 亿平方米,装机容量能达到 30 GW 以上。此外,全省建筑物的南立面近 6 亿平方米可建光伏建筑一体化电站,装机容量约为 15 GW。

目前,我省企业已在国内建设光伏电站 12 个,容量约 2.9 兆瓦;正在推进示范(试验)电站项目 5 个,容量 4 兆瓦。电站的形式有地面、屋顶、建筑一体化三种。主要特点包括:一是在国内起步较早。常州天合先后承建了我国第一座太阳能光电样板房、西藏 40 座独立光伏电站和江苏第一座 10 千瓦光伏电站——天合太阳能屋顶电站,为江苏光伏发电积累了一定的技术经验,较好地发挥了带动示范效应,推动了全省光伏企业、电力设计单位、电力投资运营商加快开展规模化光伏发电。二是培育了一批实力较强的光伏电站建设企业。目前,江苏已有一批在国内较有影响的光伏电站建设单位,包括无锡尚德、常州天合、江苏新能源、江苏林洋、南通强生、中环工程、江苏百世德等,这批企业参与了江苏和上海、浙江、北京等地的电站工程,能够承建地面、屋顶、建筑一体化等形式的光伏电站。三是建成了一批在国内有影响的光伏发电项目。由无锡尚德研发并安装在北京奥运会主体育场鸟巢建筑上的 1 兆瓦光伏电站,成为奥运会工程的亮点,是世界上最大的单体建筑一体化太阳能电站。江苏新能源正在淮安建设 1.5 兆瓦电站,是国内较大的屋顶电站工程。

（二）太阳能热利用

近几年，江苏出台了一整套太阳能热利用资金、税收等扶持政策，大力发展太阳能热利用产业，培育了一批大型的太阳能热利用企业。截至 2010 年年底，全国共有 2800 家太阳能利用企业，其中江苏太阳能热利用企业达 250 家，约占全国总数的 9％，位列全国第三。

1. 太阳能热水系统工程市场快速发展。江苏省建设厅下发了关于加强太阳能热水系统推广应用和管理的文件（苏建科〔2007〕361 号和苏建科〔2008〕353 号）后，江苏太阳能热水器生产企业以建设绿色江苏为抓手，开拓太阳能热水系统工程，取得良好的经济效益和社会效益，得到社会各界的好评。到 2011 年年底，部分太阳能热利用企业在工程热水系统的营销额已经占到整体营销额的 40％，较之以前整体上只有 5％～15％的比重而言，这种增长可谓突飞猛进。可以预见，在完成对销售终端最大化下沉后，江苏的城市建筑热水工程市场必将成为各品牌的必争之地。

2. 太阳能热水器与建筑一体化取得明显成效。江苏率先通过政策法规明确了"12 层以下建筑强制安装太阳能热水器"的规定，为配合该政策法规的顺利落地，江苏优化管理体系，注重检查政策法规的实际效果。太阳能热水器与建筑一体化的市场主要集中在城镇，特别是江苏新农村建设中居民集中居住房的建设，为太阳能热水器与建筑一体化的开发提供了新的契机，江苏太阳能热水器市场迅速被激活。2009 年，国家财政部和商务部联合发布了太阳能下乡招标文件，太阳能热水器正式被纳入"家电下乡"计划，这项政策进一步激励了太阳能热利用产业的发展，同时也为各企业搭建了一个良性竞争平台。

（三）风电

江苏以风电场的规模化建设带动风电装备产业化发展，通过项目试点、示范引导等措施，推动风电产业标准化、系列化和规模化发展，逐渐成为国家级风力发电和风电装备制造业示范基地。2007 年，国家发改委发布了《可再生能源中长期发展规划》，提出在经济发达的沿海地区建设大型和特大型风电场，江苏是该规划中的重点发展地区。2008 年，江苏出台了《江苏省风力发电装备发展规划纲要》，2009 年，江苏省委、省政府提出全面建设"海上三峡"的战略，出台了《江苏沿海地区发展规划》、《江苏省新能源产业调整和振兴规划纲要》等一系列政策,鼓励发展以风电产业为主的新能源产业。

自 2003 年开始,国内进行了 5 期风电项目特许权招投标,江苏涉及前三期,一期装机容量 100 兆瓦、二期装机容量 150 兆瓦、三期装机容量 865 兆瓦,3 期合计 8 个风电场,总装机容量达到 1215 兆瓦,总投资 121.43 亿元。一、二期有 1 个风电场,已经全部投产。三期有 6 个风电场在建,部分机组已经并网发电,拟建风电场 5 个,装机容量达 470 兆瓦,在"十一五"期间相继完成投产(见表 11 - 4)。上述 13 个风电场主要分布在连云港、盐城、南通三市。2009 年国家发改委出台了《关于完善风力发电上网电价政策》,规定风电标杆上网电价,四类资源区风电标杆电价水平分别为每千瓦·时 0.51 元、0.54 元、0.58 元和0.61元。

表 11 - 4 2006—2010 年江苏省各风电场发电量情况

单位:万千瓦·时

项目名称	2006	2007	2008	2009	2010	上网电量累计
联能如东风电场	0	2647	9649	19000	19000	50296
国华如东风电场	0	800	15000	25000	40000	80800
龙源如东风电场	482	17523	27808	41800	55000	111813
龙源启东风电场	0	0	5409	21000	21000	47409
中电投大丰风电场	0	0	5000	26000	40000	71000
响水三峡风电场	0	0	0	15000	30000	45000
华能启东风电场	0	0	0	16000	20000	36000
国信东凌风电场	0	0	0	6000	14000	20000
合计	482	20970	62866	169800	239000	462318

数据来源:根据《蓬勃发展中的江苏沿海风力发电产业》(高金锐,电器工业 2009 - 6)相关内容整理。

(四)生物质能

近年来,江苏省采取积极举措,大力发展生物质能产业,取得了明显的成效。然而,由于政策法规不健全、行业标准缺乏、技术水平不高等因素的影响,江苏省生物质能产业的发展还面临一些难题,亟待解决。

江苏省人口众多,气候适宜,雨量充沛,农牧业发达,有着丰富的农作物秸秆及薪柴和各种有机废弃物等生物质能资源。近年来,江苏年产秸秆量基本稳定在4000万吨左右,折算成标煤约有1820万吨,秸秆综合利用率59%,资源量位居全国第四[1]。薪柴、农村沼气、城市填埋气发电均取得一定的发展。2011年,全省新能源实现装机429万千瓦(不含核电),生物质发电机组为71万千瓦,约占1/6。秸秆沼气、集中气化、固化成型发展较快。全省建成农村户用沼气65万户,秸秆气化集中站223处,秸秆固化成型燃料94万吨。高邮林源5 MW气化发电项目成功投产,成为国内规模最大、技术最为先进的气化发电项目。

(五)核能

江苏田湾核电站是中国三大核电基地之一,发展核电是江苏开发利用低碳新能源的重要举措。虽然经历日本福岛核危机以后,部分发达国家(如德国)限制发展核电。但作为重要、稳定而清洁的低碳能源,核电仍是不可缺少的重要组成部分。2007年,江苏田湾核电站一期工程1、2号机组正式投产使用,两组核电机组年发电量达到2120兆瓦,在全国处于领先地位(见表11-5)。目前,3、4号机组已通过核准,正在进行紧张的修建,其中3号机组FCD前现场准备工作已顺利通过检查。

表11-5 我国建成投运核电机组统计表

核电厂名称		反应堆类型	额定功率（兆瓦）	商业运行日期	营运单位
秦山一期		压水堆	310	1994/4/1	中核集团
秦山二期	1号机组	压水堆（CNP650）	2×650	2002/4/15	中核集团
	2号机组			2004/5/3	
秦山三期	1号机组	重水堆（CANDU6）	2×700	2002/12/31	中核集团
	2号机组			2003/7/24	
大亚湾	1号机组	压水堆（M310）	2×984	1994/2/1	中广核集团
	2号机组			1994/5/6	

---

[1] 江苏省政府办公厅,《江苏省农作物秸秆综合利用规划(2010—2015)》,2009年。

核电厂名称		反应堆类型	额定功率 （兆瓦）	商业运行日期	营运单位
岭澳一期	1 号机组	压水堆 （CPR1000）	2×990	2002/5/28	中广核集团
	2 号机组			2003/1/8	
田湾一期	1 号机组	压水堆 （VVER）	2×1060	2007/5/17	中核集团
	2 号机组			2007/8/16	
岭澳二期	3 号机组	压水堆 （CPR1000）	1×1080	2010/9/20	中广核集团
秦山二期扩建	3 号机组	压水堆 （CNP650）	1×650	2010/10/21	中核集团

数据来源：http://www.shhdb.gov.cn/zghd.htm（数据截至 2011 年 12 月）。

第三节　江苏省低碳能源发展前景

一、全球低碳新能源发展前景展望

在化石能源供应日趋紧张的背景下,世界各国均努力寻求稳定充足的能源供应,其中促进化石能源清洁应用、大规模地开发利用可再生能源已成为未来各国能源战略中两个重要组成部分。除了探索新化石能源开发利用技术、降低能源损耗等方式和手段之外,发展可再生能源是必然选择。

从可再生能源的利用与发展趋势看,风能、太阳能和生物质能发展最快,产业前景最好,其开发利用增长率远高于常规能源。太阳能是人类取之不尽用之不竭的可再生能源,也是清洁能源。从理论上看,太阳能每秒钟到达地面的能量高达 80 万千瓦,如转化为电能,则每年的发电量相当于目前世界上能耗的 40 倍。此外,太阳能具有充分的清洁性、绝对的安全性、相对的广泛性、确实的长寿命和免维护性、资源的充足性及潜在的经济性等优点,因此,国际上普遍认为在长期的能源战略中,太阳能具有更重要的地位。

据 IPCC 在 2011 年 6 月发布《可再生能源特别报告》[1]称，到 2050 年，生物能源、太阳能、风能、水电、地热及海洋能源六大可再生能源，将有望满足全球近八成的能源需求。报告强调可再生能源在减少温室气体排放以及改善全球人类生活方面的潜能是不可替代的。到 2050 年，地热的利用可满足全球供电需求的 3%，全球供暖需求的 5%；水电装机容量可提供世界电力供应的 16%，成为电力工业中占比最大的可再生能源；海洋能源仍处在开发初期阶段；风能可满足世界电力需求的 20%。现有可再生能源的装机容量中，超过 50% 在发展中国家。根据对现有案例的深入分析，全球可再生能源现有技术潜力仅使用了不到 2.5%。根据某些案例的具体分析，电力行业中可再生能源的全球投资到 2020 年估计在 1.36 万亿～5.1 万亿美元之间，2021—2030 年估计在 1.49 万亿～7.18 万亿美元。

美国能源情报署（EIA）在 2011 年 10 月发布的《2011 国际能源展望》(IEO2011)[2]报告中称，预计到 2035 年全球水力发电和其他可再生能源发电总量每年将会有 2.7% 的增幅，高于煤炭、电力和石油等其他能源发电增幅。报告认为，太阳能发电机组的装机容量增幅最大，年均增幅为 8.3%，而风电机组年均增幅为 5.7%，地热能为 3.7%，水电为 2.0%，其他可再生能源如废木材料、废气（沼气）和农业秸秆等年均增幅为 1.4%。报告阐述了核电机组的装机容量年均增幅将长期稳定在 2.0%，燃气发电机组增幅为 1.6%，燃煤电厂为 1.3%。报告提出由于清洁能源发电的呼声渐高，预计燃油发电机组装机容量每年将会有 1.0% 的跌幅。到 2035 年可再生能源除了拥有最大的年增长率之外，初步估计在发电装机总量中所占的比例也是最大的，将达总装机容量的 1/3。而可再生能源也是目前电力生产中增长最快的，每年增幅达 3.1%。但是，由于可再生能源发电厂的平均利用率远低于其他类型的能源，因此其发电水平预计将依然低于煤炭和其他能源。

〔1〕　IPCC. Special Report on Renewable Energy Sources and Uimate Change Mitigation[R/OL]. http://www. ipcc. wg3. de/publication/special-report/srren.

〔2〕　IEA. WORLD ENERGY OUTLOOK2011EXECUTIVE SUMMARY〔R/OL〕. http://www. iea. org/Textbase/npsum/weo2011sum. pdf.

二、我国低碳新能源发展前景展望

目前,我国已经形成三大能源供应体系:电力供应体系、石油供应体系、天然气供应体系。这三大能源供应体系涉及社会经济与生活的方方面面,大力发展可再生能源,使用低碳的电力、低碳的液体燃料、低碳的气体燃料,替代传统的煤炭、石油与天然气能源,优化化石能源供应结构,促进化石能源清洁化使用,从能源供应体系上着手推进低碳能源,是我国发展低碳能源的战略思路。

(一)低碳能源发展目标

2009 年 9 月,胡锦涛在联合国气候变化峰会上提出争取到 2020 年非化石能源占一次能源消费的比重达到 15% 左右。同年,温家宝在哥本哈根气候变化大会上向全世界郑重宣布,到 2020 年,我国单位 GDP 二氧化碳排放强度比 2005 年下降 40%~45%。

根据国家能源"十二五"发展规划和能源发展现状,预计到 2015 年,我国天然气利用规模可能会达到 2600 亿立方米,在能源消费结构中的比例预计将从目前的 3.9% 提高到 8.3% 左右;水电利用规模可能会达到 2.5 亿千瓦,核电利用规模会达到 3900 万千瓦,水电和核电在一次能源消费中的比重将提高 1.5 个百分点,其他非水能可再生能源利用规模也将达到 1.1 亿吨标准煤,占一次能源消费总量的比重提高 1.8 个百分点。届时我国非化石能源占一次能源的消费比重将有望达到 11% 左右。

在能源清洁化利用方面,到 2015 年,煤炭在我国能源消费结构中的比例降低至 60% 左右,石油在能源消费中的比例稳定在 20% 左右,天然气的比例上升至 6%,水能、核能、风能等可再生能源在我国能源消费结构中的比例上升至 14% 左右。

在清洁能源产业发展方面,目前,我国除了在水电、小型风电、太阳能热利用、沼气等少数低碳能源利用技术上具有一定优势外,核电、大型风力发电、生物质气化以及地热能和非常规油气资源的利用技术相对落后、产业基础薄弱。预计到 2015 年,要建立起完备的可再生能源产业体系,大幅降低开发利用成本,使低碳能源成为我国能源结构体系与能源产业体系的重要组成部分。

（二）化石能源清洁利用途径

煤炭清洁开发利用是我国化石能源清洁化发展的首要问题。以高效率、高参数、大容量的超超临界发电技术装备为主力机组、淘汰低效的老小机组、发展煤炭联产技术；持续支持高效清洁利用技术，如煤炭加工技术、洁净燃烧技术；研发先进的能源转换技术，如富氧燃烧技术、煤拔头技术、煤炭多联产技术等。推进大型煤炭基地建设，实施煤炭资源整合和煤矿企业兼并重组，发展大型煤炭企业集团，优先发展大型现代化露天煤矿和特大型矿井。实施煤矿升级改造和淘汰落后产能，提高采煤机械化程度和安全生产水平。鼓励建设低热值煤炭清洁利用和加工转化项目，加强煤炭矿区环境保护和生态建设。

鼓励煤电一体化开发，大力发展清洁高效火电。应用超临界等先进发电技术，建设清洁高效燃煤机组和节能环保电厂。继续淘汰能耗高、污染重的小火电机组，严格控制燃煤电厂污染物排放，新建煤电机组同步安装除尘、脱硫、脱硝设施，加快既有电厂烟气除尘、脱硫、脱硝改造。鼓励在大中型城市和工业园区等热负荷集中的地区建设热电联产机组，合理建设燃气蒸汽联合循环调峰机组，推广天然气热电冷联供。严格控制在环渤海、长三角、珠三角地区新增除"上大压小"和热电联产之外的燃煤机组。加强火电厂节水技术的推广应用，开展整体煤气化联合循环发电及碳捕捉与利用封存等技术应用示范项目。

加快非常规油气资源勘探开发是增强我国能源供应保障能力的重要手段。中国将加快煤层气勘探开发，加速探明地质储量，推进沁水盆地、鄂尔多斯盆地东缘等煤层气产业化基地建设；加快页岩气勘探开发，优选一批页岩气远景区和有利目标区；加快攻克页岩气勘探开发核心技术，建立页岩气勘探开发新机制，落实产业鼓励政策，完善配套基础设施，实现到 2015 年全国产量达到 65 亿立方米的总体目标，为页岩气未来的快速发展奠定坚实的基础；加大页岩油、油砂等非常规油气资源勘探开发力度。

三、江苏低碳能源发展路径

（一）能源结构低碳化路径

江苏引导全社会高效利用能源，预计到 2015 年全省一次能源消费总量在3.36 亿吨标准煤左右，年均增长 5.44％。全省全部电力可供装机容量达到 11000

万千瓦(包括风电 600 万千瓦等省内可再生能源发电装机以及各类区外来电装机)。

在能源供给端,江苏大力发展风能、太阳能、生物质能等可再生能源。预计到 2015 年江苏一次能源生产量力争达到 3250 万吨标准煤,年均增长 3.78%(见图 11-3)。其中,非化石能源 1415 万吨标准煤,占 43.53%,比重提高 9.79 个百分点,年均增长 9.21%;可再生能源 908 万吨标准煤,占 27.93%,比重提高 12.93 个百分点,年均增长 17.52%。

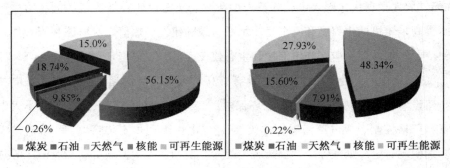

图 11-3 2010 年和 2015 年江苏一次能源生产结构

在能源消费端,江苏开发利用天然气、核电、水电等外部清洁能源,增加供给,优化能源消费结构(见图 11-4)。预计到 2015 年江苏一次能源消费总量中非化石能源将达到 2350 万吨标准煤,占 7%,比重提高 1.5 个百分点,年均增长 10.65%;可再生能源达到 1706 万吨标准煤,占 5.08%,比重提高 2.08 个百分点,年均增长 17.16%。

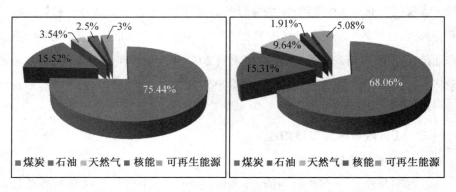

图 11-4 2010 年和 2015 年江苏一次能源消费结构

（二）新能源发展路径

加快发展新能源和可再生能源是江苏优化能源结构的重要组成部分。未来五年，江苏将重点发展核电、风电、太阳能和生物质能等清洁能源，同时配套开发抽水蓄能，示范建设风光储能，为2020年建成千万千瓦核电基地和千万千瓦风电基地奠定基础。

1. 核能。未来5～10年，江苏将着力加强建成机组运营管理，推进项目建设，完成田湾核电站扩建工程，加快田湾核电站3—4号机组施工建设和发电并网，做好5—6号机组扩建工程项目核准、配套条件准备等工作，争取7—8号机组扩建纳入国家规划，成为全国重要的千万千瓦级沿海核电基地。

2. 风能。发展风电产业及风力发电是江苏推进可再生能源发展的重点。未来10年，江苏将有序开发陆上风电，突出开发海上风电，促进海上风电规模化，努力打造千万千瓦风电基地。预计到2015年形成600万千瓦装机容量，到2020年超过1000万千瓦的风力发电装机容量；远期形成2100万千瓦装机容量（其中，陆地风电300万千瓦），建成江苏沿海风电"海上三峡"（见图11-5）。一是加快推进海上风电重大项目建设。以建设射阳、滨海、大丰、东台4个国家海上风电特许权招标项目（合计100万千瓦）为契机，加快推进响水、如东等7个海上风电示范项目（合计120万千瓦）的核准和建设进度，预计到2013年建成项目12个，形成238万千瓦发电装机。二是积极推动陆上风电项目建设。按照《江苏省沿海地区能源发展三年实施方案》，加大协调推进力度，着力推动12个陆上风电项目前期工作

图 11-5　江苏沿海风电"海上三峡"工程装机规模预测

和建设进度,预计到 2013 年形成 134 万千瓦装机容量。同时,在加强内陆测风的基础上,开展低风速风力发电示范。

3. 太阳能。推动太阳能光热利用、光伏发电协同发展,促进光伏制造和光伏发电齐头并进。根据《江苏省光伏发电推进意见》和《江苏省"十二五"新能源产业发展规划》的要求,以校区、园区、成片公共建筑、成片厂房、沿海滩涂等设施和场地为重点,实施一批具有一定规模的示范工程,建成 80 万千瓦光伏发电装机(其中,地面光伏电站 50 万千瓦,屋顶和建筑一体化光伏电站 30 万千瓦),力争达到100 万千瓦。预计到 2015 年江苏建成光伏并网发电装机容量 1 GW,其中屋顶和建筑相结合的光伏电站 300 兆瓦,地面电站 700 兆瓦。

把太阳能光热利用纳入建筑设计标准规范,对 12 层以下住宅以及有热水需求的公共建筑,统一设计、建设太阳能热水系统,加快普及太阳能热水器。结合新农村建设,引导和鼓励建设太阳能热水器、太阳能暖房、太阳能暖棚、太阳能暖圈,并通过聚焦、聚热实现太阳能炊事利用,优化农村用能结构。到 2015 年,力争形成 2 亿平方米光热利用建筑面积。

4. 生物质能。推动生物质直燃发电、生物质沼气发电、沼气直接利用等多种形式的综合应用,形成适应不同条件和不同需要的生物质能利用体系。一是完善收储流通机制。结合城乡生活环境整治,完善垃圾收集、处置体系,开展资源化、能源化利用,结合餐饮行业废弃油脂清理整治,以生物柴油示范企业所在地为重点,建立废弃油脂收储流通体系,促进生物柴油稳定发展和推广利用。二是发展生物质发电站。有序建设生物质直燃发电、生物质气化发电和垃圾焚烧发电项目,有效推进大型畜禽养殖场沼气发电、垃圾焚烧发电和垃圾填埋气发电。三是开展秸秆沼气集中供气示范应用。广泛开展秸秆气化集中供应示范和生物质固化成型加工点建设。四是推广农村户用沼气工程。不仅着力新建户用沼气池,更要积极打造农村户用沼气工程服务网络体系,实现"产前—产中—产后"一体化服务。同时,大力实施规模化畜禽养殖场沼气工程。

5. 抽水蓄能。适应风力发电、光伏发电等新能源加快发展的需要,保障电网安全、平稳运行。"十二五"期间,加快溧阳抽水蓄能电站建设,组织开展抽水蓄能电站规划选址,重点加强句容、连云港抽水蓄能电站前期工作。

（三）化石能源清洁化利用

1. 淘汰落后产能。一是继续推进煤电"上大压小"，加大煤电行业落后产能淘汰力度，淘汰运行满 20 年、单机容量 10 万千瓦及以下常规燃煤机组，服役期届满、单机容量 20 万千瓦以下各类机组，供电标准煤耗高于全省 2010 年平均水平 10％或全国平均水平 15％的各类燃煤机组，以及未达到污染物排放标准的其他各类机组。开展燃煤自备电厂、热电厂调查研究，引导和推动燃煤自备电厂、热电厂淘汰落后产能。二是推进区域热源新老替代。在调查研究的基础上，编制和实施热电联产规划。大中型城市主城区和天然气管网覆盖范围内的开发区（园区）、大学城，结合城市功能调整、环保标准提高，逐步采用楼宇型、区域型天然气分布式能源系统，替代原有的小锅炉、小油炉。临近高效燃煤电厂、具有较大规模稳定热源需求的开发区（园区）等，鼓励通过燃煤电厂技术改造，逐步替代原有燃煤小锅炉。

2. 变革供能方式。以分布式能源、热电联产、新能源汽车供能（电力、天然气等）设施、智能电网为重点，实施供能方式变革，提高能源使用效率。一是分布式能源。预计到 2015 年达到 100 万千瓦，其中，天然气分布式能源 80 万千瓦，可再生分布式能源 20 万千瓦（不包括并网风电、光电、生物质发电）。以天然气、企业废弃能源和地热等为主，结合建筑光伏应用，发展楼宇型、区域型分布式能源系统。以风能、生物质能（包括垃圾）、太阳能为主，结合地热应用，因地制宜发展多种类别的村镇分布式能源系统。鼓励开发区、大型公共服务设施、大型成片住宅区同步规划、建设分布式能源。二是热电联产。重点在热负荷总量大的开发区发展煤为燃料的热电联产，在热负荷强度高的主城核心区发展天然气为燃料的热电联产。鼓励发展余热余压、废弃能源为主要燃料的小型热电联产。鼓励有条件的大型燃煤电厂进行集中供热改造。三是新能源汽车供能设施。坚持"换电为主、插充为辅"，逐步建立集中充电站、电池配送站、充换电站共同构成的车用供电系统；加强城际服务体系建设，在新能源汽车保有量大、高等级公路密度高的苏南地区率先形成"点线面协调、跨区域覆盖"的智能化充换电服务网络。加快充换电设施和天然加气设施的布局和建设。四是智能电网。广泛开展智能电网试点建设工作，提高配网配电效率，提高供用双方智能互动能力。预计到 2015 年江苏将形成 1000 万千瓦新能源接入能力,并为传统电网向现代电网升级创造条件。

3. 控制重点领域能耗。遏制工业、交通、建筑等领域耗能增长偏快的势头。在工业领域,加强钢铁、水泥、石油、化工、造纸、纺织六大高载(耗)能制造行业的能耗控制,提高能源准入门槛,推进淘汰落后产能,开展重点节能工程,严格用能管理,保障合理用能,鼓励节约用能,限制过度用能。加大力度,对高载(耗)能行业实行分时电价、差别电价。预计到 2015 年江苏单位工业增加值能耗比“十一五”末下降 20%。在交通领域,推广节能环保型交通工具,优化运力结构,使用替代燃料。在建筑领域,贯彻落实《民用建筑节能条例》和《江苏省建筑节能管理办法》,加强新建建筑立项、设计、施工全过程节能监管,推进可再生能源在建筑领域的规模化应用,稳步推进既有建筑节能改造步伐。逐步实施建筑用能定额管理,推行合同能源管理机制。

4. 创新用能技术。推广节能新技术、新产品、新装备的广泛使用。以冶金、化工、建材、电力、纺织等行业为重点,加快采用节能技术。以电机、窑炉、锅炉、变压器等用能设备为重点,加快淘汰更新。结合区域供热设施建设,推进供热范围内小锅炉关停淘汰。以节能灯泡、节能空调、节能汽车、新能源汽车等为重点,继续实施“节能产品惠民工程”。

第十二章　低碳产业聚集：绿色导向的园区经济

　　园区经济是地方经济发展的重要增长极，也是能源消费和碳排放的空间集聚场所。建设低碳产业园区，可推进资源能源的高效循环利用，发挥低碳技术的溢出和扩散效应，有利于经济长期可持续发展。低碳产业园是碳减排管理的重要单元和实施主体，是地方实现碳减排和发展低碳经济的关键所在，是实现节能降碳与经济发展目标间协调的主要落脚点。本章将从低碳产业园区的内涵入手，立足低碳园区发展现状，分析我省发展低碳园区的思路与对策。

第一节　低碳产业园区的内涵

　　产业园区(包括经济技术开发区、高新技术产业开发区、保税区、出口加工区以及各类专业园区等)是经济发展的重要载体和产业发展的集聚区，也是能源资源消耗和温室气体排放的集中区域，节能降碳潜力大，是发展低碳经济的重点领域。产业园区承担技术创新、成果产业化的职能，具备企业经营和社会管理的双重资源，蕴含巨大的低碳技术创新和发展的空间。

一、概念

　　工业园区聚集大量的工商业企业，通过建设"低碳园区"发展低碳经济，减少工业园区碳排放是区域可持续低碳发展的有效途径。学界没有给低碳产业园区以统一的概念，所述内容侧重点各不相同。有观点认为，低碳园区是指在满足社会经济环境协调发展的目标前提下，以其系统产生最少的温室气体排放获得最大的社会经济产出的园区[1]。也有观点认为,低碳园区在某一特定的空间领域集聚一大批包含各种要素的低碳产业资源,促进经济增长的同时,在从规划建设到运营管理的全过程中,贯彻可持续发展的理念,实现了资源节约、环境友好,形成了园区建设与周边环境共生互补、和谐发展的良好格局。

还有观点认为,低碳工业园区作为低碳经济的载体,起着扶持低碳企业,集聚低碳产业集群的作用,其有两层含义:第一层是表明入驻该园区的企业必须是具有低碳概念的新能源、新材料、环保等行业企业;第二层含义是园区的建筑设计及日后运营要满足低污染、低耗能、低排放的特点。

张洪波等认为[2],低碳工业园是以低碳经济发展模式为基础,寻求工业园区内低能耗、低污染、高产量,遵循低碳节能、产业循环互补和低碳经济学原理而设计建立的一种新型工业园区。其核心理念就是在城市产业方面实行低碳经济,包括低碳生产、低碳消费和低碳循环,建立低污染、低消耗的城市工业区发展模式。

二、内涵特征

有学者认为,低碳产业园区应当包括以下五大要素:一是高效投入,由政府集中统一规划,追求土地、能源、原材料等资源的高效投入;二是低排放,具有完善的温室气体管理体系,能够实现碳排放总量和强度的削减;三是低碳技术,具有良好的产学研机制或产业孵化器,积极开发或利用先进低碳技术;四是低碳能源,大力提高原材料和能源消耗使用效率,坚持使用无碳能源、低碳能源,控制使用或不使用高碳能源;五是低碳产业集群,形成低碳产业集聚为最终目标。

也有学者认为,低碳园区应具备五个表征:一是循环发展。促进不同产业之间物质和能源的低碳循环,促进统一产业链上企业间物质和能源的循环使用。二是清洁发展。建立低碳产业园区企业清洁能源使用机制,在产业园区内部生产环节中,注重清洁生产,构建低能耗能源体系,多使用可再生能源。三是集约发展。

---

[1] 可持续发展社区协会. 低碳园区发展指南[M]. 2012.

[2] 张洪波,陶春晖,庞春雨,等. 基于低碳经济模式的工业园区规划探讨[J]. 山西建筑,2010,36(27).

规划建设低碳产业园区的过程中,注重土地集约利用,产业功能结构合理,生态环境和谐友好。四是科学发展。建立健全低碳产业园区运行政策,完善产业园区低碳发展规划和行动方案,完善园区内部管理体系。五是高端发展。发展高端、低碳产业,建立以技术、资本和服务为主体的产业体系,建立完善进入和退出机制,促进园区内产业结构与全球化、现代化接轨。

本书归纳认为,低碳产业园区应具有以下四种效应特征:

（一）低碳产业集群效应

产业积聚程度影响能源消耗总量和经济发展的能耗强度,所以产业集聚、产业合理配比、资源合理配置将深刻影响着园区发展的路径模式,决定着园区温室气体排放的强度。低碳产业园区是以"三低"为特征的循环经济模式,要发展园区低碳经济,培育生态环境友好型的低碳产业体系,在更高层次上实现园区生态、经济、社会的和谐共生。一是园区产业集聚,拒绝高耗能、高污染产业,引进先进制造产业,深挖服务业领域节能减排的巨大潜力,发展循环农业、高效农业和生态农业,优化产业结构,强化产业资源互补,发展新能源产业,减少碳排放。二是以低碳产业为支撑,培植园区动脉产业系统,转变经济发展方式,实现园区发展从高碳增长模式向低碳增长模式转变,实现低碳产业园区的产业结构低碳化。三是提高园区森林覆盖率,培植静脉生态系统,增加碳汇,吸收 CO_2 ,减少碳排放。

（二）低碳技术扩散效应

低碳产业园区首先要提高清洁能源利用比例和提高能源利用效率。低碳经济的发展更需要低碳技术的推动,低碳技术是低碳产业集群发展的关键动力。一是构建园区低碳技术创新的体系,逐步建立节能和能效、洁净煤和清洁能源、新能源和可再生能源等多元化的低碳技术体系,建立低碳创新主体、创新组织模式、创新方式、创新价值的实现途径,促进产品增长技术优势,增加低碳产品价值,扩大市场份额,将低碳技术优势转化为市场竞争的强势。二是实现园区产业集群中碳预算平衡。发展低碳能源,加快对燃煤高效发电技术、 CO_2 捕获与封存、高性能电力存储、超高效热力泵、氢的生成、运输和存储等技术研发,形成技术储备,用低碳能源去置换、替代传统的高碳化石能源;发展碳吸收技术,通过碳捕捉和碳封存增加碳蓄积,减少产业集群生态圈的碳循环通量,促进碳平衡。三是强化园区低碳技术国际合作。要加强国际之间的交往与合作,加强国际间技术的合作和转让,能使全球共享技术发展,大大减缓气候变化带来的问题。

（三）低碳管理引导效应

产业园区企业活动低碳化,除了制度上的低碳化管理,如清洁生产、办公自动化、公共服务设施使用和管理等,还应在低碳产业园区内人员活动上进行引导,使园区人员有良好的低碳意识,养成良好的低碳工作生活习惯,愉悦地参与到园区的各项活动中,实现园区生产经营低碳化的目的。在生产工艺、设施建设、碳汇培育、行为模式和思想意识等方面充分体现和实践低碳化,使低碳产业园区从宏观到微观都实现了低碳的目的,各个层次构成有机整体,相辅相成。

（四）低碳空间集聚效应

园区规划涉及众多系统规划,如道路交通系统、物流系统、虚拟信息网络系统等。低碳产业园区在设计时,要突出低碳特点以及低碳导向作用,有效减少各类基础设施的能量、物质消耗是低碳产业园区的重要任务。公共道路交通网络建设、清洁能源技术、节能型交通工具、网络式的无缝物流系统、物联网管理技术、办公信息网络等技术的应用都是有效减少能源消耗和碳排放的手段。在路面和交通规划方面,减少人员出行的需求和距离,将线路规划出公共交通线路、货运车辆线路、步行和自行车线路。做到使得小汽车的出行产生不便,进而达到压缩小汽车行驶的目的[1]。在基础设施规划方面,尽量做到有利于节能方式和节能能源的利用,如设施位置之间要体现物流活动的流程型特点,减少无效移动。在建筑物规划建设方面,要充分利用清洁自然资源,减少人工资源的依赖性。在水循环和绿化设计方面,要有利于实现园区低碳化的设计方式、增强对水的节约和重复利用意识的景观特点,如道路和景观等基础设施建设。

---

〔1〕 潘海啸. 低碳城市的高品质交通政策、体系与创新[M]. 上海:同济大学出版社,2008.

第二节　低碳园区发展现状与特点

我国经济园区的最初形式是经济特区和经济技术开发区。自 20 世纪 80 年代初邓小平倡导设立 4 个经济特区后，各类经济园区如雨后春笋般发展起来。至 2010 年 7 月底，全国共有国家级园区 289 家，其中国家级经济开发区 88 家、保税区 15 家、高新区 56 家、边境经济合作区 14 家、出口加工区 62 家、保税港区 14 家、国家度假区 12 家、综合保税区 9 家、保税物流园区 10 家以及台商投资区 11 家[1]。省级经开区的数量增至 1348 家，并成为各省进行产业升级与承接产业转移的重要载体。

一、低碳园区发展现状

我国一向重视园区经济的绿色低碳发展，历经了从生态园区、循环园区到低碳园区的递进过程。2003 年，国家环保部门会同商务部、科技部门出台了《国家生态工业示范园区申报、命名和管理规定（试行）》和规划指南；2006 年发布了行业类、综合类和静脉产业类三类产业园区的技术标准（试行）；2007 年发布了《国家生态工业示范园区管理办法（试行）》，完善了建设规划和技术报告的编制指南，制定了国家生态工业示范园区建设考核验收的程序和绩效评估规则。同时，低碳产业园区作为发展低碳经济的重要载体，受到了国家在法律层面上的重视，国家先后出台了《清洁生产促进法》（2002 年）和《循环经济促进法》（2008 年）。实践层面上也取得了实实在在的工作成效，截至 2010 年 4 月，先后两批共 33 家工业园区被列入了国家级循环经济试点单位，国家环保部门共批准了 36 家单位进行国家级生态工业建设示范园区的创建工作，其中包括我省苏州工业园区在内的 6 家已被正式命名为"国家生态工业示范园区"。低碳园区在我国刚刚起步，还处于理论研究和试点试验阶段。2011 年 12 月国务院下发的"十二五"控制温室气体排放工作方案的通知中，明确提出要开展低碳产业试验园区试点，依托现有高新技

---

〔1〕　王思思. 园区发展模式比较研究[D]. 长沙：长沙理工大学，2011.

术开发区、经济技术开发区等产业园区,建设以低碳、清洁、循环为特征,以低碳能源、物流、建筑为支撑的低碳园区,采用合理用能技术、能源资源梯级利用技术、可再生能源技术和资源综合利用技术,优化产业链和生产组织模式,加快改造传统产业,集聚低碳型战略性新兴产业,培育低碳产业集群。

在理论层面,低碳园区还停留在规划思路和指标研究阶段。中国人民大学在借鉴美国加州绿色创新指数、国家生态工业园区标准以及中国社会科学院低碳城市标准等已有评价体系的基础上,设计了苏州工业园区低碳经济评价体系[1]。美国可持续发展社区协会(ISC)联合广东省建筑科学研究院组织国内外专家共同起草了《低碳园区发展指南》(以下简称"指南"),并在国内率先提出了低碳工业园区的指标体系,该指标体系包括能源利用与温室气体管理、循环经济与环境保护、园区管理与保障机制、规划布局与土地利用4类共计23个指标。目前已经有来自广东、江苏、四川和天津的十多家工业园区表示愿意试用《指南》。

在实践层面,2010年,国家发展改革委员会确定广东等五省八市作为首批试点省市;2012年国家发改委又确定了包括我省苏州、镇江、淮安在内的29个城市和省区成为我国第二批低碳试点。这些试点省市在积极行动,以园区载体为重要抓手开展试点,部署了辖区内的试点示范工作;同时,一些国际机构也在积极介入,和地方政府强化合作,积极创建了一批低碳园区和生态园区,河北曹妃甸低碳城、天津滨海新区生态城、中英上海东滩低碳城等一批低碳试点示范区积极涌现,在低碳产业发展、园区规划与土地利用、工程技术、绿色能源与交通、生态系统循环等方面进行了许多积极的实践探索。

二、低碳园区发展中存在的问题

从理论角度来看,国内低碳产业园区相关研究存在以下共性特征及不足:一是大多重视引入笼统的概念,各地示范普遍从城市规划、产业招商、考评指标、机制保障等方面实施全覆盖,没有或缺少专门性深入的低碳规划和技术原创性、应用集成基础性研究示范;二是对人口、空间、产业、能源、污染控制利用缺乏系统性

---

〔1〕 程会强,韦子超. 循环经济与低碳经济园区发展模式研讨会综述[J]. 经济学动态,2010(9).

的低碳控制技术引导，多是将经济、社会、人口、城建、生态等笼统考虑；三是各地重视概念、体系、技术上的集成创新和应用，但在园区规划理论方法和产业改造、工业提升等关键技术领域上缺乏原创性、基础性研究创新；四是各地依靠自身基础和优势进行建设示范，缺乏在全国范围内可操作的技术推广途径，没有形成相关的园区建设规范和评价标准。

从实践角度来看，国内低碳园区试点示范工作目前还存在以下几点问题：

1. 缺乏理性目标。建立低碳产业园区，实现经济发展的低能耗、低污染、低排放，但在原有园区产业基础上升级发展起来的低碳园区实现这一目标需要一个过程，不可能一蹴而就，不可避免地包含部分传统高碳产业。一些低碳产业园区在制定发展规划时，采取一刀切的方式，将传统行业拒之门外，未考虑传统产业的互相协助、能源及资源的相互利用。一些园区甚至把绝对的"零排放"、"负排放"作为直接发展目标，或者过早提出要达到排放峰值和实现总量控制，目标设定太高，缺乏可操作性。

2. 缺乏资金投入。《2010年世界投资报告：投资低碳经济》显示，跨国公司在全球范围内积极开展低碳投资。仅2009年，流入三个主要低碳行业（可再生能源领域、循环再利用领域以及与环保技术相关的产品制造领域）的低碳FDI（外商直接投资）就达到了900亿美元[1]。同时，世界银行估算我国在"十一五"期间节能产业领域每年有1万亿元左右的投资规模。而我国节能服务、节能装备等产业获得的投资不到100亿元，投资的供需关系严重失衡。尽管低碳理念已逐渐普及，但低碳投资的风险仍然较大，民间投资比重偏小。如果低碳产业园区在吸引外资方面又未取得新的突破，我国低碳产业园区的发展将面临资金瓶颈。

3. 缺乏核心技术。低碳园区发展需核心技术支撑。联合国开发计划署《2010年中国人类发展报告》指出，中国实现未来低碳产业的目标，至少需要60多种骨干技术支持，其中有42种核心技术是中国所不掌握的，而世界上最主要、最核心的低碳技术掌握在发达国家的跨国公司手中，它们已经整合了包括低碳技术开发、碳金融、碳交易和碳咨询等产业的一体化产业链，低碳经济的技术优势明

---

〔1〕 史达. 我国建立低碳产业园区存在的问题[J]. 经济研究参考，2011(6).

显。而我国在尖端低碳技术研发、碳交易服务技术等方面还处于相对落后的地位,技术上的不平等和差距难以确保我国低碳产业园区的竞争优势。

4. 缺乏政企合作。低碳园区是政企合作的结果,在发展过程中需要政企双方的合作推进。特别是在企业进驻园区初期,在低碳产业基础设施建设、技术引进和设备购置等方面都需要投入巨大的成本,这就会在短期内给企业增加额外的负担,导致低碳在企业中的推广难以获得支持。企业在发展低碳经济的过程中,面临着许多体制和机制上的障碍,低碳技术创新和科技成果产业化缺乏法律与制度保障,政府需要制定有效的激励政策或倒逼机制引导企业低碳发展,实现政府与企业目标相协同。

第三节　江苏发展低碳产业园区的路径

园区是产业空间集聚的载体,众多企业集中布局和相互配套,提高了分工协作效率,同时也形成了碳排放集中管理的格局。因此,园区低碳发展是全省低碳经济发展的重要组成部分,大力发展低碳产业园特别是低碳产业园生态建设对江苏经济可持续发展具有重要意义。

一、江苏低碳园区发展现状

改革开放以来,园区经济成为江苏经济发展的强大引擎和持续动力。2011年,江苏 26 个国家级开发区和 99 个省级开发区,以全省 2% 的土地,创造了 1/2 的 GDP,1/3 以上的地方一般预算收入、2/3 的工业增加值和 3/4 的进出口贸易额,吸纳了 3/4 的实际到账外资。园区既是江苏经济发展的重要载体和产业发展的集聚区,也是资源消耗和各类污染物产生或排放的集中区域,因此其节能减排和低碳绿色发展尤为重要。整体来看,江苏低碳园区建设仍处于起步阶段,"十一五"中后期多是园区的自主探索实践,"十二五"开始则进入全省系统的试点部署阶段。

（一）自主探索阶段

"十一五"中后期,随着国内外对于低碳发展概念的重视,全国各地广泛开展了相关的低碳规划和试点示范建设,其范围在园区、社区、城市、区域等各个层面均有涉及。期间,武进低碳示范区、花桥低碳商务园区、中新生态科技城等示范区率先涌现,自主探索,积极规划。这些低碳园区的先行者在低碳产业发展、城市空间规划与土地利用、工程技术、绿色能源与交通、生态系统循环等方面进行了许多积极的实践探索。以能复制、能实行、能推广为要求,开展了低碳指标体系、高端产业体系、发展支撑体系实践。

——常州武进低碳示范区。常州武进低碳示范区是江苏省首个低碳示范区,规划面积达27.8平方公里,分为滨湖生态片、生活与服务片、东北部与东南部的制造产业片四大功能片区。拟建成以低碳产业发展为重点、以低碳研发机构和研发人员为支撑、以低碳社区建设为载体、以低碳环境营造为保障的低碳经济示范区,以及低碳制造业、低碳现代服务业的集聚区,并成为国际低碳新技术交流推广和产业化的基地。

——苏州工业园区中新生态科技城。2010年5月,中新生态科技城获批成为江苏省节能环保科技产业园,是苏州工业园区生态环保和绿色节能产业的主要载体,目前已有来自亚太、欧美和国内的近50个项目入驻。区内生态环保企业的发展方向主要包含环境治理、新能源、空气净化、节能技术、环境监测等。另外,区内住宅建筑按照国家绿色建筑二星级以上标准建设,公共建筑按照绿色建筑三星级标准设计建设。

——昆山花桥低碳商务城。花桥国际商务城地处苏沪交界处——昆山花桥经济开发区,是江苏省现代服务业示范区,围绕"国际、科技、生态、人文、宜居"的现代化商务城市目标,提出了通过实现五大"绿色转型",率先打造低碳产业、低碳建筑、低碳交通、低碳生活、低碳环境、低碳社会"六位一体"的低碳生态商务城。

——中新南京生态科技岛。结合"生态"和"科技"主题,突出宜居环境建设和高新技术产业以及总部经济发展,打造智慧生态岛。发展集环保科技服务业、新能源服务业、现代农业服务业、生态旅游、文化创意、商务休闲、生态居住等功能为一体,立足南京越江发展战略和长三角一体化发展战略的多功能复合"生态科技城、低碳智慧岛"。

（二）全省试点部署阶段

"十二五"开始，我省根据国家关于开展低碳试点工作的精神，全面部署并推进我省低碳经济试点工作，筹划顶层设计，把低碳园区试点作为低碳绿色发展的重要突破点，2011年全省确定了4个城市、10家园区和10家企业开展低碳经济试点工作。其中，南京江宁经济技术开发区、江苏宜兴经济开发区、徐州经济技术开发区、新沂—无锡工业园、金坛光伏产业园、苏州工业园区、昆山国家高新技术产业开发区、江苏盐城环保产业园、扬州经济技术开发区、泰州医药高新技术产业开发区等10家园区为首批省级试点园区单位。试点园区以国家和省级的特色产业园区为主体，覆盖了传统高能耗产业、高新技术产业、新兴产业等各行业类型，代表江苏产业发展水平现状，打造节能低碳的试点园区有助于从示范效应和先导作用的角度上，在全省范围内全面推进江苏园区经济的低碳绿色发展。根据全省试点推进要求，各试点园区分别编制了低碳发展规划和行动方案，以更高的排放标准确定温室气体排放目标，制定控制排放的保障机制和实施举措。试点园区围绕低碳绿色发展的总体要求，结合各自实际，从不同层面提出了有特色、有亮点的思路举措：

一是突出园区发展的低碳绿色门槛。南京江宁经济技术开发区提出探索制定低碳园区建设指标体系，从碳排放的角度限制高碳产业进入，打造绿色准入门槛。

二是全方位打造园区低碳产业体系。以要素集中的优势，积极发展新型低碳产业，如金坛光伏产业园提出以太阳能光伏利用为基础，统筹构建低碳产业、能源、交通、物流体系，推动新能源汽车和可再生能源应用推广；扬州经济技术开发区提出发展光伏循环经济产业链、纺织产业链和"汽车零部件制造→整车生产→销售→旧车回收→废弃物综合利用"的循环型汽车工业链。

三是强化节能低碳技术的创新和应用。昆山市高新区提出推进碳排放在线监测技术的研究，并在重点排放企业和大型商务中心开展碳排放在线监测示范工程，为以后大范围实施碳排放在线监测提供实践经验和理论依据。扬州经济技术开发区提出在重点行业大力推进信息技术运用，年耗能10万吨标准煤以上的企业设立能源管理信息中心，用信息化促进能源管理水平的提高，带动制造技术和制造装备的升级换代;苏州工业园区则提出加快建设"低碳技术转让、低碳经济认证、低碳经济展示和低碳教育培训"等公共服务平台,服务于既有产业的低碳化转型需求。

四是突出绿色园区的机制保障建设。扬州经济技术开发区提出基于开发区电子政务系统建设低碳信息交流平台、技术研发转让平台、低碳经济咨询服务平台。泰州医药高新技术开发区提出实施新药研发链式公共服务平台建设工程,形成业务领域覆盖全国的新药临床研究技术服务平台,构建国际 CMO、CRO 技术服务体系。无锡—新沂工业园提出整合低碳社会服务资源的全新思路,开展低碳发展的研发平台、基础设施以及低碳服务体系建设。徐州经济技术开发区提出了建立生态补偿基金,实行政府主导、市场推进的多样化生态补偿方式的生态补偿机制。

二、江苏促进园区经济低碳高效发展的路径

总体来看,江苏促进园区经济低碳高效发展的思路就是要立足江苏园区经济的基础,对接国际绿色低碳市场的潮流指向,切实贯彻国家节能降碳的政策部署,具体来看有以下六条需要特别注重:

(一)强化园区低碳考评和绩效管理。一是要建立健全碳目标责任考核机制,将省市控制温室气体排放指标任务分解到园区,园区主要领导是第一责任人,形成强有力的工作格局。二是要实行控制温室气体排放工作问责制和奖惩制度,对超额完成任务的园区进行表彰奖励,对未完成任务的园区要追究责任。三是要强化企业主体责任,明确重点企业的二氧化碳排放强度下降目标和责任。

(二)推行园区低碳认证认可制度。园区要积极建立低碳产品标准、标识和认证制度,对典型行业和重点产品进行试点试验,完善相关认证管理办法,扩大认证范围,逐步覆盖更多行业和产品。加强低碳标准和认证机构的协调对接,开展标准宣贯和认证培训,培育发展低碳产品检测、认证市场,推进低碳产品认证有序健康发展。

(三)开展园区碳盘查和重点企业排放报告。要摸清园区碳排放家底,要积极引进或培育碳盘查核证的第三方机构,推动重点排放源企业开展碳盘查,引导企业形成碳资产经营理念。同时,积极打造园区碳信息披露和管理的系统平台,

鼓励园区企业强化碳排放的责任管理和数据台账制度,促进园区整体碳信息的量化与公开。

(四)实施低碳技术孵化推广。积极应用、推广科研院所、高校和企业相关的科技资源,推进园区减排技术攻关。着力研发推广园区高耗能、高排放行业提高能效的技术与装备,加快研发低成本、规模化的可再生能源开发利用技术,开展碳捕集、利用与封存能力建设、工程技术示范。进一步创新低碳技术成果转化机制,依托具备条件的单位建设一批低碳技术重点实验室和工程中心,创建一批低碳技术孵化器。鼓励并支持我省科研人员、机构以及企业积极参与国际和区域科技合作,充分利用国内外资源,分享前沿低碳科技发展成果。

(五)全力推进园区循环化改造。紧紧抓住"十二五"期间我省70%以上的国家级开发区和50%以上的省级开发区完成循环化改造的契机,以提高资源产出率为目标,按照空间布局合理化、产业结构最优化、产业链接循环化、资源利用高效化、污染治理集中化、基础设施绿色化、运行管理规范化的要求,统筹规划和优化园区空间布局,实施补链式招商,大力推进循环经济产业链链接和延伸的关键项目,推进公共服务设施建设,促进企业间废物交换利用、能量梯级利用、废水资源循环利用,共享资源、共用基础设施。

(六)尝试园区整体化清洁生产。各园区应强化环境准入标准和落后技术、工艺与设备淘汰制度,制定重点产品的单位产值能耗、水耗和污染排放强度的地方标准,依法淘汰落后产能。制订园区整体化清洁生产推行计划,对重点行业和企业实行全面清洁生产审核。同时,积极构建清洁生产技术研发和推广体系,大力支持重点行业清洁生产重大技术攻关和推广应用示范项目,开展清洁生产培训和技术交流活动。

第十三章　低碳咨询服务:战略
前瞻的产业培育

　　低碳新产业是第三产业中与低碳经济发展相伴而生的服务行业总称。低碳新产业是新型服务业的一个分支,是专业服务单位(企业)从事与低碳经济活动相关,以提高服务对象的资源利用效率和降低其温室气体排放量为主要目标的活动。低碳经济作为当前发展的热点问题,孕育了许多与低碳经济深入发展相关的配套产业和衍生产业。随着低碳经济的快速健康规范发展,低碳新产业也蓬勃发展。概括来看,与低碳经济相关的低碳新产业主要包括碳盘查、碳交易、气候风险评估、碳金融、碳认证、低碳资产管理和低碳政策咨询等。本章将重点梳理相关低碳新产业的发展动态和特点,借鉴国外发展趋势和经验,归纳低碳新产业发展规律及趋势。

第一节　碳盘查服务

一、基本概念

　　碳盘查,又称碳计量,编制温室气体排放清单,是指以政府、企业等为单位计算其在社会和生产活动中各环节直接或者间接排放的温室气体。流行的组织和项目的碳盘查标准包括 ISO 14064 系列标准和 GHG Protocol(温室气体协定书)的系列标准。

　　碳盘查是建立温室气体统计、核算体系的基础,是建立碳交易市场的支撑,因此是发展低碳经济、应对气候变化的准备工作,也是制定碳减排政策措施的重要依据。通过碳排查，可以帮助全面掌握与管理温室气体排放，减少成本，并为未来参与碳交易做准备，进行碳盘查已是低碳经济背景下的必然趋势和基本要求。

碳盘查是对组织（企业）营运边界内的所有碳排放进行统计，产品碳足迹是对产品生命周期内的碳排放进行统计计算，二者之间存在区别。

二、主要范围

目前，全球范围内碳盘查的范围主要包括：能源活动、工业生产过程、农业活动、土地利用变化和林业、城市废弃物处理的温室气体排放量估算。估算的温室气体种类包括：二氧化碳（CO_2）、甲烷（CH_4）和氧化亚氮（N_2O）。

在微观层面，主要是依据 ISO 14064《企业温室气体排放和清除的量化和报告规范及指南》对企业进行碳盘查，其包括：

一是企业直接排放，主要是来自企业拥有或控制的固定燃烧源的排放，包括锅炉、熔炉、加热炉等燃烧；汽车、火车、船舶、叉车等移动燃烧源；电力输配设备的六氟化硫、采煤的甲烷等逸散排放源；水泥、钢铁等行业的理化制程的排放等工艺排放源。

二是企业间接排放，主要是企业能源使用的间接排放，包括外购热、电、气（汽）所产生的间接排放。

三是与企业运营活动相关的间接排放，来自于其他企业持有或控制的设备的排放，主要包括外购的原料与燃料的生产及开采运输的间接排放。

三、国外情况

哥本哈根会议以来，以美国为代表的发达国家坚持发展中国家的减缓气候变化行动必须透明。《坎昆协议》更要求非附件一国家每 4 年提交一次国家信息通报，每 2 年提交一次更新报告，该更新报告的主要内容为温室气体清单等信息。按照《联合国气候变化框架公约》（UNFCCC）的要求，所有国家需要提交国家信息报告，其中包括温室气体"排放清单"（Emission Inventory）。

2008 年 11 月联合国公布《发达国家温室气体排放清单》。为应对国际低碳经济的发展趋势，几乎所有发达国家的高能耗和高温室气体排放的企业都编制温室气体排放清单。日本、韩国、新加坡、印度、泰国等国家，以及香港、台湾等地区的企业相继建立温室气体清单，管理温室气体风险。如香港的国泰航空、中华电力以及台湾的宏碁、鸿海、台积电、华硕等率先国际化的企业，一些企业还推出了自己的低碳发展路线图。

世界500强企业参考GHG Protocol来实施碳盘查工作，根据碳披露计划2011年报告，世界500强企业中，404家开展了碳盘查的工作[1]。

四、国内进展

我国是《联合国气候变化框架公约(UNFCCC)》首批缔约方之一。作为发展中国家，属于非附件一缔约方，不承担减排义务，但需提交国家信息通报。国家信息通报的核心内容是CO_2、CH_4、N_2O等温室气体各种排放源和吸收汇的国家清单，及为履约采取或将要采取的步骤。2004年，我国首次完成《国家信息通报》，对1994年我国CO_2排放量进行了初步统计[2]。2010年，我国第二次启动《国家信息通报》，标志着我国在温室气体清单编制上又将迈出重大一步。结合全球碳盘查开展与我国具体实践情况，国内碳盘查行业还处于起步阶段，尚无专业服务机构从事该项工作。同时国内碳盘查工作面广量大，具有很强的专业性和巨大的市场潜力，具体体现在以下几个方面：

2010年，国家发改委启动国家低碳省区(5省为广东、辽宁、湖北、陕西、云南)和低碳城市(8市为天津、重庆、深圳、厦门、杭州、南昌、贵阳、保定)试点工作；2011年确定在7省市(北京、天津、上海、重庆、广东、湖北、深圳)开展碳排放交易试点工作，主要任务之一是编制温室气体排放清单(即实施碳盘查)。2011年，国务院出台《"十二五"控制温室气体排放工作方案》，确定到2015年全国单位国内生产总值CO_2排放比2010年下降17％的目标。国家发改委正在制定"应对气候变化规划"，该规划将把应对气候变化的约束性指标向下分解，单位GDP能耗、碳排放强度、非化石能源比重及森林碳汇等内容都将纳入其中。无论是国家、试点省市还是其他省市，要实现规划目标，就必须摸清全国及各省区碳排放现状，而要摸清具体的碳排放情况就必须有专业机构来实施碳盘查工作。如今越来越多的

---

〔1〕　国家发展与改革委员会.中华人民共和国气候变化初始国家信息通报[M].北京：中国计划出版社，2004.

〔2〕　UNFCCC. GHG data from UNFCCC[EB/OL]. [2010-09-05]. http://unfccc.int.

专业机构提供帮助企业碳盘查的服务：SGS集团、挪威船级社、TüV南德、TüV莱茵、法国必维等国际认证业巨头和CQC、中环联合（CEC）等本土认证机构均在近年来启动了碳盘查认证业务。但目前普遍存在费用高、不持续、数据不易管理等问题。

此外，我国企业也有开展碳盘查的巨大需求，企业通过碳盘查能够清楚地了解各时段、各部门或生产环节产生的CO_2排放量，方便企业制定有针对性的节能减排措施，减少成本，同时为参与碳交易、化被动为主动，获取潜在的经济收益奠定碳管理能力基础。

第二节 碳交易服务

一、内涵

所谓碳交易，是将CO_2排放权作为一种商品进行的交易。碳交易的产生和发展都是为了促进全球温室气体减排，减少全球CO_2排放所采用的市场机制。碳交易的一方通过支付另一方获得温室气体减排额，买方可以将购得的减排额用于减缓温室效应，从而实现其减排的目标。在6种温室气体中，二氧化碳（CO_2）为最大宗，因此，交易以每吨二氧化碳当量（$t\ CO_2 e$）为计算单位，通称为"碳交易"，交易市场称为碳市场（Carbon Market）。

碳交易市场是一个由人为规定而形成的市场。碳市场最重要的强制性规则之一的《京都议定书》规定了《联合国气候变化框架公约》附件一国家的量化减排指标；即在2008—2012年间其温室气体排放量在1990年的水平上平均削减5.2%。

碳市场的供给方主要包括减排成本较低的排放实体、国际金融组织、碳基金、各大银行等金融机构、咨询机构、技术开发转让商等。需求方有履约买家，包括减排成本较高的排放实体；自愿买家包括出于企业社会责任或准备履约进行碳交易的企业、政府、非政府组织、个人。碳交易市场包括交易市场的平台服务、交易咨询行业、监测、报告和核证（即MRV）行业、交易管理及交易投机行业。

二、国外发展情况

目前，全球碳交易分为配额交易（Allowance-based transactions）和项目交易（Project-based transactions）两大类。所谓配额型交易，指总量管制下所产生的排减单位的交易，如欧盟排放权交易制的"欧盟排放配额"交易，主要是《京都议定书》要求减排的国家之间超额减排量的交易，通常是现货交易。所谓项目型交易，是指因进行减排项目所产生的减排单位的交易，如清洁发展机制下的"排放减量权证"、联合履行机制下的"排放减量单位"，主要是通过国与国合作的排减计划产生的减排量交易，通常以期货方式预先买卖。

（一）项目型交易

项目市场中清洁发展机制占绝对主导地位，交易额达 247.9 亿美元，联合履约机制和其他自愿型市场交易额分别为 2.9 亿美元和 3.9 亿美元。[1] 以 CDM 机制为核心的全球性履约碳市场将在后京都时代发生演化和改进，主要体现在两个方面：一是向行业减排和规划类减排等效率更高的机制发展；二是在适用行业和领域有所调整和变化，以更加适应市场的需求。全球性碳市场存在的最大的意义是建立起碳市场的信用基础。

CDM 市场买方有来自发达国家的政府购买计划、多边基金、私人基金、能源公司、贸易公司、咨询开发商和金融机构等。他们购买 CDM 项目产生的核证减排额（CER）主要用于三个方面：一是履行本国或本企业的减排承诺；二是到排放贸易市场再交易获利；三是为了保护全球环境实现碳中和，其中以满足前两类需要为主。

2002 年以来，欧盟买家约占清洁发展机制和联合履约机制一级市场份额的 3/4，日本的买家占约 1/5。大部分的一级 CER 被欧盟发达国家购买。欧盟企业通常为了履行强制减排义务而参与到交易当中。近年来，欧盟排放贸易体系（EU－ETS）逐渐成为全球市值最大的碳排放权交易市场，交易量逐年攀升。欧盟排放贸易体系的发展促使欧洲的买家开始成为清洁发展机制及联合履约机制市场的主体，到 2007 年底将其市场份额扩大至近 90%。从 2007 年的数据来看，

─────────

〔1〕　孙力军. 国内外碳信用市场发展与我国碳金融产品创新研究[J]. 经济纵横,2010(6).

CDM 机制和 JI 机制的前五位买家是：欧洲占 89％（英国 59％，意大利和西班牙各占 4％，其他欧洲国家 18％），日本 11％。

CDM 市场卖方集中于少数发展中国家，中国、印度、巴西、墨西哥和马来西亚等国家产生的 CER 占总量的 80％左右。在 1836 个已注册的 CDM 项目中，超过一半都在中国和印度，是全球最大的碳排放资源国。2008 年中国清洁发展机制项目（CDM）产生的 CER 成交量，已占世界总成交量的 84％，2002—2008 年我国清洁发展机制项目（CDM）累计交易量占全世界总量的 66％。我国能源结构以煤炭为主，能源利用效率低，但基础设施和外商投资环境良好，因此非常容易成为 CDM 最大供应国。

（二）配额型交易

2005 年交易额 109.9 亿美元，2009 年达到 1360 亿美元，是 2005 年的 12.4 倍，年均增长 184.6％。2005 年交易 CO_2 当量 7.05 亿吨，2009 年达到 87 亿吨，是 2005 年的 12.3 倍。[1] 2009 年配额市场的交易规模达 1104.3 亿美元，占全部交易总额的 81.2％左右，项目市场的交易额为 255.7 亿美元，占 18.8％。配额市场中欧盟排放交易体系占绝对主导地位，交易额达 1010 亿美元，新南威尔士交易所、芝加哥气候交易所、美国区域温室气体排放行动交易额分别为 3.1 亿美元、1.8 亿美元和 2.4 亿美元。

从配额型碳交易发展趋势来看，未来全球配额碳市场交易将形成以欧洲和北美两个市场为核心的交易体系。两大市场的交易量将占碳市场的 90％，两大体系将在全球其他地区展开激烈的竞争。竞争的核心将是碳定价权的争夺，具体表现在碳交易所的谋划布局，标准竞争，以及碳衍生商品的创新。事实上，从理论上来讲区域性交易体系更加稳定和成熟，理所应当承担起整个碳市场的发展重任。

三、国内碳交易市场建设情况

发达国家碳减排的成本是发展中国家的数倍甚至数十倍，发达国家通过在发展中国家实施具有温室气体减排效果的项目（通过资金注入或者技术支持等），将项目所带来的温室气体减少的排放量作为对《京都议定书》规定的一部分义务的

---

〔1〕 骆华，费方域. 国际碳金融市场的发展特征及其对我国的启示[J]. 中国科技论坛，2010(12).

履行。

（一）国内 CDM 发展现状

我国作为最大的发展中国家，CDM 项目发展具有广阔的前景，与之相适应的 CDM 咨询业也同样具有良好的市场。根据 CDM 碳排放交易制度，一些超额增加二氧化碳排放的企业，可以购买别的企业碳排放超额度减少排放的指标。中国 CDM 项目起步较晚，但发展速度却很快。截至 2010 年 12 月 30 日，我国已有 336 个 CDM 项目共获得 2.65 亿吨 CERs 签发，占东道国 CDM 项目签发总量的 53.5%[1]。我国 CDM 市场潜力巨大，发达国家每年需向发展中国家购买 2 亿～4 亿吨 CO_2 当量，而我国约占了 50% 左右的市场份额。国际能源署预测到 2020 年，我国潜在二氧化碳交易量将近 8 亿吨，远远超过其他潜在供应国[2]。

1. CDM 财务顾问业务逐步推出。CDM 财务顾问服务是指银行利用丰富的业内经验、客户基础与专业优势，协助企业申请 CDM 项目国内审批和联合国注册，完成 CDM 交易。一直以来，由于国内 CDM 服务机构的缺乏，导致我国的 CDM 项目开发能力严重不足，项目只能采取"双边开发"的模式，由买家承担项目开发成本，从而主导开发过程和交易价格，这使得国内的 CDM 项目业主处于非常不利的地位。

2. 国内 DOE 渐获国际认可。DOE（Designated Operational Entity）是 CDM 项目中指定经营的实体，是对 CDM 项目进行监督和核查的关键机构，它们有资格确认推荐的 CDM 项目的合格性，并核证减排量。由于国内接触 CDM 较晚，DOE 市场一度被英国、日本等国家的机构所垄断。近两年，随着国内 CDM 市场的发展，我国 DOE 的能力逐渐提升，经营能力、技术和资格逐渐获得国际认可。目前，在 34 个全球 DOE 中，中国已有中环联合认证中心（CEC）、中国质量认证中心（CQC）、赛宝认证中心 3 家获此资格。

3. CDM 咨询行业初具规模。由于 CDM 申请复杂，技术专业程度高，面对潜

---

〔1〕 中国清洁发展机制网，http://cdm.ccchina.gov.cn。

〔2〕 21 世纪经济报道.中国银行业的"低碳"诱惑[N/OL].[2010-03-27].http://stock.jrj.com.cn/2010/03/2711507187575.shtml.

在的 CDM 市场,国内的 CDM 咨询机构如雨后春笋般出现,已经形成相当规模。据统计,截至 2011 年年底,在国家发改委气候司 CDM 信息平台上注册的咨询机构有 85 家,主要分为专业咨询公司、学术机构和产学研相结合的非盈利机构三种类型。我国 CDM 咨询公司的一般业务分为以下 3 个方面:一是潜在 CDM 项目调查,帮助对东道国不熟悉的投资者从众多的常规项目中寻找符合 CDM 机制要求的项目;二是 CDM 项目融资,帮助国外投资者与国内 CDM 项目实施者建立联系;三是 CDM 项目申请,由于 CDM 项目的业主往往对 CDM 的申请和审批程序不甚了解,咨询机构在 CDM 项目的申请过程中可提供比较专业的咨询服务。我国绝大多数向联合国申报的 PDD 文件都是由 CDM 咨询公司制作的,但是国内 CDM 咨询公司业务大多处于较低层次,多局限于文件制作和项目申请本身。

随着 2012 年《京都议定书》第一承诺期即将结束,欧盟对 2013 年后碳市场交易设置更多限制,2013 年后将不再接受我国等新兴国家新批准的 CDM 项目的减排量指标,未来我国 CDM 发展面临很大挑战。

(二)其他自愿减排交易市场

自愿减排是参与者出于自身意愿主动开展的温室气体减排行为,由此所产生的,符合自愿减排标准的,并经具有公信力的第三方机构认可的减排量称为自愿减排量(VERs)。在自愿减排市场中,参与者出于自主意愿向减排项目购买自愿减排量,用于抵消其自身或某些特殊活动的温室气体排放。自愿减排市场作为全球碳市场的有效补充,也是我国开展碳交易的市场准备和必要途径[1]。

近年来,我国循序渐进地发展自愿减排市场,目前,国内已经开展了一些基于项目的自愿减排交易活动,对于培育碳减排市场意识、探索和试验碳排放交易程序与规范具有积极意义。

各地区相继建立环境交易所,其中,北京、上海及天津等环境交易所开展了自愿减排的碳交易机制探索:2009 年 8 月,上海天平汽车保险股份有限公司于北京环境交易所达成交易,购买了北京奥运会期间由中国国际民间组织合作促进会和美国环境保护协会发起的"绿色出行"行动总计 8895.06 吨二氧化碳当量,以抵消

---

〔1〕 冷罗生. 中国自愿减排交易的现状、问题与对策[J]. 中国政法大学学报,2012(3).

公司成立以来运营产生的碳排放,这也是国内第一宗自愿减排交易;上海环境交易所打造了绿色世博自愿减排平台,包括世博 VERs 等多个项目,覆盖企业、团体、基金会、个人等多个方面。

2009 年 12 月,北京环境交易所联合 BlueNext 交易所推出了中国首个自愿碳减排的标准,即"熊猫标准",并于 2011 年 3 月实现首笔交易。

2010 年 4 月 27 日,国内首个自愿碳减排交易平台上海环境能源交易所网上交易平台正式开通,第一个月共成交 526 例。

2011 年 6 月 26 日,国内首个以温室气体自愿减排量为主要衡量指标的企业排行榜——中国企业自愿减排 2010 年度排行榜在京发布,梳理了 2010 年国内自愿减排市场的发展状况。

2012 年 6 月 21 日《温室气体自愿减排交易管理暂行办法》正式颁布,明确了自愿减排交易的交易产品、交易场所、新方法学申请程序以及审定和核证机构资质的认定程序,解决了国内自愿减排市场缺乏信用体系的问题,是中国碳交易体系和市场建设的重要一步。

（三）排放权交易市场

目前,我国正在为逐步建立全国性的碳排放权交易市场做基础性准备工作。2011 年下半年,国家发改委办公厅下发了《关于开展碳排放权交易试点工作的通知》,批准首批 7 省市开展碳排放交易权试点工作,试点时间为 2013 年至 2015 年。目前,北京、上海等试点已进入操作阶段。2012 年 9 月 11 日,广东省碳排放权交易试点正式启动,当日,中国首例碳排放权配额交易在广州碳排放交易所完成,4 家水泥企业以每吨排放配额 60 元的价格申购了 130 万吨配额。

第三节　碳金融服务

自《京都议定书》生效以来,全球碳金融市场迅猛发展。在碳金融交易体系、碳金融机构、碳资产管理、碳金融产品等方面形成了相对完整的运行机制。发达国家及少数发展中国家在碳金融领域寻求适合自身的发展道路。与发达国家碳金融发展相比,我国碳金融发展起步较晚,尚未形成自成体系的发展格局,还有许多问题需要在实践中进行完善。

一、基本概念

(一)碳金融

碳金融(Carbon Finance),又称为碳融资,是指由《京都议定书》而兴起的低碳经济投融资活动,即服务于限制以 CO_2 为主体的温室气体排放等技术和项目的直接投融资、碳权交易和绿色贷款活动。

碳金融市场(Carbon Finance Market)是指以 CO_2 为主体的温室气体排放权交易以及与之相关的各种金融活动的总称。广义的碳金融市场既包括排放权交易市场,也包括可产生额外排放权(各种减排单位)项目的交易,以及与排放权相关的各种衍生产品交易。

(二)碳资产

碳资产(Carbon Asset)是具有价值属性的对象,它既可以属于企业和个人,也可以属于地区甚至国家。它所体现的是在低碳经济领域的可适用于储存、流通或者财富转化的有形资产以及无形资产,包括 CDM 项目开发产生的减排量及所有因为实施低碳战略而产生的增值。

(三)绿色信贷

绿色信贷(Green-Credit Policy)是指国家把环保调控手段通过金融杠杆来具体实现。通过在金融信贷领域建立环境准入门槛,对限制和淘汰类的高能耗、高污染新建项目不得提供信贷支持;对于淘汰类的高能耗、高污染项目,采取收回已发放贷款的措施,从源头上切断高能耗、高污染行业无序发展和盲目扩张的经济命脉,切断严重违法者的资金链条,遏制投资冲动,解决环境问题,通过信贷引导产业结构调整。

(四)碳基金

碳基金(Carbon Fund)是指由商业银行、政府机构、私人金融机构或者其他类私人参与者通过多种融资方式获得资金,投资于碳交易所产生的信用证或直接投资于 GHG(温室气体)、CDM(清洁机制)和 JI(联合履约)项目,收益形式为这些项目所产生的碳排放指标或者现金。

二、国外发展状况

全球碳金融市场的产生和发展与全球碳交易密切相关,而《京都议定书》加速了碳交易的发展。金融机构的加入对交易市场的价格发现和流动性促进起到了重要的推动作用。目前,各国围绕碳金融开展了合作交流,在碳金融体系、机构、产品、资产管理等领域形成了相对完善的机制。

国外金融机构为契合低碳经济的发展,逐渐推出了各类碳信贷、碳基金、碳保险等碳现货金融产品。随着《京都议定书》对主要发达国家减排温室气体的种类、减排时间表和额度等具体规定的逐渐落实,碳远期、碳期货、碳期权、碳结构性产品等碳金融衍生产品创新层出不穷。金融机构积极参与,碳金融产品不断创新,推动了全球碳交易市场规模的爆发式增长。

(一)市场参与主体

随着全球碳金融的不断深入发展,碳金融产品市场的参与主体也日益多样化,既包括政府主导的碳基金、私人企业与交易所,也包括世界银行等国际组织、商业银行与投资银行等金融机构以及私募股权投资基金(见表13-1)。

表13-1 全球碳金融交易市场参与主体一览表

交易主体	强制碳交易市场	自愿碳交易市场
国际组织	世界银行、联合国环境计划委员会	世界银行、联合国环境计划委员会
政府部门	《议定书》缔约国、非缔约国	《议定书》非缔约国,发展中国家
非政府组织	世界自然资源基金会等	气候集团、世界经济论坛、国际碳交易联合会
金融机构	银行、保险公司、证券公司	银行、保险公司、证券公司
交易所	欧盟气候交易所、英国排放交易所等	芝加哥气候交易所、澳大利亚新南威尔士排放交易所等
交易主体	私募股权基金、企业与个人	私募股权基金、企业与个人

在碳金融市场发展初期,碳金融交易者主要有三类:一类是碳交易投机者,他们通过在碳金融产品的价格涨跌中做空或做多来投机获利;二类是碳交易企业,它们有减排任务或获得温室气体排放配额,参与碳排放权交易旨在降低排放成本、规避风险和套期保值;三类是碳交易所,它们以中介的身份代表企业或投资机构进行交易。

随着碳金融市场的快速发展,大批的金融机构和私人投资者纷纷参与碳金融交易。如巴克莱资本推出了标准化的场外交易核证减排期货合同,摩根士丹利宣布投资碳信用市场,荷兰银行与德国德雷斯顿银行联合推出追踪欧盟排碳配额的期货产品,参股美国迈阿密的碳减排工程开发商成立了专门为企业减排提供咨询及融资服务的碳信用银行。[1]

各国政府、国际组织也是碳金融市场的积极参与者。各国政府主要是制定碳交易的政策法规,完善碳交易制度,搭建交易平台和设立碳基金等。国际组织更多的是设立专门的碳金融业务部门来直接参与全球碳金融交易,推动了碳金融市场的发展。如世界银行通过《碳金融援助计划》激励发展中国家和经济转型国家积极参与《京都议定书》规定的灵活机制,联合国的国际金融公司也为发展中国家提供了碳交易保险、碳信用额度销售、碳产品债权、资产安排等多边贷款和股本融资业务。

(二)金融衍生品

碳金融衍生产品主要包括配额市场(强制市场)中的碳排放配额和项目市场(自愿市场)中的核证碳减排量。碳排放配额主要包括欧盟排放配额 EUA(European Union Allowances)和《框架公约》附件一国家间协商确定的排放配额 AAU(Assigned Amount Units)。核证碳减排量主要包括 CERs(Certified Emission Reductions)和 ERU(Emission Reduction Units)。CERs 是《框架公约》附件一国家通过提供资金和技术与非附件一国家开展项目合作获得的减排量,ERU 是附件一国家从其他附件一国家获得的减排量。以碳排放配额和核证碳减排量为基础,全球碳金融市场涌现出碳远期、碳期货、碳期权、掉期等金融衍生品。

碳金融衍生品交易分为交易所交易和场外交易(OTC)两类。交易所交易的是标准化的碳期货和期权合约,OTC 交易的是掉期等衍生品。交易形式上,EUA由交易所结算,CERs 多数为场外交易;产品形态上,EUA 多为碳期货、期权合约,CERs 多是远期合约。因碳减排单位一致、认证标准及配额管理体制相同,而时间、地点、价格预期不同,碳金融衍生品市场一般提供跨市场、跨商品和跨时期三

〔1〕 孙力军. 国内外碳信用市场发展与我国碳金融产品创新研究[J]. 经济纵横,2010(6).

种套利交易方式。EUA、CERs 和 ERU 间套利较普遍，如 CER 与 EUA、CER 与 ERU 间的掉期和互换，CER 和 EUA 的价差期权等。2009 年欧盟排放交易体系总额 1000 多亿美元的交易中碳期货占 73％，EUA 期权成交 89 亿美元，CERs 期权成交 18 亿美元，期货、期权等衍生品交易占到全球碳交易的 85％。[1]

（三）碳基金

碳基金来源有政府出资、政府与企业共同出资、企业出资三种。政府出资设立的碳基金一般通过购买 CDM 项目，帮助公共部门减排温室气体，提高能源使用效率，加强碳处理及低碳技术研发。企业出资设立的碳基金完全出于投资目的，从参与 CDM 项目的转卖中获取利润。碳基金的投资方式主要包括碳减排购买协议和直接融资两种。碳减排购买协议是发达国家之间或发达国家与发展中国家间通过提供资金和技术的方式，实施具有温室气体减排效果的项目，项目产生的温室气体减排量由碳基金收购。直接融资是直接为 CDM 项目提供股权投资或信贷支持。在国外，政府是倡导碳减排计划与推动碳金融产品发展的先驱，通过一系列政策支持，为碳金融产品提供基础性的金融工具，对碳基金的发展起到了关键性作用（见表 13 - 2）。

表 13 - 2　国外政府资助和与碳减排相关的主要碳基金

产品分析	产品特征	主要产品	发行金融机构	发行地区
财政绿色基金	小企业能获得更便宜的贷款，私人投资者能够在更具吸引力的利率水平上进行投资	低碳封闭资本基金	荷兰银行	欧洲
		低碳固定收益凭证	荷兰国际集团	欧洲
		低碳开放式基金	ASN 银行	欧洲
		低碳半开放式基金	荷兰 Triodos 银行	欧洲
低碳发展基金	碳基金通过向投资者融资用于购买现有的碳减排项目的 CERs 与 ERUs 额度，或者在新的环保项目进行投资	CDM 原型基金	世界银行	全球
		国家主权碳基金	各国政府	全球
		政府多边合作基金	区域金融机构与各国政府	全球

---

[1] 刘英．国际碳金融及衍生品市场发展研究[J]．金融发展研究，2010(11).

产品分析	产品特征	主要产品	发行金融机构	发行地区
低碳投资基金	能源标准,具有较高的潜在回报、拥有高质量的产品与服务的公司	生态绩效资产基金	瑞士联合银行	欧洲
		清洁能源目标资金	瑞士联合银行	欧洲
自然灾害债券基金	允许对气候相关的灾害风险如洪水、干旱等在传统保险市场上难以承保的领域提供套期保值	Leu Prima 自然灾害债券基金	瑞信	欧洲
低碳私募基金	私人资产可以投资于风能、太阳能、生物燃料、生物多样化、森林可持续化项目	可持续发展投资项目	花旗银行	美国
		森林保护与生物多样化项目	美国银行	美国

资料来源:联合国发展报告,2007 年 8 月。财政绿色基金、低碳发展基金、自然灾害债券基金属于政府资助项目的碳基金。低碳投资基金、低碳私募基金属于与碳减排相结合的碳基金。

目前,60%以上的碳基金通过购买碳减排协议方式参与国际碳金融市场,30%以上的碳基金以直接融资的方式为 CDM 项目提供资金支持。[1] 随着碳金融市场的迅猛发展,国际碳基金规模不断壮大。据相关统计,2005 年全球碳基金的数量为 34 只,2009 年全球碳基金的数量已达到 87 只,资金规模达到 161 亿美元。[2] 世界银行碳基金、日本 GHG 减排碳基金、英国碳基金、欧洲碳基金和德国碳基金是目前国际碳金融市场上最具影响力的碳基金。

三、国内发展情况

我国作为全球最大的发展中国家,碳减排任务艰巨但承诺减排目标明确,拥有巨大的碳金融市场发展空间和良好的发展优势,具备碳金融市场充分发育和发展的基础。经过多年的探索和努力,除了碳金融政策不断完善,碳金融市场规模不断放大外,在绿色信贷、低碳股市板块、市场结构和产品创新等领域均取得了较大的发展。

---

〔1〕 Financial Solutions. Carbon Fund Assets Buck Recession Trend [EB/OL]. http://www.financial solutions. com.

〔2〕 严琼芳. 国际碳基金发展的现状、问题与前景[J]. 经济纵横,2010(11).

（一）绿色信贷

近年来,我国银行通过压缩"两高"行业信贷投放、支持循环经济和节能减排项目开发等方式积极践行绿色信贷政策,为低碳经济发展提供了积极的金融支持。据中国银行业协会发布的《2011 年度中国银行业社会责任报告》显示[1],2011 年,银行业对产能过剩行业的贷款余额同比下降 0.14 个百分点,支持节能环保项目数量同比增长 28.79%,发放节能环保项目贷款余额同比增长 25.24%。

（二）低碳股市板块

近几年,在股市整体低迷的背景下,以风电、太阳能、核电和新能源汽车为代表的低碳产业作为"节能减排"、"优化能源结构"和承担产业结构调整的重要角色,有不少可圈可点之处。2009 年以来,低碳板块也已成为国内直接融资市场的重要板块,围绕高能源效率和清洁能源结构两大核心主旨,覆盖十余个新兴行业共 300 多家上市公司。截至 2011 年 1 月初,我国股票市场上共有低碳概念股票370 只(上交所 172 只和深交所 198 只),深圳创业板 25 只,分布在节能环保、新能源、新能源汽车、循环经济以及智能电网等板块,占总市值和流通市值总量的15%～22%不等。

（三）参与

国内碳金融市场尚处于发展阶段,市场主体主要是政府鼓励下的金融机构,较为单一,发展动力不足,与碳金融市场其他组成要素之间的影响和联系并不是很密切,导致了局部与整体发展的不协调。[2] 随着对碳金融认识的不断加深,碳金融市场主体规模逐渐扩大,参与主体的结构趋于多样化。碳金融市场层次的丰富及运行效率的提高,使得碳金融日益成为各类市场主体进行投融资活动的重要平台。碳金融市场主体日趋多元化,商业银行、国内外投资银行、保险机构、风险投资、基金等开始涉足碳金融,碳金融的发展渐渐形成了以金融机构为主体,多种类型机构投资者共同参与的多层次市场。

〔1〕 银行业社会责任报告:节能环保项目贷款余额大增[R/OL]. [2012 - 06 - 25]. http://www. enorth. com. cn.

〔2〕 乔海曙,陈守端,沈淑娟,等. 我国碳金融市场的最新发展[J]. 金融发展研究,2012(4).

（四）碳金融体系

一是创新抵押和担保模式。以 CDM 项目产生的碳排放权为质押的银行贷款，如东海海上风电项目。创新风险分担机制，实施效能融资。2006 年兴业银行成为与国际金融公司开展中国能效融资项目合作的首家中资银行，北京银行与浦发银行也相继加入此合作。创新优惠政策，实施绿色中间信贷。法国开发署与财政部签署贷款协议，与招商银行、华夏银行、浦东发展银行三家国内银行合作，由其作为转贷行，以低于市场利率的条件将贷款发放给申请企业，支持银行选择的能效和可再生能源项目，为绿色项目提供融资渠道。二是创新碳金融理财产品。2007 年深圳发展银行推出与 CO_2 挂钩的理财产品，这类产品的收益主要与欧盟《京都议定书》第二承诺期内的碳指标期货合约的表现挂钩，到期后分别产生了超过 7.3％和 14.1％的年收益。之后，信托行业也发行了以中诚信托的风电投资信托计划为代表的相关低碳理财产品。三是创新碳基金运作方式。设立公益性低碳环保基金，最有代表性的是 2007 年 7 月成立的中国绿色碳基金。运作碳交易相关基金，2006 年 8 月，国务院批准成立中国清洁发展机制基金及其管理中心，负责收取、管理和利用在 CDM 项目实施过程中属于国家的收益。设立低碳产业股权投资基金，最为典型的是政府参与引导的低碳股权投资基金，包括广东绿色产业投资基金、南昌开元城市发展基金、光大江阴新能源（低碳）产业投资基金等，其中长株潭"两型社会"产业投资基金于 2010 年初设立，总规模为 200 亿元人民币。

四、江苏碳金融建设构想

与国外碳金融市场相比，我国碳金融市场尚处于起步阶段。虽然我国 CDM 项目交易量占到世界总成交量的 80％以上，但对碳交易的价值、操作模式、交易规则等还未充分了解。国内尚未设立建立具有全球性和区域性重大影响的碳交易平台，未能充分开发碳基金、碳期货、碳证券等金融衍生品，我国在全球碳金融产业链中处于末端。因此，江苏位于全国经济发展的第一板块，经济外向型程度高，对外依存度高，建设区域型碳交易市场对江苏经济可持续发展、低碳化发展具有十分重要的意义。在未来碳金融市场构建过程中，江苏应当充分发挥良好的经济基础、后发优势和潜在市场规模优势，更充分地参与全球碳金融市场分工。

（一）健全碳金融市场体系

我国许多省市自主成立了碳环境交易所。目前,这些交易所还仅限于二氧化硫、排污权指标及节能环保技术转让,交易无序化、不规范化、同质化趋势明显,地区性壁垒阻碍了信息的流通,碳金融产品及衍生产品创新不足,交易方式创新不够,这对处于起步阶段的碳金融市场发展带来了负面影响。江苏是全国经济大省,碳交易需求旺盛,应当加快对国际碳交易制度、交易规则和定价规律的研究,根据《国务院关于清理整顿各类交易场所　切实防范金融风险的决定》(国发[2011]38 号)的要求,在政策安排、制度设计、区域规划、平台设计等方面借鉴发达国家的经验,积极发展有特色、高效率、分层级的区域型综合碳金融交易市场。一是完善制度、技术、资金等激励措施,引导市场参与者进行场内交易,提高交易的制度化、规范化和程序化。二是积极改善交易条件,建立信息管理系统,利用网络技术共享全球碳交易信息资源,及时公布企业交易历史记录、CDM 减排项目评估情况及国际碳排放权价格波动等信息,增强市场操作的透明度。

（二）培育碳金融服务体系

碳排放权及其衍生品属于虚拟商品,开发程序复杂、交易规则严格,交易过程中签订的合同也大都涉及境外客户,内容繁杂、期限较长,非专业性机构一般不具备项目开发和执行能力。因此,国外碳金融项目评估及交易大多由专业性中介机构完成。江苏对碳金融交易市场构建尚处于研究阶段,从事碳金融交易的专业机构和服务机构数量少、经验缺、专业技能差,制约了江苏碳金融业务的开展。当前,江苏应加强对参与碳金融市场的咨询、评估、会计、法律等服务机构的培育,发展专业机构,培训从业人员,推进碳交易服务体系建设。一是鼓励在苏商业银行拓展碳金融中介业务,利用自身的信息资源及网络优势,为企业提供 CDM 项目推荐、项目开发、信用咨询、交易和资金管理等服务。鼓励商业银行作为 CDM 项目的咨询顾问,协调项目发起人、国外投资者、金融机构和政府部门之间的业务关系;尝试发行结构型、基金化和信托类金融理财产品,为 CDM 项目企业提供融资支持。二是鼓励各类投资银行、投资公司和理财公司开发碳金融理财产品,为投资者提供新的投资渠道。三是鼓励会计师事务所、资产评估机构开展碳金融产品的评估和咨询,为交易主体提供项目评估、风险规避等服务。四是鼓励保险公司、担保公司创新保险产品,通过增信担保机制促进碳金融产品的开发和交易。

(三)完善碳金融产品体系

江苏现有的碳金融业务主要集中在清洁发展机制项目等方面,业务量小。碳金融产品主要限于经核证的减排量 CERs 和绿色信贷,产品简单,工具单一,业务量小,无法实质性地融入国际碳金融体系。因此,完善碳金融产品体系成为江苏构建区域性碳金融市场的重要环节。今后,应重点通过以下措施来完善碳金融产品体系:一是完善现有绿色信贷产品。鼓励在苏商业银行开发绿色信贷产品。二是建立碳基金。在现有的"中国 CDM 基金"和"绿色碳基金"运作模式的基础上,强化碳基金在碳减排交易和融资等方面的功能。三是开发信托类碳金融产品。信托公司可设立碳信托投资基金,将其投资于具有 CDM 开发潜力的项目,通过这些项目的开发获得相应的 CERs 指标并在碳交易市场交易。四是拓展基于碳权的融资租赁业务。鼓励商业银行、投资公司、租赁公司为 CDM 项目企业购买所需设备,租赁给 CDM 企业使用,CDM 企业以 CERs 支付租金。五是发展碳金融衍生品。在完善区域性碳金融交易市场的基础上,逐渐推出碳远期、碳期货、碳期权等金融衍生产品。

第四节　气候变化风险市场

随着全球气候变化愈演愈烈,气候变化对经济社会发展的影响研究渐成学界热点。气候变化风险评估业正逐步发展成为低碳经济服务业的重要分支,是新型服务业衍生的重要领域。本节从气候变化的概念、内涵和特点分析入手,着重探讨气候变化对经济社会发展的现实影响,最终归纳气候变化风险评估业的发展规律。

一、气候变化风险概念及特点

对气候变化风险进行界定和识别是风险评估与管理的基础。IPCC 的评估报告认为,气候变化对全球自然、社会和经济可能造成的各种风险,是国际社会确定目标、制定政策、采取措施的重要依据。气候变化涉及不同种类的风险,不同的人群以及非人类社区会面临不同的风险[1]。

（一）基本概念

目前，学界对气候变化风险的定义没有统一的界定。部分学者根据 IPCC 评估报告的描述从风险的基本概念出发，将气候变化风险定义为气候因素的波动给经济社会发展运行造成损失的可能性，相应地，造成风险事故即形成损失的事件称为气候风险事件[2]。也有学者根据气候变化的特征，提出气候变化风险是气候系统变化对自然生态系统和人类社会经济系统造成影响的可能性，尤其是造成损失、伤害或毁灭等负面影响的可能性[3]。同样，农业生态系统中的生产过程是自然生产和社会生产的复合过程，受许多易变因子的制约，特别是气候因子，任何程度的气候变化都会给农业生产及其相关过程带来潜在的或显著的影响，这种气候变化引致农业生产的不稳定性和经济社会损失，即是农业生产事件中的气候变化风险结果[4]。综合国内外学者及相关机构的观点，可认为气候变化风险是指不同强度气候变化发生的可能性并由此可能带来或者造成的灾害损失。

（二）主要特征

气候变化的风险分析和评价是气候变化风险评估的依据，也是气候变化风险评估的核心。除一般意义上风险所具有的不确定性和危害性等特点外，气候变化风险还具有以下特点：

一是动态性。任何系统都不是封闭和静止不变的，都是处于不断变化的动态过程中。气候变化是复杂的系统，影响气候变化风险的各因子都在随机变化，这就导致气候变化风险具有明显的动态性。

二是复杂性。由于气候变化风险的最终客体包括整个社会经济和生态系统及领域（个体、种群、群落、生态系统、景观乃至区域），考虑到系统之间的相互作用与相互联系，即风险级联，因此相对于单一类型的风险而言，气候变化风险的复杂

〔1〕马修·帕特森.气候变化和全球风险社会政治学[J].周长银，译.马克思主义与现实，2005(6).

〔2〕张建敏，黄朝迎，吴金栋.气候变化对三峡水库运行风险的影响[J].地理学报，2000(1).

〔3〕张月鸿，吴绍洪，戴尔阜，等.气候变化风险的新型分类[J].地理研究，2008(4).

〔4〕段海来，千怀遂，杜尧东.中国亚热带地区柑桔气候风险评估[J].地理学报，2010(4).

性更为显著。

三是客观性。任何系统都会受到诸多不确定性和危害性因素的影响,必然存在系统性风险。由于气候变化风险对于整个经济社会和自然系统来说是客观存在的,所以在进行气候变化风险评估时要认识到这个客观性。

四是内在价值性。气候变化风险的后果主要包括经济损失、生命威胁以及各种系统的变化等。经济学上的风险和自然灾害风险常用经济损失来表示其大小。而气候变化风险还应该充分考虑气候变化对系统结构和功能的影响,以及气候变化对系统的内在价值变动的影响,不能用简单的物质或经济损失来表示。如气候变化风险对社会、政治的影响难以量化。此外,气候变化还存在代际代内公平性和外部性,经济损失的货币化难以完全衡量气候变化导致的各种后果[1]。

上述各种气候变化风险概念和特点,代表了气候变化风险研究的不同阶段和不同领域对气候变化风险理解的不同角度。总的来看,可以归纳为三个方面:从风险自身角度,将气候变化风险定义为一定概率条件的损失;从气候变化影响因子的角度,认为气候变化风险是各种风险因子出现的概率;从气候变化风险系统理论角度,认为气候变化风险主要来源于自然、社会及经济三者共同作用,并重视人类自身活动对气候变化风险造成的"放大"或者"减缓"作用[2]。

二、气候变化风险市场适用领域

气候变化对经济发展的现实风险是客观存在的,其影响社会经济的主要方面如下。

农业生产:据不完全统计,我国每年因各种气象灾害造成的农田受灾面积达 3.4×10^7 公顷,造成的经济损失约占国民生产总值(GDP)的 3%~6%。气候变化对未来农业生产将产生较大影响,主要表现在对农作物产量、生长发育、病虫害等方面[3]。正因为气候变化与农业生产休戚相关,开展气候变化风险评估对农业

---

〔1〕 谭灵芝,王国友.气候变化对社会经济影响的风险评估研究评述[J].经济理论与方法,2012(1).

〔2〕 孙宁.气候变化对制造业的经济影响研究[D].南京:南京信息工程大学,2011.

〔3〕 肖风劲,张海东,王春乙,等.气候变化对我国农业的可能影响及适应性对策[J].自然灾害学报,2006,15(6).

生产十分重要且前景广阔。

工业制造:气候变化对工业部门的影响常常通过农业的影响转嫁而来,主要表现为气候变化会对工业生产的原料价格、原料及成品的运输价格和能源价格产生影响,进而影响到工业制造业的发展。据美国气象局的评估研究,工业对气候要素敏感度排位靠后,工业对气候变化的弹性系数小。这跟工业生产多在厂房内进行,对气候条件依赖性较低有关,因此,气候变化对工业生产的风险尚无太多关注和研究。

能源供应:气候变暖导致全球绝大多数地区气温升高(或降低),使得当地制冷度日(或制热度日)增加,从而提高了对能源的需求[1]。从我国气候变化与能源需求关系来看,气候变化对电力的影响最为显著,因此,国内关于气候变化对能源风险的评估都聚焦在气候变化对电力供应的影响上面。

金融保险:气候变化对金融保险服务的可得性和可支付能力都有负面影响,潜伏着放慢保险业发展,并且将更多负担转嫁给政府机构和个人的风险。[2] 另一方面,运用金融保险工具也逐渐成为规避气候风险的重要途径。

三、国外发展情况

(一)天气市场快速发展

1996 年,美国安然公司成功与西南电力公司交易了全球第一笔天气衍生合同,气候变化风险市场开始迅猛发展,具体表现在以下几方面:

1. 交易增长迅速。根据天气风险管理协会(WRMA)调查数据,1997—2007年,天气交易合同份数以数十倍增长。2006 年 4 月至 2007 年 3 月,全球范围内交易的天气衍生品合约总数超过 73 万份(含场外交易和芝加哥商品交易所 CME 的交易)。

2. 交易合同品种增加。天气交易衍生合同的品种迅速增加,交易衍生合同主要包括基于气温的互换、各类期权、期货和以这种期货为基础资产的期权。天气风险管理协会(WRMA)数据显示,2006 年 4 月至 2007 年 3 月,有关温度的天

---

〔1〕 孙宁.气候变化对制造业的经济影响研究[D].南京:南京信息工程大学,2011.

〔2〕 李伟.世界保险业应对全球气候变化研究动态[J].财经科学,2008(7).

气衍生品合约总值达 189 亿美元,有关降雨和风力的天气衍生品合约的名义价值分别为 1.42 亿美元和 3600 万美元,有关温度的天气衍生品合约占了绝大部分,降雨量衍生品的发展还处于萌芽阶段。

3. 市场范围迅速扩大。从 1997 年以来,天气衍生合同交易市场的地理范围从美国迅速扩展到欧洲、日本及澳大利亚等市场经济发达地区。其中,欧洲交易额为美国的 1/2,且大多数为场外交易,但发展速度较快。以 2003 年为例,2003 年欧洲交易的合同份数为 1480 份,比 2002 年增长了 90%,是 2001 年的 8.7 倍。

4. 交易方式不断丰富。交易方式从柜台交易(OTC)发展到场内交易。大多数天气衍生合同都是通过 OTC 方式交易的。2002 年 4 月到 2003 年 3 月,芝加哥商品交易所(CME)与 WRMA 调查的天气衍生合同场外交易份数分别是 7239 和 4517,此前,芝加哥商品交易所几乎没有场内交易的天气衍生合同。

(二)国外气候变化风险评估业发展

无论是发达国家还是发展中国家都非常重视气候变化风险评估,这是全球应对气候变化的重要内容和基础,也是减少温室气体排放及气候变化对传统经济发展影响的重要手段和技术。美国、英国、欧盟、澳大利亚、日本等国家和地区已比较广泛地开展气候变化风险评估工作,中国、印度等发展中国家仍在探索过程中。英国是全球开展气候变化风险评估起步最早、评估最完善的国家之一。2008 年,英国通过《气候变化法案》,使英国成为世界上首个将温室气体减排目标写进法律的国家,加强了其适应气候变化的能力。目前,英国正在着手对因气候变化造成的风险进行全面评估,并将制订适应气候变化的计划,以便为应对气候变化提供明确的指导,提高各行业适应气候变化的能力。率先运用法定风险评价,根据气候变化迹象调整相应政策,将有利于公共与私营部门开展气候风险评价。此外,英国各地方政府(英格兰、苏格兰、威尔士及北爱尔兰)均在制订适应气候变化的计划。为了及时通报并快速掌握计划的执行情况,英国《气候变化法案》要求,政府应每 5 年准备一份关于英国气候变化风险的评估报告——《气候变化风险评估》(CCRA)。2012 年 1 月英国政府将向英国国会提交第一份评估报告,每 5 年更新一次。CCRA 分为两个阶段:第一阶段向国会提交正式风险评估报告,第二阶段对适应方案进行经济评价。这两个阶段都将通告国家政策与适应方案发展的状况[1]。

四、对江苏省的借鉴与启示

气候变化风险市场是低碳经济发展到高级阶段的产物,而我国仍处于低碳经济、碳交易市场构建及碳产业培育的探索阶段。开展气候变化风险评估,发展气候变化风险市场,探索天气衍生合同交易,丰富碳金融交易内涵,在我国具有非常广阔的前景和重要的意义。

我国是世界上自然灾害频发的国家,灾害损失的经济补偿是维持社会再生产顺利进行的必要条件。政府救济、社会捐助和保险是补偿灾害损失常用的方式。由于受财力所限,我国每年用于自然灾害的救济费只有数十亿元,远远不能弥补灾害造成的经济损失。开展气候变化风险评估,建立常态化工作机制,以规范的政策、法规和程序制定气候变化风险评估机制,定期公布应对气候变化的计划,有利于政府、企业开展气候风险评价,提高适应气候变化的能力,减少经济损失和社会风险。

(一)能够开辟应对灾害风险分散渠道

保险是现代风险管理的有效手段,但由于保险经营的复杂和困难,保险特别是财产险的发展还不能适应工农业生产的需要,农业保险甚至有不同程度的萎缩,在气候变化风险激增(自然灾害频发)的背景下,如何促进工农业健康有序发展成为当前农业保险关注的重点。目前,我国的农产品期货市场只有少量针对少数大宗农产品的实物期货,主要是应对农产品的价格风险,尚无应对气候变化产生的产量风险的期货产品。我国农业生产中的自然风险迫切需要建立有效的机制进行分散。由于天气衍生产品吸引了社会资金参与分散农业中的风险,这对保护农民的生产积极性,吸引非农资金向农业的转移起到了很大的促进作用。在促进我国农业保险发展的同时,积极开展气候风险评估,适时推出天气衍生产品是有广阔前景的。

(二)能够丰富碳金融市场交易合同种类

开展气候变化风险评估,发展气候变化衍生产品交易,为与气候变化密切相

---

[1] D. M. 拉姆斯博滕,S. D. 韦德,I. H. 汤恩德. 英国气候风险变化评估[J]. 左志安,山松,编译. 水利水电快报,2012,33(1).

关的企业提供新的投资渠道。在发达国家,许多农业保险公司、农业协会、农业社团、农民自发组织都是气候变化衍生产品的投资者。目前我国碳金融市场品种单一,不管是个人投资者还是机构投资者都很难通过构造合适的投资组合提高收益、降低风险,而气候变化衍生产品的推出在很大程度上可以填补这一空白。同时,发展气候变化衍生产品交易市场,能够推进我国金融工程创新,锻炼金融工程人才,促进金融工程研究进展。气候变化衍生产品是金融工程创新的结晶,而金融业的繁荣离不开金融工程的创新。因此,在适当的机会推出管理气候变化风险的天气衍生产品对发行人、投资者、监管者以及研究者都是一个学习锻炼的过程,对我国金融工程的发展和创新起到探路者的作用。

气候变化风险评估是非常重要的新型服务咨询产业。虽然目前开展气候变化风险评估还仅仅停留在政府层面或者由政府主导,但气候变化风险不仅仅涉及政府,更重要的是影响全社会,对企业发展影响重大。社会机构和企业将会为自身利益需要,运用气候变化风险评价计划、报告等产品来调整发展战略,更好地调整生产经营战略,更全面地参与市场竞争。从这个层面来看,未来几年,气候变化风险评估将越来越重要,甚至会超过当前的环境评估。

第十四章　低碳绿色管理：面向
未来的社会责任

　　现代企业面临着日趋激烈的市场竞争环境和日新月异的技术革新，但不可否认的是，实施企业低碳管理，已成为产业可持续发展的必由之路和企业履行社会责任的重大举措。加强节能减排，走绿色低碳之路，是现代化生产与发展的必然选择。在低碳发展的大环境下，企业将面临更加激烈的竞争与挑战，而同时也会有更大的市场与机会。因此，企业必须清楚地认识到社会和经济发展的趋势，准确判断自身所处的内外环境，适时调整产业发展的战略方向，制定符合企业自身的管理制度，才能更好地适应新的经济环境形势，才能在激烈的市场竞争中获得或保持优势地位。

第一节　低碳品牌

　　近年来，随着消费者的品牌意识的不断提高，产品品牌效应越来越成为消费者选择产品的重要影响因素。此外，随着市场经济的快速发展和全球化进程加快，企业之间的竞争日趋激烈。因此，企业要想在激烈的竞争中保持持久的优势地位，就必须不断地提高企业自身的核心竞争力。而树立企业的品牌形象、形成产品品牌效应，正是企业核心竞争力的所在，也是企业战略的灵魂和发展的源动力。

一、低碳品牌的产生背景

减少温室气体排放，遏制全球气候变化是全世界共同的使命，是人类实现可持续发展的前提条件,也是企业界所面临的重要命题。在国际上,有些知名的国际企业已经认识到树立和发展低碳企业品牌的重要性,其中相当一部分企业已经将低碳理念融入到产品和服务当中,特别是在汽车、石化、能源、工业制造等高耗能行业显得尤为突出。在中国,一些理念先进的商家也开始提出和追捧一些低碳品牌,来满足消费者日渐提高的低碳环保需求,如国内已经有十大低碳品牌评比等活动,来进一步树立社会公众对低碳品牌的良好认知。对企业而言,面临着这样的国际国内形势,想要在激烈的竞争中稳固根基,持久保持企业的优势地位,必须将低碳理念融入企业的生产与销售之中,并树立低碳企业品牌,形成低碳品牌效应。低碳时代已然来临,这对中国企业来说既是机遇也是挑战。

二、低碳品牌的发展途径

品牌竞争力是企业核心竞争力的外在表现,有不可替代的差异化能力,是企业所独具的能力,是竞争对手不易甚至是无法模仿的;具有使企业持续赢利的能力,更具有获取超额利润的品牌溢价能力[1]。因此,在第四次经济浪潮的社会大背景之下,树立低碳企业品牌是发展和巩固企业品牌竞争力的主要途径,是提高企业核心竞争力的重要手段。如何树立低碳企业品牌,主要表现在以下几个方面。

(一)倡导低碳理念,提高品牌公信力

企业在树立低碳品牌之前,必须要确立企业低碳文化的发展战略理念,将社会责任置于企业发展战略的高度,从而在一定程度上得到政府、社会和媒体的认可与支持,进而提高企业自身品牌的公信力。

目前,国家已经将发展低碳经济列入"十二五"规划的重要任务中,从两个方面对发展低碳经济提出了具体目标:一是发展现代产业体系,提高整个产业的核心竞争力,积极发展以节能减排、新能源为代表的七大战略性新兴产业;二是树立低碳发展理念,以节能减排为重点,加快引导社会形成低碳生产方式和消费方式。[2]另外,我国政府正利用各种方式宣传低碳经济的重要性、紧迫性及其利害关系,从而推动社会形成低碳思维。同时,政府也考虑提高产品能效的市场准入

〔1〕 卫雯雯.沪深床上用品上市公司竞争力案例研究[D].昆明:云南大学,2011.
〔2〕 宁小勇.低碳企业文化与品牌竞争力[D].上海:华东师范大学,2011.

门槛，形成一个良性循环来促进低碳产品的推广。企业倡导的低碳文化理念将得到政府政策的大力支持，在很大的程度上提高了企业在产业中的核心竞争力，占据更大的市场份额，从而提高品牌的竞争力。

企业在倡导低碳文化理念得到政府政策的大力支持的同时，也会得到社会各界的大力支持与认可，进而获得诸多对企业低碳文化理念的正面宣传和报道，也进一步地获得社会公众的认同与认可，这不仅可以提高企业品牌的公信力，也会为企业低碳品牌营造一个良好的外部环境。

（二）建设低碳制度，提高品牌创新力

企业倡导低碳文化理念的同时，必须加强建设企业低碳制度，这样才能行之有效地完成节能减排的工作任务。建设低碳制度不仅仅可以让企业不断地进行技术创新和设备改进，还可以通过制度来落实低碳文化理念，从而约束和规范企业员工的各种行为。

通过建设低碳制度，一方面可以让企业员工真正了解低碳的内涵和重要性，明白低碳经济、低碳生活并非离我们很远，使低碳融入企业员工平时的日常工作当中，从而达到节能减排、实现低碳的目的；另一方面，可以激发企业每一个员工的创新能力，从而促进企业技术的创新和低碳产品的研发。企业在技术创新和低碳产品研发方面投入的比例将直接影响品牌的创新力。因此，建设低碳制度对企业来说是提高品牌创新力的重要保障。

（三）参与低碳行动，提高品牌持久发展力

积极参与低碳环保行动，将成为企业品牌资产的一部分，成为企业构建良好品牌形象的重要因素。因此，企业必须将低碳文化理念落实到实处，积极举办和参与各种低碳环保公益活动，并贯穿于企业生产销售的各个方面，这样不但可以提高企业品牌的知名度，而且可以在社会中树立良好的企业品牌形象。除此之外，企业还需要经常将低碳环保理念在企业内部员工中进行宣传与教育，积极开展关于个人碳足迹、低碳设计的评奖评优等活动，将低碳理念深入到每一个员工的内心深处，将低碳行动真正落实到企业日常的工作之中。

企业积极落实低碳行动，利于将企业低碳理念通过行动传输到企业的消费者和潜在消费者心中，让消费者深深地感受到企业的低碳文化理念。因为随着低碳经济的发展和低碳环保理念的推广落实,越来越多的消费者会更加青睐于购买低碳品牌的产品。这对企业而言,积极参与低碳行动、推广低碳理念无形之中提升了自己企业品牌的形象,提高了企业的知名度,自然而然地对提高企业品牌持久发展力有着不可估量的作用。

（四）打造低碳产品,提高品牌市场竞争力

对于企业而言,生产低碳产品是企业低碳文化理念最具体也是最直接的体现。因此,企业应该加大对低碳产品的研发生产投入,落实改进产品生产方法与流程,并积极探索一套与本企业相适应的低碳行动方案。在打造低碳产品的同时,企业不能忽视低碳的服务理念,企业应该为消费者提供高效率、高质量的服务,从而使企业产品在质量、价格、服务等方面都能获得消费者的认可,提高企业产品品牌的市场竞争力。

第二节　低碳认证和标准标识

一、低碳产品标准的制定

我国的标准依据《中华人民共和国标准化法》的规定,按照适用范围将标准划分为国家标准、行业标准、地方标准和企业标准 4 个层次。各层次之间有一定的依从关系和内在联系,形成一个覆盖全国又层次分明的标准体系。《标准化法》还规定,企业生产的产品没有国家标准和行业标准的,应当制定企业标准,作为组织生产的依据。企业的产品标准需报当地政府标准化行政主管部门和有关行政主管部门备案。已有国家标准或者行业标准的,国家鼓励企业制定严于国家标准或者行业标准的企业标准,在企业内部使用。

低碳经济的落实,离不开标准的支持,只有制定了明确的标准体系和要求,低碳经济的发展才会有规则,低碳经济的秩序才能得到规范,从而促进形成低碳的生存模式和消费模式。在没有形成大规模产业的背景下,在碳排放还没有形成统一的标准前,企业更应该尽早建立自己的低碳产品标准,以免处于被动不利的地位。

目前，很多企业仍处于传统的高碳发展的经济模式，而且面临能源供需紧张，市场竞争激烈，技术研发能力有限等问题，面临着巨大的考验。而纵观世界，日本和欧美等西方发达国家、地区利用其先进的科研技术和雄厚的资本实力，对产业、能源、技术、贸易等方面做出了重大调整，建立了比较熟悉的低碳经济标准体系。这不仅仅取得了可观的环境效益，而且拉动了低碳消费，开发出新的经济增长点。因此，中国的企业应充分借鉴西方发达国家发展低碳经济的技术和经验，并根据企业自身的实际情况，制定并完善相关产品的低碳标准，建立一套切实可行的低碳经济模式，在有效保护环境的同时促进企业技术的升级，从而提高自身的竞争能力，使企业获得更大的发展空间。

二、低碳产品认证的作用和意义

所谓低碳产品认证，是以产品为链条，吸引整个社会在生产和消费环节参与到应对气候变化的行动中。通过授予产品低碳标志，从而向社会推介一个以顾客为导向的低碳产品采购和消费模式。以公众的消费选择引导和鼓励企业开发低碳产品技术，向低碳生产模式转变，最终吸引整个社会在生产和消费环节参与到应对气候变化的行动中，达到减少全球温室气体排放的效果[1]。

在中国，中国环境标志低碳产品认证为国内首个低碳产品认证标准体系。该体系由环保部在中国环境标志认证基础上研发而成，目前环保部已完成并公布了包括家电和办公用品两类产品在内的认证标准。该认证一方面对生产领域中各类产品的温室气体排放设定相关限值标准，可以帮助生产商和经销商更好地传播产品在保护气候方面的信息，对于产业自身节能减排、提高本身竞争力有很大作用；另一方面低碳产品认证可以成为联系公众与可持续发展战略的纽带，帮助消费者在消费过程中进行判断和选择，为社会树立良好的消费价值导向，有助于构建全方位的生态消费体系和形成新的消费价值观，推动我国低碳和可持续发展，引导消费者为保护气候做出应有的贡献[2]。

近年来，江苏已实行了一些低碳产品认证活动。其中苏州工业园区在 2010

---

〔1〕　佚名.低碳产品认证引领低碳时代[J].质量与市场,2010(2).

〔2〕　唐丁丁.开展低碳产品认证　引领可持续消费[J].环境保护,2010(16).

年 7 月召开以"低碳企业、绿色园区"为主题的"苏州工业园区碳排放评测项目集中签约仪式",通过政府搭台、认证机构参与的形式,全面启动低碳认证。签约会上,SGS、AQA、CQC 分别与 8 家公司签订了低碳认证合同,这是国内首次集中签约,参与企业多且涉及行业广泛。

目前,国家发改委和国家认证认可监督管理委员会正在酝酿的《低碳产品认证管理办法(暂行)》和相关技术支撑文件已完成各部委意见征集,并将于近期发布,届时,全国统一推行的、自愿性的低碳产品认证制度将启动。

我国的企业应该重新定位企业产品的发展方向,落实改进生产工艺与流程,积极参与中国环境标志低碳产品认证的工作。这对于企业来说是一次迅速抢占市场,树立良好企业形象,形成品牌效应的绝佳机遇,也是加强企业核心竞争力的重要手段。这不仅对企业有着积极深远的影响,对推进我国企业和消费者的可持续消费,带动我国循环经济发展,进而全面推进环境友好型社会建设也都有很大帮助。

第三节　低碳供应链

现代企业面临激烈的市场竞争和经济全球化的巨大挑战,急需降低企业生产运营成本和提高企业竞争优势,因此供应链管理思想随之产生。供应链是围绕核心企业,通过对信息流、物流、资金流的控制,从采购原材料开始,制成中间产品以及最终产品,最后由销售网络把产品送到消费者手中的将供应商、制造商、分销商、零售商直到最终用户连成一个整体的功能网链模式。

一、低碳供应链的内容

随着现代物流和技术的发展,生产和供应链管理日益复杂,企业面对瞬息万变的市场形势,必须适时做出相应的供应链优化调整,来完成低碳经济下可能面临的问题。为了更好地获得竞争优势和市场份额,必须在供应链上的每一个环节和流程尽可能地实现低碳化,这包括原材料的采购、产品研发制造、仓储物流和市场营销,以及产品的最终使用。

材料采购的低碳化，要求在产品的设计研发过程中尽可能选择低碳环保的原材料，使得在后续的生产制造、产品运输、产品使用、回收处理等过程中都能够做到低能耗、低排放、低污染。

研发制造的低碳化，要求在产品的研发制造过程中融入低碳环保理念，从而使达到减少能源消耗、降低碳排放、提高企业效益的多重目标。从研发的角度看，要积极采用新技术，并提高原材料利用效率。从生产过程的角度看，要采用低能耗、低排放的先进生产设备和生产工艺，除此之外还要优化产品的生产流程，减少碳排放量。

仓储物流的低碳化，要求企业在产品仓储物流的过程中始终贯彻低碳发展的经营理念，从而使在供应链中耗能高的仓储物流环节得到切实的优化。在仓储环节中，积极采用 LED 节能照明器材，并制定低碳的仓储管理方案。在物流方面，通过优化物流布局，创新组织模式、发展多式联运，推行共同配送，推广绿色包装，物流设备的循环利用等方面，落实物流环节的低碳化，以获得环境利益与经济利益双赢的结果。

市场营销的低碳化，要求企业在市场营销活动中，要顺应时代可持续发展战略的要求，注重地球生态环境保护，促进经济与生态环境协调发展，以实现企业利益、消费者利益、社会利益及生态环境利益的协调统一。主要表现在树立低碳营销观念、设计低碳产品、制定低碳产品价格、低碳营销的策略和低碳营销的促销活动这五个方面。

二、低碳供应链的实践路径

（一）建立供应链的低碳文化

一条完整供应链覆盖了不同的企业、行业和地区，在这些不同的领域就会产生不同的企业文化与理念。如何整合这些不同的文化与理念，是低碳供应链优化的重要内容之一。因此，建立供应链上的共同的低碳文化理念就显得尤为紧迫和重要了。首先，在整个供应链当中，无论是企业还是个人，都必须深入领会低碳文化的内涵，树立生态环境保护意识，积极参与低碳节能活动；其次，在供应链的各个环节中，还要融入低碳文化的精神内容，切实完成各项内容的低碳化指标，才能形成供应链上的积极有序的低碳文化。

（二）完善供应链的信息管理系统

目前，我国大部分企业信息化管理程度较低，很少有企业建立了供应链的信息管理系统。而信息管理在供应链环节在控制生产成本、了解市场需求、优化生产配置、提供良好售后服务等方面有重要作用。因此，针对这一实际情况，建立并完善供应链的信息管理系统显得尤为重要。除此以外，企业要想实现供应链的低碳化，供应链上的各企业也必须共同建立和完善供应链信息管理系统，保证物流、资金流、知识流、服务流跟上市场的变化，实现供应链上的企业信息的共享。一个成熟的供应链的信息管理系统，是企业在激烈的市场竞争中立于不败之地的重要手段，也是发展低碳经济、完善低碳供应链的必由之路。

（三）发展各节点企业的战略伙伴关系

企业的发展必须立足于长远利益，而建立并发展供应链上各节点企业之间的战略伙伴关系便显得尤为重要。企业的发展离不开自身不断地创新与努力，更离不开其他相关企业的合作与支持。企业无论作为供应商、采购商、生产商还是销售商，在供应链上，各企业之间如果建立良好的战略伙伴关系，便能更好地运作和决策，将供应链整体利益最大化，从而通力合作，将供应链的低碳化提高到战略地位，使供应链的低碳化真正落到实处。

（四）设计供应链优化的评价指标体系

企业要保证供应链的低碳化，必须要使得供应链上的各企业共同建立长期的评价指标体系，并根据评估结果，与各利益相关者沟通协调，以解决供应链优化上所存在的问题。同时，通过该评价指标体系，还可以使供应链上的各企业作为企业内外环境分析及决策的依据，使企业不仅仅在低碳节能环节做出巨大的贡献，而且在生产经营环节获得可观的利益，达到环境利益与经济利益相统一。

第四节　低碳管理运行机制

低碳企业的建设与发展除了要树立企业的低碳品牌、完善低碳企业标准、参与低碳产品认证和优化供应链之外，更重要的是建立一套有效的低碳管理运行机制，这也是现代企业必须认真考虑并解决的问题。

一、绩效管理

（一）低碳化目标设定

传统型企业发展模式强调收入、利润、市场占有率等规模性指标，而这些指标在低碳经济时代就显得不足。首先，节能减排不达标准将面临行政强制关停淘汰的风险；其次，高能耗、大排放将增加企业生产成本，引发持续经营问题；再次，不符合节能低碳要求的企业产品将被市场边缘化。因此，企业从生产过程到营销服务整个业务流程中，无论是部门还是个人的绩效考核管理，必须建立起低碳发展目标，这样才能在绿色市场条件下实现自身发展的目标。因此，从企业的决策层到执行层再到一线员工，都应该将低碳绿色发展作为核心发展目标[1]。

（二）循环化质量管控

按照 PDCA 循环的质量管理理念，强化低碳目标的执行力度，完善企业的技术标准和管理制度，持续改善企业的低碳管理绩效。从目标计划制定到执行实施，从检查评估到行动处理，实现环环相扣，周而复始地提升能效水平，提高碳生产率。从每个部门、岗位和每个操作步骤中找出持续改进的空间，并形成正向评价流程与逆向反馈流程相互促进的形态。

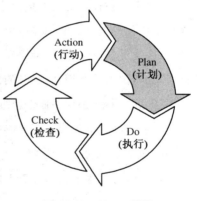

图 14-1　PDCA 循环

（三）精细化流程管理

从企业产品生命周期评价的角度，在企业各业务流程中全面植入节能降碳行动，对企业自身资源进行优化组合和重新评估，提升整体能效。制定企业节能降碳绩效管理的办法和操作手册，系统化考虑低碳能源和清洁原材料的替代化，关键领域和设施的设施改造与工艺提升，末端资源的回收利用和碳捕集封存，对各产品线、设施、工序的开发建设和管理运维设定具体指标。

---

〔1〕 王明杰，郑烨. 低碳经济时代企业绩效管理模式的变革研究[J]. 经济纵横，2010(11).

（四）奖惩化考核评估

奖惩机制的确立不仅能够促进员工参与配合企业低碳运行机制构建的主动性和积极性，还能保障和提高企业绩效管理的质量，形成完整的企业低碳绩效管理机制。在低碳经济背景下，企业绩效管理的目标和管理制度发生了改变，奖惩机制也应相应地做出调整。首先，针对绩效管理目标制定，在考虑经济效益的同时，也要考虑社会责任和环境成本，追求企业更大的绿色效益；其次，在实施考核评估时，要尽可能地选取那些反映企业员工对环境的主客观感受相关的指标；另外，在分解目标、配置岗位等环节也要注重环境成本。

二、资产与财务管理

资产与财务管理的目标取决于特定的经济形势，在企业发展低碳经济的背景下，追求生态效益价值的最大化成为企业价值的最终体现。所谓企业的生态价值是在传统价值的基础上考虑环境价值，即企业生态价值＝传统企业价值±环境价值[1]。这就要求企业的资产与财务管理必须也是低碳化的，碳资产的计量、碳成本的计算、碳金融的管理、碳风险的预防都将成为企业资产与财务管理的重要问题。对于这些问题，必须用低碳思维考虑，并作出明确的规划和决定，这样才能确保企业在低碳经济的大背景下保持竞争力。

（一）开展企业碳资产管理

在限额碳排放水平的大背景下，企业进行碳资产管理具有十分重要的意义。碳资产管理是企业在摸清碳资产结构配置的基础上进行决策的活动，它通过各种科学合理的工具和手段，提升碳资产机制，有效节约成本并增加利润。碳资产的管理，首先要开展碳盘查，其次可以借鉴企业财务会计的管理方式，进行碳审计。碳盘查是企业碳资产管理过程中最为关键的一个程序，只有通过碳盘查的可靠基础数据，才能帮助企业精确自身的碳排放量，分析碳排放成本，并据此制定最合适的发展路线。

（二）加强全面预算管理

全面预算管理作为现代企业内部管理的一项重要制度安排和有效手段，涉及

---

〔1〕 齐荣光，梁建锋. 探析低碳经济下企业财务管理的改革[J]. 商业会计，2011(10).

企业方方面面，对现代企业制度的建立与完善、管理水平的提高、市场竞争力的增强有着十分重要的意义。在低碳经济背景下，是以实现企业的生态目标利润为奋斗目标的，全面预算管理要以此为基础，制定有关作业指标，对生产成本、现金流量等进行预测和管理，在编制预计资产负债表、预计现金流量表和预计损益表等的同时也要重视过程控制，并以监督、激励、约束机制为保障，对企业的资金、实物和人力资源进行合理的分配，以期实现企业利润的最大化。

（三）完善财务监管制度

财务监管即要确保资金的使用与安全，不仅要确保科学合理地筹集和使用资金，还要加强资金跟踪管理及正确处理利润分配的问题，为此，要充分发挥财务总监作用。财务总监是企业财务活动的综合管理者和最高组织指挥者，在董事会或总经理的授权下对企业财务活动行使全面的监督与管理职责。财务总监既要做好财务会计工作（成本管理、预算管理、会计核算、会计监督等），也要做好管理会计工作（投资、融资、税务筹划和资本运营）[1]。加强企业监管制度，必然有利于企业低碳管理运行机制的完善，使企业财务管理朝着健康的方向发展。

三、人力资源管理

低碳经济背景下，新能源开发、新材料、现代服务业等节能环保战略产业将是未来产业发展的重点，需要更多的具有较高综合素质的人才，这不同于高碳经济下的人力资源配置要求，传统的人力资源管理与发展低碳经济不相适应，要求人力资源管理的重新整合，招聘、培训和考核的各个程序都需要适应新型的人力资源管理。首先，招聘方面，要避免人才浪费，做到按岗找人，人岗匹配，完善人才匹配机制，保证人力资源的有效利用；其次，培训方面，要尽可能地做到多方面多专业的学习，并采用灵活多元化的培训手段，使员工得到不断的发展，保证人力资源的持续发展；最后，在考核方面，要将节能环保等指标科学纳入考核指标，鼓励员工节能减排和保护环境。

---

〔1〕　饶萍.浅谈现代企业如何加强财务管理[J].现代经济信息，2009(19).

第四篇　保障与措施

第十五章 低碳产业体系发展的
规划思路

　　"十二五"时期是江苏向率先基本实现现代化迈进的关键时期。江苏省地狭人稠、资源匮乏，虽然改革开放以来产业经济发展取得了骄人成绩，但面对资源约束日趋强化、环境压力逐步加大的形势，传统的产业结构重型化和加工贸易粗放化的模式已经难以为继。江苏需要抓住新一轮国际产业绿色革命的重大机遇，以发展低碳生产力为关键抓手，加快转变发展方式和推动经济转型升级，实现经济的可持续发展。

第一节　低碳产业体系规划基础

一、低碳产业规划的理论基础

　　产业规划是对产业发展布局，产业结构调整进行整体布置和规划，其支撑的理论体系包括：发展阶段理论、产业结构理论、主导产业理论、区域分工理论、比较优势理论、产业集群理论和各种不均衡发展理论，如区位论、中心地理论、增长极理论、点—轴开发理论、梯度推移理论，以及一些优势产业相关理论，如高新技术产业等。全球化、产业集群、产业转移、劳动地域分工理论成为如今区域工业布局总体规划的基础理论[1]。产业结构的重组、转移和优势产业选择则是产业发展

---

〔1〕 邹军,张京祥,胡丽娅. 城镇体系规划新理念·新范式·新实践[M]. 南京：东南大学出版社,2002.

战略的重点[1]。目前,产业规划形成了一套规范流程[2]:一是进行经济发展阶段和产业结构分析,以明确产业定位和方向;二是根据全球、区域或周边政策与产业特征,分析产业发展面临的机遇、挑战及优劣势;三是针对现状和发展条件,提出产业发展的路径,如结构升级、集群化、高技术化、区域协调分工等,并确定优势(或主导)产业;四是明确产业发展方向与类型、落实产业空间布局及规模。

如此,可以认为低碳产业规划就是以低碳发展为目标的专门性产业规划工作,就是要实现产业结构的低碳化演进,产业布局的低碳化组织,生产技术的低碳化研发,市场机制的低碳化引导,最终达到生产体系的整体化高效低碳运行。

二、江苏实施低碳产业规划的必要性和迫切性

及早开展低碳战略部署,规划绿色生产力布局,是江苏又好又快实现"两个率先"的必然途径,是防止产业发展模式被高碳锁定的机制保障,是挖掘产业发展的节能降碳潜力的有效措施,是实施国际绿色技术竞争的战略引导,是打造未来适应气候变化产业布局的有效支撑。

(一)防止产业发展模式被高碳锁定

煤炭、石油是传统工业的血液。某种程度上来说,传统工业发展模式已完全依赖于化石能源的技术经济体系和利益链条。在这种发展模式下,能源、资源投入和产出、效益线性相关,企业发展依赖于要素的规模投入。这种发展路径的后果是,企业产能规模越来越大,能源原材料成本越来越高昂,结果企业越来越趋于维持现状,而采取节能降碳技术愈发艰难。工业化经济受此正反馈机制的影响,很难从碳锁定境况中摆脱出来。

2007年英国经济学家斯特恩在报告中提到"越早采取行动成本越低",呼吁全球向低碳经济转型。现阶段,江苏正面临能源消耗量大、资源自给率低的境况,煤炭消费占能源消费总量的70%以上,工业用能占全社会用能的80%以上。对于"十二五"时期发展的江苏重化工业,如电力、石化、钢铁等已成为支柱产业,在短期内很难改变,会带来比较明显的碳锁定效应。因此,必须加快调整产业结构,

---

〔1〕 顾朝林.概念规划理论·方法·实例[M].北京:中国建筑工业出版社,2003.

〔2〕 吴扬,王振波,徐建刚.我国产业规划的研究进展与展望[J].现代城市研究,2008(1).

提高碳产业准入门槛,限制高耗能、高排放的企业进入市场,防患于未然,从源头治理,积极解除"碳锁定",防止产业发展模式被高碳锁定。

（二）挖掘产业发展的节能降碳潜力

改革开放以来,江苏省经过发展乡镇经济和开放型经济两次战略转型,积累了雄厚的产业实力,为江苏省产业的低碳转型奠定了坚实的基础。但仍然存在一些结构性、深层次问题。一是产业附加值较低。2010年江苏省工业增加值率为23%,低于全国平均水平2个百分点。部分领域核心、关键技术受制于人,缺乏自主品牌,产业总体处在全球价值链中低端,制约利润空间和附加值增长。二是要素利用水平没有得到充分发挥,"高消耗、低利用"带来高排放,环境承载空间越来越小,节能减排任务繁重,要素瓶颈成为工业发展的主要制约。三是产业集聚度不高。相对分散的产业布局降低了资源配置效率,不能形成规模效益,不利于产业做大做强。四是二产比重过大,工业重型化特征显著。2011年江苏省三大产业所占比例分别为4.3%、51.7%、44%,服务业比重仍有待提升。解决以上问题,就需要以系统的产业规划来引导,通过结构调整、布局优化、产能淘汰和投资引导来挖掘产业节能降碳的潜力,尽早改变江苏省过度依赖能源资源消耗、碳排放规模过大的发展格局。

（三）迎接国际绿色技术竞争

"低碳技术"是当今全球产业经济发展的最前沿,国内各地都在积极行动。在低碳潮流下,谁掌握了先进的技术,谁就拥有了广阔的市场,优先掌握先进技术的企业便会得到市场的青睐,反之,不但与机会失之交臂,甚至会被市场淘汰出局。目前,江苏充分利用自身的资源及区位优势,抓住机遇大力发展新兴产业,在规模扩张的同时效益不断提升,节能降碳、绿色环保技术在一些关键领域取得了较大突破,形成了在国内发展格局中的先发优势,发展水平居于全国领先地位。江苏作为全国经济强省,也是高碳排放的主要省份,低碳技术的竞争优势不仅可帮助本省降低碳排放,还可以通过加强企业自主创新能力,构建低碳产业技术研发高地,形成巨大的技术渗透力和扩张力,引领周边区域实施低碳产业发展。

（四）打造适应气候变化产业布局

我国作为发展中国家,由于起步晚、经济基础薄弱、基础研发能力落后,研发投入也受制于经济总量的限制,在发展低有;碳产业领域尚显不足。而在长江三角洲两省一市中,江苏单位 GDP 能耗量为 0.734 吨标准煤,高于浙江、上海的 0.717 吨和0.712吨标准煤。这就更迫切地需要江苏省在学习浙沪的成功经验的同时,结合自身经济发展的现状及特点,走出具有江苏特色的低碳产业发展道路,并通过经验交流、技术互助等方式,实现低碳产业共同发展战略。

由于气候的变化导致极端天气呈现出"十年一遇"或"几十年一遇"发展的趋势,经济、社会发展将遭受更大的威胁与更多的不确定因素,特别对于农业、水域、海洋等受气候影响较大的产业而言,会面临更高的风险和更多的挑战。为了实现更好更快、全面协调地发展,江苏必须强力打造适应气候变化的低碳产业,这既是一种挑战,也是一种机遇。发展低碳产业是一场涉及生产模式全球性的革命,在产业发展中,对于可能的气候变化的影响要有预知性,在研发和推广低碳技术上,必须高瞻远瞩,保持前瞻性,及早推进低碳产业转型。这意味着江苏要摒弃原先高耗能、高污染的粗放生产模式,大力倡导节能减排发展理念;另一方面也可以借此应对气候变化问题,大力发展战略新兴产业,构建江苏经济新的增长点,引领全省经济社会走上可持续发展之路,对技术创新和能源安全等诸多方面都具有十分重要的战略意义,是关系到江苏省长期发展战略的重要举措。

第二节　江苏低碳产业体系规划的思路、原则和目标

一、指导思路

以科学发展观为指导,以生产文明建设为导向,以人为本,全面协调、可持续发展,以实现"两个率先"为前提,以低碳经济、循环经济、产业生态学等相关知识为理论依据,以科学技术进步为支撑,以低碳产业园区建设为载体,以转变发展方式、促进经济又好又快发展为核心,以发展产业低碳技术竞争力和提高碳生产率为重点,以绿色技术改进、弃旧引新为手段,牢牢把握推动建设美好江苏主题和加快转变经济发展方式主线,将发展低碳产业与应对气候变化、建设资源节约型社会和环境友好型社会相结合。总体布局,因地制宜,长远规划,分期建设,逐步实

施,使低碳产业建设具有前瞻性、适应性和超前性,努力打造节能降碳、适应气候变化的低碳产业链,促使江苏产业发展实现质的飞跃,为全国低碳产业建设积累经验。

二、发展原则

地方要编制低碳产业体系的规划,其核心是要解决好十个方面的问题。

一是控排目标与产业结构的关系。江苏产业结构仍然以工业为主、重化工业比重高,结构调整和升级的战略目标就是要实现经济结构和生产要素配置效率从低到高的转变,寻求满足控制温室气体排放目标下最优的要素配置方式。

二是增量调整与存量调整的关系。产业结构调整的重点应由增量调整为主转向存量调整和增量调整并重。既关注增量的低碳化开发建设,提高新建项目、新进企业的能耗和碳排放准入门槛,同时也要关注存量经济的低碳化改造。

三是相对减排和绝对减排的关系。一方面要立足省情现状和发展责任,由相对减排做起,稳扎稳打,提升碳生产率,实现单位地区生产总值排放的显著降低。另一方面,要采取积极措施来减缓温室气体排放增长速度,争取使二氧化碳排放峰值尽早出现,实现由相对减排向绝对减排的转型。

四是政府调控和市场机制之间的关系。有效发挥政府在发展低碳产业中的引领作用,通过相应的政策支持,运用经济、法律、行政手段鼓励低碳产业的蓬勃发展,加大对低碳产业的税收优惠和资金上的支持,另一方面,企业要自主实现低碳转型,应顺应国际绿色市场发展潮流,运用合理的管理模式,以科学技术作为动力支撑,优化企业产业结构,淘汰落后工艺技术,加大企业技术交流,提高企业的综合竞争力。

五是传统产业与新兴产业的关系。传统产业有广阔的市场需求,要继续发展,以新理念、新技术注入活力,促进增值化和低碳化。而发展战略性新兴产业,同样具有战略意义,可依托本地区的优势,在加强技术创新及其成果转化的基础上培育新的产业增长点。

六是绿色消费和理性投资的关系。需求是诱发生产的动因,社会需求的规模、结构、偏好决定了生产方式是否符合低碳理念。因此,一方面需要倡导绿色消费理念,引导全社会形成对绿色低碳产品的偏好氛围;另一方面更需要理性投资,从投资结构和偏好上杜绝对高碳生产方式的依赖和向高碳产品的倾向。

七是转移排放与本地排放的关系。在市场化、全球化的背景下,不仅要考虑本地生产和本地能源资源消费产生的排放,更要站在全球资源配置和产业分工的角度上,系统考量转移排放与本地排放的关系。

八是因地制宜与协同发展的关系。透彻分析本地发展的优势和劣势、困难和挑战以及不同区域的特点,因地制宜,制定符合当地情况与实际能力的产业发展规划和实施步骤。如苏南地区应结合经济发展水平高、对外开放幅度大、高新产业多的优势,发展低碳科技创新、生产性服务业,而苏北地区应充分发挥本地自然资源和劳动力丰富的优势,通过大力发展高效绿色农业,提高农产品附加值。

九是试点示范和推广应用的关系。在规划中,应强调采用"试点—总结—完善—推广"这一经验模式,先行试点示范,总结经验,逐步推广,减少市场、技术等不确定因素可能对地方经济引发的震荡。

十是技术引进与自主创新的关系。我国的低碳理念是舶来品,低碳产业发展相对西方也较落后。江苏应通过分析地方经济发展现状,结合国际上发展低碳经济制度层面的先进经验,以国外低碳经济理念作为参考,从而提出江苏相应的发展路径选择及制度保障措施,为江苏决策机构制定发展低碳经济的政策制度提供理论支持;以大力引进国外先进的低碳技术为手段,结合企业自主创新,打造江苏省自主低碳发展的核心竞争力,在当前江苏省工业化和城市化快速发展的时期走出一条有特色的绿色低碳发展道路。

三、发展目标

江苏低碳经济发展刚刚起步,与欧美差距较大,要实现低碳化转型,必须结合省情、分步实施、稳扎稳打,确定相应的阶段性发展目标,从试验研究、试点示范、应用推广到市场普及,逐步提高碳生产率,打造高效低碳的产业体系,并最终率先完成节能降碳的目标,打造出独具江苏风格的低碳体系。此项工作可分为三个阶段(见表15-1)。

1. 近期目标(2011—2015年)。此阶段是江苏低碳产业体系发展的起步阶段,主要以政府推动、行业企业试点、政策创建为基本支撑,明确江苏低碳经济发展转型目标、探索低碳经济的发展模式路径,系统性出台一批节能降碳产业政策、标准和规范,淘汰效益低下的高碳产能,加快建立清洁绿色的能源体系,启动地方性低碳立法准备,制定碳排放管理办法,探索碳排放交易试点,从金融、财税、贸易等多方面鼓励低碳经济发展,实现对全省碳排放量的严格监控。从根源着手减少碳排放源,实现期内单位地区生产总值能源消耗量降低 19%,可再生能源比例提高到 7%,大幅度提升冶金、建材、石化、纺织、造纸等重点耗能行业的碳生产率,"十二五"期内单位工业增加值能耗和二氧化碳排放分别降低 20% 和 21% 的目标。

2. 中期目标(2016—2020 年)。此阶段是江苏低碳产业体系的快速成长期,重点是完善低碳产业政策、突破低碳生产技术、示范推广低碳模式,通过行政和市场机制双轮驱动,全面带动起各行各业低碳化发展的积极性。将引进国际先进低碳产业与自主开发相结合,推进创新机制,实现低碳技术的示范和应用,积极打造低碳示范园区、改造高碳行业、布局低碳产业链、推广低碳认证标识体系,使低碳经济发展更具有规模性。在 2016—2020 年期间,实现期内单位地区生产总值能源消耗量降低 18%,可再生能源比例提高到 10%,对重点行业实施能耗总量控制,低碳产品的市场占有率达到 40%,低碳产品的政府采购率达到 50% 的目标。

3. 远期目标(2021—2030 年)。此阶段是低碳产业体系的相对成熟期,普及社会生产的每个角落。鼓励低碳消费,完善碳排放交易市场,引导企业经营碳资产,开发碳金融和碳信用产品,以市场机制为主导全面促进全省低碳产业的发展,实现低碳产业发展的物质流、信息流和价值流融合。在 2021—2030 年期间,实现期内单位地区生产总值能源消耗量降低 30%,可再生能源比例提高到 20%,强化对生产性排放的峰值应对,争取在 2030 年前实现生产性排放从相对减排向绝对减排的转型,低碳产品的市场占有率达到 60%,低碳产品的政府采购率达到 80% 的目标。

配合上述分阶段目标,我们尝试性提出低碳产业发展的分阶段指标体系,见表 15-1,共计有 12 项指标,其中约束性指标 6 项,分别为单位地区生产总值能耗、单位地区生产总值二氧化碳排放、非化石能源占一次能源消费比重、能源消费总量、单位工业增加值能耗和单位工业增加值二氧化碳排放;预期性指标 6 项,分别为碳交易主体排放占全省排放份额、低碳试点企业创建、低碳认证企业数量、碳盘查企业数量、低碳标识产品市场占有率和低碳产品的政府采购率。

表 15-1　低碳产业体系发展目标

发展指标	近期目标 （2011—2015）	中期目标 （2016—2020）	远期目标 （2021—2030）	指标属性
单位地区生产总值能耗	降低 18%	降低 17%	降低 30%	约束性
单位地区生产总值二氧化碳排放	降低 19%	降低 18%	降低 32%	约束性
非化石能源占一次能源消费比重	提升到 7%	提升到 10%	提升到 20%	约束性
综合能源消费量	3.36 亿吨	4.1 亿吨	4.7 亿吨	约束性
单位工业增加值能耗	降低 20%	降低 45%	降低 55%	约束性
单位工业增加值二氧化碳排放	降低 21%	降低 45%	降低 60%	约束性
碳交易主体排放占全省排放份额	30%	40%	50%	预期性
低碳试点企业创建	20 家	100 家	—	预期性
低碳认证企业数量	50 家	500 家	20%规模以上企业	预期性
碳盘查企业数量	300 家	1000 家	所有排放 2.5 万吨当量以上企业	预期性
低碳标识产品市场占有率	—	40%	60%	预期性
低碳产品的政府采购率	—	50%	80%	预期性

第三节　重点行业及发展方向

　　为了打造江苏省低碳产业体系，实现江苏经济的低碳转型。在合理调控经济增长速度和合理控制能源消费总量的基础上，综合运用调整产业结构、优化能源结构、节约能源和提高能效等多种手段，采取一系列强有力的政策措施和专项行动，重点控制工业领域碳排放量，提高资源利用效率；加强农业、废弃物处理等领域的温室气体排放管理。大力发展服务行业，使其成为引领江苏经济腾飞的新型产业。

一、工业领域

1. 能源产业

"十二五"时期,把江苏建成在国内外具有重要地位和较强竞争力的新能源产业研发、制造和应用示范基地,在不断提升传统能源装备产业竞争力和市场占有率的同时,重点发展太阳能技术利用产业、风电产业、生物质能产业和核电关联产业等。以研发创新、规模生产、市场应用为目标,重点突破高效低成本晶硅电池、薄膜电池、集成系统与设备、大功率风电发电机、生物质能发电机组、第三代核电装备关键零部件等技术。紧紧抓住新能源汽车加快发展和应用的有利时机,突出车用能源部件、材料及控制系统研发,增加技术积累,增强配套能力。依据市场需求和产业基础,集中力量完善以无锡为核心区,苏州、徐州、常州、扬州、镇江、南通等各具特色的光伏产业发展布局;以沿海为重点,南京、无锡、常州等为支撑的设备制造、研发应用的风电产业发展布局,着力打造一批产业特色比较鲜明、主导产品竞争力较强、市场化机制较为健全、龙头企业带动作用明显、产业链条较为完整、创新能力较强的新能源领域省级特色产业基地。

2. 石化产业

石化产业资源资金技术密集、产业链长、关联度高、带动性强,在促进相关产业升级和拉动经济增长中发挥着重要作用,也是江苏的主导产业。2011 年,江苏化工新材料、生物化工、能源化工的产值占全行业比重达到 35% 以上,其中高端精细化学品产值占全行业总产值的 50% 以上,居国内领先水平。近年来,江苏石化行业发展已取得长足进步,已初步形成了生产规模较大、产品配套安全、产品档次和工艺水平较高、国内外市场竞争力较强的产业特点。根据国家对东部地区石化产业调整的要求和发展定位,"十二五"时期,江苏省石化产业将以市场为导向,以结构调整和产业升级为主攻方向,以"高端化、精细化、节能化、低碳化"为基本要求,重点发展基础石化产业链、通用和专用合成材料产业链、新领域精细化学品产业链、盐化工产业链、循环经济产业链、农用化工产业链等。利用沿江地区已有化工原料、人才集聚及技术领先优势,做强做优沿江石化产业带,进一步增强辐射能力。推动苏北地区在盐化工、碳化工、农用化工、生物化工、能源化工等领域实现新突破。发挥沿海港口优势,加快推进沿海地区大石化项目,通过大石化带动沿海区域上中下游衔接发展。

3. 钢铁产业

钢铁产业是国民经济发展的基础产业,是技术、资金、资源、能源密集型产业。进入新世纪以来,江苏省钢铁产业持续较快发展,已成为全国重要的钢铁产业基地之一。下一步,要优化产业布局,通过兼并重组、淘汰落后以及搬迁改造,向沿海地区转移生产能力,逐步减少全省钢铁企业数量。加快技术进步,加强原始创新、集成创新和引进消化吸收再创新,推动技术进步,实现一般装备自主化、本地化,并在关键工艺技术和高端产品研发上取得突破。综合运用经济、法律和行政手段,淘汰生产效率低、技术落后的转炉与电炉。提升品种质量,依托区位优势,围绕汽车、船舶、家电、电力设备、油气输送、集装箱制造和工程机械等行业市场需求,加快发展特殊钢、优质钢,提高精深加工能力,力争发展特殊钢。加速兼并重组,根据市场供求关系变化,通过政府引导、政策扶持,努力培育自主创新能力较强、具有国际竞争力的特大型企业集团。加强对中小企业发展的分类指导,鼓励开发特色产品,支持部分中小企业转换主营业务,有序退出钢铁产业。提高绿色制造水平,加快建设钢铁产业循环经济体系,采用大型化、连续式、高精度、低损耗冶炼和轧制设备,集成式、循环型工艺流程,努力使全行业吨钢综合能耗和吨钢耗新水继续大幅下降。积极开展清洁生产,加强"三废"综合利用,废渣、煤气,工业用水,废钢再利用。保持产业稳定发展,遏制下滑势头,在提高技术水平和创新能力的基础上,将产业规模控制在合理水平,巩固强化支柱产业地位,逐步实现全行业良性发展。

4. 建材产业

建材产业是国民经济重要支柱行业,是我国扩大内需、加快城市化进程的重要基础性产业。"十二五"时期,要按照"绿色化、优质化、特种化、低碳化"的要求,积极发展新型、高端建材产品,引导企业加大联合重组力度,推动行业发展与环境保护协调并进。水泥行业立足宁镇、锡常、徐淮三大产区的现有基础,严格控制常规水泥熟料产能增长,加快淘汰落后产能,确保水泥熟料全部实现新型干法生产。鼓励利用新型干法水泥窑炉处置工业废弃物、城市污泥和生活垃圾,推广应用纯低温余热发电技术、粉磨系统等节能改造。玻璃行业积极提高优质浮法玻璃比例,重点发展电子工业用超薄、太阳能产业用超白、在线镀膜玻璃和低辐射等特殊浮法玻璃生产线,信息、新能源、国防、航天航空等领域用高品质人工晶体、制品及特种玻璃制造技术开发与生产。[1]加强新型墙体和屋面材料、绝热隔音材料、建筑防水和密封等材料的开发与生产,重点发展环保、节能、耐久型建材。

5. 纺织产业

纺织工业是江苏省传统支柱产业和重要的民生产业,在繁荣市场、扩大出口、吸纳就业、增加农民收入等方面发挥着重要作用。目前,江苏省已经形成的近30个专业化特色明显的纺织服装集群呈现出专业化特色明显、产业链体系完整、中小企业集聚效应显著的特色。这些产业集群以小企业大协作、小产品大市场、小集群大作为的特点,已经成为参与市场竞争的主要力量,形成了极强的纺织服装产业集聚效应。"十二五"时期,以市场为导向,以高新技术纤维及产业化、产业用纺织品开发应用和品牌服装为重点,加快企业技术进步,推进纺织产业转型升级。原料行业积极研制生产高性能纤维和生物质纤维等;纺织面料行业重点发展新型纺织技术,积极运用阻燃、仿真、抗皱、抗静电等特种印染后整理新技术;服装行业着力提高先进技术的应用与设计开发水平,打造一批国际知名服装品牌;产业用纺织品重点开发土工合成材料、汽车内饰材料、工业过滤材料等;积极开展纺织机械关键制造技术攻关,提高自主化水平。引导和推动苏南纺织服装加工产业向苏北转移,支持有条件的纺织企业开展跨国经营,鼓励纺织企业走集聚发展道路,提高规模效益。

二、农业领域

近期要以减缓温室气体排放和农业适应气候变化为重点,以发展现代农业、繁荣农村经济为首要任务,推动农业增长由主要依靠土地和劳动力要素投入向依靠科技及资本投入转变,推动农业功能由以农产品生产为主向生产、生活、生态功能并重转变。按照减量化、资源化、再利用的发展理念,减少农村温室气体排放,推进农村废弃物资源循环利用,实施农村用户沼气工程、规模畜禽沼气治理工程、秸秆气化集中供气工程,配套建设农村沼气乡村服务网点,抓好沼气、沼渣、沼液

---

〔1〕 资料来源:产业结构调整指导目标(2011年本)。

"三沼"综合利用。通过推进发展有机农业、循环农业等生态农业模式,降低农作物生产对化学品的依赖性,充分利用气候变暖、二氧化碳浓度增高对作物生产增效作用的有利因素,科学调整农业种植制度,发展多熟制,提高土地复种指数,增加农业碳汇。

中远期要大力推进科技创新,为现代农业发展提供有力支撑。充分发挥江苏省科技优势,紧紧围绕现代农业发展要求,完善农业科技创新、农业技术推广和新型农民教育培训体系,加强科研攻关和技术集成创新,积极创新农业科技推广机制,推动低碳农业科技成果转化,提高农业科技贡献份额。积极应用生态农业生产技术、生态健康养殖技术和农牧结合技术,大力推广发酵床等生态养殖模式,加强畜禽养殖粪污无害化处理和资源化利用,推进农作物病虫害专业化防治。加强农村面源污染治理和控制,将现代农业发展和农业农村生态环境保护有机结合起来,建立新型农村生产、生活方式。研发作物新品种,推广选用适应江苏省气候变化、产量潜力大、品质好和综合抗性突出的优良农作物新品种;改进作物和品种布局,有计划地选用抗旱、抗涝、抗高温、抗病虫害等抗逆品种,提高江苏省农业适应气候变化的能力。

三、服务业领域

服务业是国民经济的重要组成部分,服务业的发展水平是衡量现代社会经济发达程度的重要标志。江苏省正处于工业化、城镇化、市场化、国际化加速发展时期,服务业虽然有了明显增长,但结构性问题依旧凸出,服务业总体水平占国民经济的比重与发达国家相比相距甚远;服务业仍以传统服务业为主,劳动密集型的服务业企业占据主导地位,知识型、科技型服务业比重偏低,交通运输业、批发零售业以及住宿餐饮业等传统服务业几乎占了服务业比重的三分之一,金融业、信息服务业、软件服务业、租赁和商务服务业等现代服务业占服务业比重不到30%,而发达国家各种新兴的现代服务业上个世纪已占50%以上;传统服务业缺乏高新技术和自主产权,高消耗、低附加值且处于产业链低端,其发展依赖资源和环境,阻碍了服务业实现低碳的转型。

加快发展服务业,完成三次产业比重"二、三、一"向"三、二、一"的历史性转变,尽快使服务业成为国民经济的主导产业,推进交通运输领域、公共建筑、公共服务等重点领域的节能降碳行动。

一是加快转变交通运输业低碳化转型，调整运输结构、提高技术水平，走可持续发展之路。着力打造高效、绿色的现代综合交通运输产业，在提高运输服务的多样性、便捷性、舒适性和时效性的前提下，建设以低碳为特征的综合交通运输系统，重点发展占地少、能耗低、运能大、环境友好的交通运输方式，优化运输方式结构，鼓励使用新能源和低排放的运载工具，推广电动车辆、燃气车辆等新能源车辆使用，降低能源耗散和无效排放，推动运输装备节能减排标准化工作，同时加强交通设施施工和运营过程中的排放治理。

二是加强信息技术、网络技术以及低碳技术等新技术在服务业中的应用。将信息技术、网络技术嵌入传统服务业，实现智能化和网络化，促使其向现代服务业改造升级。利用信息技术推进现代服务业创新发展，加快共性核心技术的研发、系统集成和综合应用。突出低碳技术和绿色增长理念在服务业中的创新性应用，设计低碳科技服务产业链，促进低碳技术的发展，实现服务业的低碳化和智能化。

三是提倡绿色设计、绿色营销。要求从产品设计、生产、物流、销售、使用、回收全过程寻求节能降碳途径。以技术发展为垫脚石，延长生命周期作为前提，回收利用作为保障，改变生产方式为根本理念，以绿色生产性服务业为引领，打造产业链条全生命周期的低碳评估，以服务业带动工业化低碳转型，建设资源节约型、环境友好型和谐社会。

四是发挥低碳咨询服务业对低碳转型的指导作用。低碳咨询业，是咨询企业从事与低碳经济有关，以提高服务对象的资源利用效率和降低其温室气体排放量为主要目的的商业活动领域，其对政策更熟悉，对资本市场更了解，对低碳技术学习能力较强，是政策、资本、技术三者之间的天然纽带。目前，我省低碳咨询业发展刚刚起步，主要有 CDM 项目咨询、合同能源管理和能源评估咨询几类。创新低碳咨询服务模式，发展碳盘查、碳核证、碳融资、碳信用、技术咨询、碳交易委托等领域，努力拓展业务空间，在政策、资本、技术三者上给企业以指导，提升企业的低碳应对能力和绿色竞争能力。

第十六章　低碳产业体系发展的市场机制

目前,运用市场机制、推动温室气体减排、促进低碳发展已经成为我国政府的重要政策取向。江苏省要完成承诺的碳排放强度下降目标,降低控制温室气体排放成本,同样需要发挥市场机制作用。构建适合于江苏省省情的碳交易市场,既能提高企业参与的积极性,又能促进企业的减排技术开发与效率提高。为此需要借鉴国内外先进经验,探索江苏低碳转型的市场化机制,研究其实施路径和保障措施以确保未来江苏省温室气体减排目标的顺利完成。

第一节　碳交易市场的发展

一、碳交易市场的起源与发展

1997 年在日本京都召开的《气候框架公约》第三次缔约方大会上通过了国际性公约《京都议定书》,明确了各国二氧化碳减排的责任,即:在 2008 年至 2012 年间,全球主要发达工业国家的工业二氧化碳排放量比 1990 年的排放量平均要低5.2％,发展中国家不承担减排义务[1][2]。《京都议定书》允许发达国家间进行排放额度买卖的"排放权交易",并建立了旨在减排温室气体的 3 个灵活合作机

〔1〕　IPCC. Carbon Dioxide Capture and Storage〔R〕. Cambridge: Cambridge University Press, 2005.

〔2〕　IPCC. Climate Change 2007: Synthesis Report〔R〕. Cambridge: Cambridge University Press, 2007.

制——国际排放贸易机制(简称 ET)、联合履行机制(简称 JI)和清洁发展机制(简称 CDM),这些机制允许发达国家通过碳交易市场等手段灵活完成减排任务,而发展中国家可以获得相关技术和资金。因此,二氧化碳等温室气体的排放权在发达国家就成为一种稀缺资源,具备商品的属性并能在市场上进行交易,加之不同国家和企业温室气体碳减排本的差异性,从而形成了以二氧化碳为主的碳交易市场。为了能够完成《京都议定书》中承诺的减排目标,各附件一国家(发达国家和转型国家)纷纷构建碳交易市场,强制碳排放企业节能减排[1]。

世界碳交易市场主要可分为配额交易市场和项目交易市场。配额交易市场又进一步分为强制性交易和自愿性交易两种特征市场,强制性交易市场为那些有温室气体排放上限的国家和企业提供碳交易平台以实现减排目标,如《京都议定书》下的分配数量单位(AAUs),或欧盟排放交易体系(EU ETS)下的欧盟单位(EUAs);自愿性交易市场先于强制性交易市场出现,是从企业社会责任、品牌建设及社会效益等其他目标出发,自愿进行碳交易以实现减排,代表是芝加哥气候交易所(CCX)。项目交易市场主要有清洁发展机制(CDM)下的核证减排量(CERs)以及联合履行机制(JI)下的减排单位(ERUs)。

近年来,世界碳交易市场发展迅速,在全球的碳交易额中强制性(或称履约型)碳交易体系下的基于配额的总量控制与交易占据了主导地位,建立碳排放权配额流动交易为核心特征的强制性(管制型、履约型)碳交易市场是未来碳交易市场体系建设的主流和趋势。

二、国际主要碳排放权交易体系

当前,比较成熟的碳交易市场体系主要分布在欧盟、美国等发达国家,其中欧盟排放交易市场一直是最为活跃和交易规模最大的排放权交易市场。

(一)欧盟排放交易体系(EU ETS)

1998 年 6 月,为承担全球温室气体减排责任,根据《京都议定书》中 8% 的减排承诺目标,欧盟在 15 个成员国间达成一个责任分担协议(Burden Sharing Agreement,BSA)机制,规定了 15 个成员国承担欧盟 8% 减量指标的分配比例。

---

〔1〕 State and Trends of the Carbon Market 2008, Carbon Market 2008[Z]. World Bank. Pfd.

同月,欧盟委员会发布了报告《气候变化——后京都时代的欧盟战略》(Climate Change：Towards an EU Post-Kyoto Strategy),提出在 2005 年之前建立欧盟内部排放交易体系的想法。2000 年,欧盟制定了《欧盟气候变化计划》(ECCP),确定了约 40 项成本低于 20 欧元/吨二氧化碳的减排措施,从而将减排交易体制作为履行《京都议定书》义务可能的措施。同年,欧洲委员会发布《温室气体绿皮书》,正式考虑将二氧化碳排放交易作为欧洲气候政策的主要部分。2001 年 10 月欧洲委员会发布了《排放交易指令》草案,并启动了合作决议的程序,由欧洲议会和欧洲理事会审议、修订和批准(或否决)该指令;欧洲议会在 2002 年 10 月对草案进行了第一次审议,其后对草案有多次的讨论和修订;2003 年 7 月 22 日欧洲议会和理事会达成协议并最终采纳理事会的建议草案,并在 2003 年 10 月 13 日正式颁布,即 Directive 2003/87/EC,宣布欧盟排放交易体系从 2005 年 1 月 1 日开始正式运行。该指令不能直接适用于成员国,必须经过成员国国内立法进行转化方可适用[1]。2004 年 11 月 13 日,欧盟发布欧盟链接指令(EU Linking Directive),搭建了欧盟排放交易体系与京都机制以及其他国家的排放交易体系的桥梁,协调欧盟排放交易体系和京都议定书之间的关系,使得欧盟排放交易体系具有一定的灵活性。

2005 年 1 月 1 日,欧盟开始执行欧盟 25 国内部市场的温室气体排放量交易时程计划,是世界上最早实施的多国间温室气体排放权交易的时程计划,具有极强的示范性。排放交易体系的实施分为三个阶段。

2005 年 1 月 1 日至 2007 年 12 月 31 日为第一阶段,是试验阶段。此阶段参加交易的部门主要集中于重要行业的大型排放源,主要目的并不在于实现温室气体的大幅减排,而是获得运行总量交易的经验,为后续阶段正式履行《京都议定书》奠定基础。

2008 年 1 月 1 日至 2012 年 12 月 31 日为第二阶段,时间跨度与《京都议定书》首次承诺时间保持一致,该阶段欧盟借助所设计的排放交易体系,正式履行对《京都议定书》的承诺。

2013 年至 2020 年第三阶段,在此阶段内,排放总量每年以 1.74% 的速度下

[1] 韩良.论气候行政权[J].政法论坛,2010(4).

降,以确保 2020 年温室气体排放要比 1990 年至少低 20%。2007 年 3 月,欧盟各国领导人通过了欧盟委员会提出的一揽子能源计划,2008 年 1 月 23 日,欧盟委员会采纳了一揽子计划中关于改进和扩大温室气体排放交易体系的建议书,该建议书于 2009 年 4 月形成正式的欧盟委员会指令并发布,作为 Directive 2003/87/EC 的修正案,并从第三阶段开始实施。通过分阶段的实施,欧盟各个成员国内部通过修改立法和政策全面推进排放交易体系的构建与完善(见表 16-1)。

表 16-1　欧盟排放交易体系

	第一阶段	第二阶段	第三阶段
时间范围	2005—2007 年	2008—2012 年	2013—2020 年
目标	试验阶段,获得运行总量交易的经验,建立基础设施和交易平台	履行《京都议定书》8%的承诺	2020 年温室气体排放比 1990 年至少低 20%
配额限制范围	只包括能源产业、内燃机功率在 20MW 以上的企业、石油冶炼业、钢铁行业、水泥行业、玻璃行业、陶瓷以及造纸业等,共计约 11500 家企业,其二氧化碳排放量占欧盟的 50%,仅涉及 CO_2 排放	覆盖行业范围逐步扩大,2012 年起,将国际航空领域纳入,硝酸制造业 N_2O 排放被纳入	覆盖行业范围继续扩大,PFC_s 等排放被纳入
配额分配	95%的排放配额实行免费发放,5%许可的拍卖配额	免费分配的配额降到 90%,10%许可的拍卖配额	至少 50%的排放配额将在整个欧盟进行拍卖
分配方式	成员国提交国家分配计划,欧盟委员会进行裁定	成员国提交国家分配计划,欧盟委员会进行裁定	取消国家对企业的二次分配,改成直接由欧盟对企业分配
排放许可	22.9 亿吨/年	20.8 亿吨/年	17.2 亿吨/年
处罚措施	企业每超额排放 1 吨 CO_2,将被处罚 40 欧元	罚款额提高至每吨 100 欧元,并且还要从次年的企业排放许可权中将该超额拍放量扣除	
跨期性	不得跨期储存或借贷	可跨期储存,不得跨期借贷	

欧盟排放交易体系并非完美无缺,但其实施效果超过其他总量交易机制,取得了相当成效,主要特征有以下四点:

1. 属于总量交易(cap-trade)。欧盟各成员国根据欧盟委员会颁布的规则,为本国设置一个排放量的上限,确定纳入排放交易体系的产业和企业,并向这些企业分配一定数量的排放许可权（EUA）。如果企业能够使其实际排放量小于分配到的排放许可量,那么它就可以将剩余的排放权放到排放市场上出售,获取利润;反之,它就必须到市场上购买排放权,否则,将会受到重罚。

2. 突出统筹和协调机制的重要性。欧盟委员会发布的诸多指令（如 Directive 2003/87/EC)是欧盟排放交易体系的基础性法律文件,它确定了各成员国实施排放交易体系所遵循的共同标准和程序。各国所制定的排放量、排放权的分配方案需经欧盟委员会根据相关指令审核许可后才能生效。此外,欧盟委员会还建立了庞大的排放权中央登记系统,排放权的分配及其在成员国之间的转移、排放量的确认都必须在中央登记系统登记。

3. 具有开放式特点,与《京都议定书》和其他排放交易体系可局部衔接。企业可在一定限度内使用欧盟外的减排信用(主要是 CDM 和 JI)。此外,通过双边协议,欧盟排放交易体系也可以与其他国家的排放交易体系实现兼容,如挪威二氧化碳总量交易体系与欧盟间的对接。

4. 实施循序渐进。为获取经验、保证过程可控,欧盟排放交易体系分阶段实施。第一阶段是试验阶段(2005—2007 年),此阶段目的不在大幅减排,而在获得经验,为后续阶段正式履行《京都议定书》奠定基础,仅涉及二氧化碳和能源产业。第二阶段(2008—2012 年),借助所设计的排放交易体系,正式履行对《京都议定书》承诺。第三阶段(2013—2020 年),在此阶段内,排放总量每年以 1.74% 的速度下降,以确保 2020 年温室气体排放要比 1990 年至少低 20%。

2008 年 11 月 19 日,欧盟通过法案决定将国际航空领域纳入欧盟碳排放交易体系,并于 2012 年 1 月 1 日起正式征收航空业碳排放税,几乎所有起飞或降落在欧盟境内的国际空运活动都需要纳入欧洲碳排放交易体系。据估算,到 2020 年,各航空公司可能要因欧盟实施上述法案支付 200 亿欧元(约合 260 亿美元)。欧盟航空征收碳税,遭到全球多国强烈反对,但欧盟态度未有实质性松动,航空碳税之战尚在进行中。

（二）美国区域性碳排放权交易体系

美国目前尚未加入《京都议定书》，但其碳排放权制度及其交易体系发展得非常完善，因为没有国家层面的强制性减排义务，因此没有形成像欧盟那样的排放权交易体系，只有州和地区级的区域性碳排放权交易体系，目前主要的这类交易体系有：西部气候倡议（WCI）、区域性温室气体倡议（RGGI）、中西部温室气体减排协议、加州总量控制与交易计划等。

1. 美国区域温室气体行动（RGGI）

2003 年 4 月，时任美国纽约州州长的乔治·帕塔基（George Pataki）倡议创立区域性自愿减排组织，限制电厂的二氧化碳排放，并建议成立地区性的二氧化碳排污交易计划，康涅狄格州、达拉华州、缅因州、新罕布什尔州、新泽西州、纽约州和佛蒙特州等 7 个州政府响应，一起加入行动。

2005 年 12 月，7 个州签订了地区温室气体倡议（Regional Greenhouse Gas Initiative, RGGI）的框架协议。他们认为在应对气候变化方面的行动已经被延迟，投资的困难变得越来越大，成本正变得越来越高，必须尽快采取行动，协议规定了签约各州的温室气体排放上限，并为排放贸易系统制定了基本的规则。

2006 年 3 月，规则模型初稿出炉，其后通过吸收相关评论和建议，经过两次技术性调整，于 2008 年 12 月 31 日发布了最终版本。该模型详细说明了 RGGI 的适用范围、总量控制的规模和结构、排放许可、配额分配、灵活履约时间机制、价格触发机制、排放检测与碳抵消等，为意欲参加 RGGI 的成员州提供了统一的规则模板。

2008 年 9 月 29 日，六个州参加了 RGGI 首次拍卖会，成交额达 3850 万美元，以后的拍卖则按季度举行。

2009 年 1 月 1 日，RGGI 正式生效，是美国第一个强制性的、基于市场机制的二氧化碳减排项目。为了防止出现市场失灵的情况，如初次分配导致碳价过高、供求关系严重失衡等，RGGI 对传统市场运行规则进行了一定的改进和创新，并专门为此设置了两个安全阀值[1]。RGGI 仅将电力行业作为控制排放的部门，并

---

〔1〕 United States Government Accountability Office. Lessons Learned from the European Union's Emissions Trading Scheme and the Kyoto Protocol's Clean Development Mechanism[R]. 2008.

且采取的措施也相对比较宽松。RGGI 的发展模式适合那些行动比较缓慢,需要一定调整时间的地区。近几年 RGGI 发展趋势很好,已成为美国目前最主要的碳交易市场[1]。

2. 美国西部气候行动倡议(WCI)

2007 年 2 月,美国西部的亚利桑那州、加利福尼亚州、新墨西哥州、俄勒冈州、华盛顿州 5 个州签署了西部气体行动倡议备忘录,正式发起成立区域性气候变化应对组织,共同创建基于市场的机制。其后又吸纳了加拿大安大略省、曼尼托巴省、卑诗省和魁北克省以及墨西哥的部分州,到 2009 年年底共有 11 个北美的州、省以会员或观察员身份加入其中。它们代表了超过 70% 的加拿大经济和 20% 的美国经济。西部气候倡议旨在制定和实施以市场为基础的碳排放权限制和交易体系,并促进绿色技术领域的发展。

2008 年 9 月,WCI 提出建立独立的区域性排放交易系统的方案,目标是到 2020 年该地区的温室气体排放量比 2005 年降低 15%。这一系统计划于 2012 年开始运行,每 3 年为一个履约期,相对于 RGGI 来说,WCI 采取的措施要严格得多,同时 WCI 涉及的部门也比较多,涉及 5 个排放部门:电力、工业、商业、交通以及居民燃料使用。这些部门的排放几乎占了该组织成员全部排放的 90%。WCI 采用区域限额与交易机制(Cap-and-Trade),确定一个强制性的温室气体排放上限,通过市场机制选择最符合成本效益的方法。WCI 特别强调碳排放配额仅仅是政府发给企业的排放许可,是没有产权的,但是这些配额可以在二级市场上进行交易[2]。

WCI 的筹备工作以专业委员会的方式开展,专业委员会再设特别工作小组完成特定的工作任务。目前,WCI 已设立 6 个工作委员会及 1 个模型组,包括:报告委员会,负责开发温室气体报告系统;总量控制与配额分配委员会,负责运用方法学为本区域设置排放上限以及对给各成员分配排放总量提供建议;市场委员会,负责建设一个强劲、透明的配额和碳抵消配额交易市场;电力委员会,负责处

---

〔1〕 吴子君,等. 国际四大碳交易市场的比较研究[J]. 商场现代化,2011(656).

〔2〕 周晓唯,张金. 关于中国碳交易市场发展路径的思考[J]. 经济与管理,2011,25(3).

理整个电力行业在 WCI 总量控制与交易体系中的相关问题；碳抵消委员会，负责设计和运行一个完善的碳抵消体系；辅助政策委员会，负责推荐其他政策以帮助个体或区域；经济模型组，负责为 WCI 总量控制和交易体系的政策与设计提供经济分析。为了促进与美国区域温室气体行动等的合作与交流，WCI 还指定有关代表作为联络员。

2012 年 1 月 1 日 WCI 第一期正式生效，但 WCI 区域范围并不是所有的州、省均自 2012 年起加入总量控制与交易体系。2015 年将开始第二期，项目范围也将扩大到包括运输燃料、居民燃料及第一期未涉及的工商业燃料。一些学者认为 WCI 有望成为仅次于欧盟碳排放交易系统的世界第二大碳交易市场。

3. 加州总量控制计划

2006 年，美国加利福尼亚州通过了《全球变暖解决法案》（简称 AB32），旨在到 2020 年，将该州温室气体排放降低到 1990 年的水平，这也是全美第一个控制温室气体排放的州级法案，并将于 2012 年按期推出"总量控制和交易"机制，这种新的以市场为基础的机制是对加州整体的碳排放水平设定最高的排放总量，企业不仅可以决定减排的最优方案，而且还能把指标出售给其他公司。加利福尼亚州在 2007 年加入了美国西部气候行动倡议，其行动也会为美国西部气候行动倡议注入新的活力，并与各州、省到 2020 年时削减温室气体排放量的成果相联系。据专家测算，2012—2014 年，加州碳市场涵盖的 CO_2 排放量将达到 1.65 亿吨，2015 年后，随着 WCI 其他成员的加入，这个碳市场规模有望达到 7.7 亿吨[1]。目前美国加州碳交易机制的具体方案已按最高法院的要求完成修改，但是，受国内金融危机的影响，原定 2012 年启动的计划已被推迟至 2013 年。

（三）国际经验总结

除上述比较成熟的交易体系外，其他国家也有一些小规模交易体系，如英国排放交易体系（UK ETS）、日本自愿排放交易体系（JVETS）、加拿大 GERT 计划、日本东京都碳交易体系等。

---

〔1〕 黄杰夫. 加州碳交易即将开场［J/OL］. http://epaper. 21cbh. com/html/2010 - 11/09/content_134081. html.

根据国际碳排放权交易市场体系建设的经验,一个完整的排放交易体系离不开五个重要要素:

(1)覆盖范围。需要确定涵盖地域、涵盖行业、涵盖气体、控制对象等。

(2)配额分配。需要确定总量设置和配额分配如何实施。

(3)交易制度。需要建设注册与交易平台,包括登记注册系统、交易系统和结算/清算系统。

(4)灵活机制。主要包括抵消机制、储备或借贷机制,其目的是满足企业灵活的履约配额或减排信用。

(5)执行机制。包括监测报告核证制度和惩罚制度。

不论最终采取何种交易体系,上述五个要素需要高度重视和周详考虑,以防止碳交易体系失效和无序。

三、我国碳排放交易体系建设

(一)国内碳交易市场体系建设概况

我国在未来较长一段时期内,碳排放形势仍将以总量扩张为主要特征,根据"共同但有区别的责任"原则,我国不承担强制性的绝对总量减排任务,但同时向国际社会做出了2020年碳排放强度下降40%～45%的承诺,如何设置适合我国国情的碳排放交易体系本身就是一个探索难题。自2011年起,我国开始逐步搭建自己的碳交易体系和政策框架,从目前各地的推进实践看,积极探索与本地区碳排放相适应的交易市场体系已成为国内共识。

1. 政策支持力度逐步加大

早在2010年国务院下发的《国务院关于加快培育和发展战略性新兴产业的决定》中,就已经提到要建立和完善主要污染物和碳排放交易制度。党的十七届五中全会通过的"十二五"规划纲要建议明确提出"要逐步建立碳排放交易市场",充分表明了运用市场机制、推动温室气体减排、促进低碳发展已经成为我国政府的重要政策取向,也是"十二五"期间我国面临的重大发展议题,这为推动碳交易发展、建立碳排放市场指明了方向。2012年6月,国家发改委出台了《温室气体自愿减排交易管理暂行办法》,并着手制定我国碳排放交易市场建设总体方案,计划于2015年初步建立全国统一的碳交易市场。

2. 部署碳交易试点，主要省市率先行动

2011年下半年，国家发改委办公厅下发了《关于开展碳排放权交易试点工作的通知》，批准北京、天津、上海、重庆以及湖北(武汉)、广东(广州)、深圳7省市开展碳排放交易权试点工作，试点时间为2013年至2015年。

"十二五"期间的碳排放交易试点省市工作，是为全国性碳市场的建立探索和积累经验，目前，碳交易试点进展加速，7个试点省市相应开展碳交易相关基础工作，实施战略研究和政策储备，预计2012年年底之前各省市试点方案将面市，一些行动计划和实施方案也初步成型，其中又以北京、上海、广东、深圳等试点省市进展较快。2012年3月28日，北京首试碳排放权交易试点，600余家企业和单位被强制纳入北京市碳排放权交易体系；2012年7月3日上海市政府公布《上海市人民政府关于本市开展碳排放交易试点工作的实施意见》，是7个试点省市中第一个政府红头文件，2013年上海将从免费配额分配开始，谨慎启动正式试点交易，其中约有200家试点企业被纳入上海市碳排放交易，8月16日，上海市召开了碳排放交易试点工作启动大会；深圳的碳交易已经开始走地方人大的程序，2012年12月出台《深圳经济特区关于加强碳排放管理的决定》，深圳市人大常委会将以《决定》的形式授权该市政府探索开展碳排放权配额分配机制和交易机制，加强碳排放交易支撑体系建设，目前深圳市碳交易规则的制定和交易支撑系统设计已基本完成，其交易平台——深圳排放权交易所将成为全国注册资本规模最大的碳排放权交易所；2012年9月11日，广东举行了碳排放交易试点启动仪式，目前广东碳排放权交易试点工作已从制度设计阶段转向实际操作阶段，正式印发《广东省碳排放权交易试点工作实施方案》，首批九大行业827家企业被纳入"控排企业"范围。

3. 各地纷纷完善交易平台，角逐减碳市场机会

自2008年北京环境交易所、上海环境能源交易所、天津排放权交易所相继挂牌以来，国内诸多省市纷纷抢先成立了各自的碳排放交易所或者能源环境交易所，在进行排污权交易的同时，增加碳排放交易，如贵阳、厦门、杭州、辽宁、河北、山东等省市的相关能源环境所已涵盖了碳交易内容，成都、宁夏、新疆等地也正在考虑成立相关的交易所或计划成立上海碳排放交易所分所。2013年1月，国家

发改委批准北京、天津、上海、广州、深圳 5 地交易机构成为国内第一批自愿减排交易机构。

从目前掌握的资料来看,各试点省市碳交易试点工作的共性包括:都创建了专业交易场所,都是强制减排和自愿减排同步推进,交易主体以高能耗高排放工业为主,配额分配以免费为主。其具体做法如表 16 - 2 所示:

表 16 - 2　试点省市的工作概况

项目	广东	上海	湖北	深圳
交易主体	2011—2014 年任一年排放 2 万吨二氧化碳(或综合能源消费量 1 万吨标准煤)及以上的企业 827 家企业	工业行业 2010—2011 年中任何一年二氧化碳排放量 2 万吨及以上企业,非工业行业 2010—2011 年中任何一年二氧化碳排放量 1 万吨及以上的企业 200 家企业	重点行业中年能耗 6 万吨标煤以上企业 100 多家企业	涉及 26 个行业的近 800 家企业
涉及行业	电力、水泥、钢铁、陶瓷、石化、纺织、有色、塑料、造纸 9 个工业行业	钢铁、石化、化工、有色、电力、建材、纺织、造纸、橡胶、化纤、航空、港口、机场、铁路、商业、宾馆、金融 17 个行业	钢铁、化工、水泥、汽车制造、电力、有色、玻璃、造纸等高能耗、高排放行业	包括电力、电子、制造业等 26 个重点碳排放行业,按国际惯例,将年碳排放量在 2 万吨以上的工业企业全部纳入
受控规模	约占全省能源消费量的 42%,约占全省工业能源消费量的 62.7%	约占上海市总排放量 50%	省碳排放的 35% 以上	其合计碳排放占深圳 2010 年碳排放总量的 54%,超 4000 万吨
配额分配	初期采取免费为主、有偿为辅的方式发放,一次性向控排企业发放 2013—2015 年各年度碳排放权配额,适时调整	基于 2009—2011 年试点企业二氧化碳排放水平,兼顾行业发展阶段,适度考虑合理增长和企业先期节能减排行动,按各行业配额分配方法	80% 将取决于企业的历史排放量,另外 20% 为先期减排奖励	

续　表

项目	广东	上海	湖北	深圳
交易平台	广州碳排放权交易所（2012 年 9 月揭牌）	上海环境能源交易所（2008 年挂牌）	湖北碳交易所（争取在 2013 年能够挂牌交易）	深圳碳排放权交易所（2010 年挂牌，2012 年完成 3 亿元增资）

表注：北京、天津和重庆的资料不齐全，暂略。

国内碳交易所绝大部分都仅是新增碳排放交易的内容，实质性进展不大。尚存在很大困扰：碳交易量不足，规模最大的北京环境交易所近三年的碳交易量约300 万吨，还不到欧洲气候交易所一天的交易量；交易所运营成本高；仅限于自愿减排项目；绝大多数为国内买方；碳交易加大企业成本，动力不足；成本转移到消费终端；数据审核方法与国际标准接轨不统一；缺少有效的第三方监管；缺少金融机构参加，流动性不足；二级市场有待培育。

（二）碳交易市场构建的关键性问题

综合分析国内外碳交易市场的情况，建立碳排放交易市场需要着力解决好五个层面的关键性问题：

一是市场需求。目前，从国家和地方执行相对减排指标，没有总量减排压力。江苏正处于经济发展的关键转型期，工业化、城镇化进程加快，"十二五"期间经济潜在增速在 10% 左右，碳排放总量仍将合理增长。在相对减排目标约束体系下，配额总量应如何设定才能兼顾发展权和减碳任务？这需要探索在高排放行业或具备条件的地区试行碳排放总量控制，形成刚性需求，发挥行政推动和市场机制的共同作用，对企业形成有效的倒逼和激励机制，且需要考虑存量排放和增量排放、投机性需求和刚性需求、储备配额等问题。建议借鉴广东的试点思路，采取排放强度逐年降低、碳排放总量增幅逐年降低的思路。

二是产品供给。碳配额实际上是制度和政策创造出来的供给，政府调控机制是保障，覆盖区域、覆盖行业、总量设定、配额分配方法等，都将对供给产生很大的影响。一旦配额分配过量，将出现市场供应过剩，价格跳水，这也是欧盟碳交易市场早期同样面临的问题。同时，对于处在经济发展转型期中的江苏来说，战略性新兴产业发展迅猛，落后产能淘汰加速，碳交易市场中每年产生不少的新进入者、退出者和产能调整者。建议采取动静结合的思路,一方面对现有企业的现有运行设施进行管控,另一方面预留配额空间,以吸纳新进者或产能变动企业。

三是核证体系。MRV 机制是监测、报告和核证的简称,是对管制对象碳排放数据真实性、可靠性的保障机制,也是一切碳排放交易体系得以开展的数据基础。目前,我省企业排放报告基础能力差,数据收集、整理和保存不够重视。而且国内符合国际标准要求的 MRV 体系尚不完备,核证专业机构和人才缺失,建立可靠、可信、高效的机制是个难题。建议及早开展企业报告制度,并加强培育核证机构和专业人士。

四是制度保障。目前国内碳交易仍处在研究摸索阶段,面临的一系列的法律风险、市场风险、信息不对称风险、碳泄露风险、交易平台安全风险还未显露出来。一旦制度设计或执行不当,可能导致交易参与者的合理权益无法得到保障,进而影响市场信心和积极性。为支撑市场,建议将碳排放权作为行政许可,以监督、考核企业的减排行为,并赋予发改部门实施奖惩的职能。

五是市场平台。一方面,碳交易涉及交易撮合、价格形成、配额交割、审查核证、清算交割、信息披露、争议调解等环节,复杂度高,我省现有的排污权交易平台无法实现。另一方面,《国务院关于清理整顿各类交易场所 切实防范金融风险的决定》(国发〔2011〕38 号)下发后,在国家清理整顿各类交易场所、防范金融风险的背景下,基于期货和其他金融衍生品的碳交易模式将受到限制。建议依托已有的交易市场,搭建专业化碳交易平台,在国家政策框架内,制定交易规则,建设电子交易系统,实现配额网上竞价和注销。

第二节　江苏碳排放权交易体系构建思路

一、江苏碳交易市场建设所面临的形势

(一)江苏碳交易市场建设的必要性

1. 达成总量或相对排放的控制目标

"十二五"时期是江苏控制碳排放下降的重要阶段,时间紧、任务重。在经济

处于转型升级、节能降碳技术处于创新攻坚、碳排放下降体制机制尚未健全的态势下,推动碳交易市场建设,可以通过市场化手段激发企业自愿减排积极性,合理配置有利于碳排放下降的技术、资金、人员等要素资源,引导企业向低碳绿色发展转型,实现碳排放总量或相对排放减少的控制目标。

2. 以市场机制实现减排成本的最小化

市场机制是当前世界范围实现资源配置最有效率的机制。江苏整体上仍处于工业化发展过程中,减排资金缺乏和低碳技术不足是制约江苏省碳减排和能源利用升级的重要瓶颈,同时完全以政府行政调控为主导的减排控制易于增大行政成本,产生减排不经济性,并由于政府与碳减排社会主体之间信息不对称的产生,导致碳排放配额分配不公平和减排激励不足等问题。通过市场机制来优化碳排放的配置,可以运用市场的价格发现和引导功能,最大程度减少供需双方的信息不对称性,激励减排技术创新应用,推动碳减排资金的聚集,以碳交易市场制度的建立实现以最低成本达到最优减排效果。

3. 实施碳资产的开发,推动企业低碳转型,塑造核心低碳竞争力

碳交易的出现使碳排放权通过交易市场在组织实体之间成功实现转换,由此推动碳排放成为减排环境下各排放主体的一项特殊资产。碳资产在低碳经济领域所具有的储存、流通及财富转化的功能,必然促进碳金融的发展,为企业减碳提供更强劲的金融支持和资产增值。因此,碳交易市场的建设发展能够积极推动企业等组织深入挖掘实施清洁发展机制(CDM)项目和自愿减排项目的潜力,加强低碳技术的研发创新,扩大碳资产规模,提升碳资产管理和开发能力,培育企业核心低碳竞争力。

4. 打造新经济增长点,发展低碳技术,催生低碳行业

推动江苏省碳交易市场建设,通过市场化的碳减排收益吸引资金、技术等要素提升产业结构,发展新兴产业,加强低碳技术研发、产业化应用,促进产业低碳化、绿色化。同时,围绕碳交易市场建设所需的配套服务,催生碳核查、核证服务及碳金融等碳交易服务业,创造低碳服务新需求,打造新经济增长点。

5. 形成以我为主的低碳市场机制,保障国内外低碳合作的话语权

当前,比较成熟的碳交易市场体系主要分布在欧盟、美国等发达国家,相关的

标准体系也主要由发达国家掌控,而国内碳交易市场建设仍处于试验探索阶段,这种格局对于我国碳交易的高效推进和外向扩展有不利影响。积极探索建立区域自身碳交易市场体系,制定适合区域产业发展、碳排放交易推进的核证体系、交易平台、注册平台、结算平台等制度体系,掌握碳交易的主导权,才能自主控制和掌握碳排放关键环节,形成具有自身特色的碳交易市场机制,打破发达国家在碳交易市场的垄断。

(二)江苏碳交易市场建设的困难制约

国家"十二五"规划纲要明确提出,到 2015 年,我国单位国内生产总值二氧化碳排放比 2010 年下降17％。国务院"十二五"控制温室气体排放工作方案明确江苏"十二五"期间碳强度下降目标任务为 19％,省"十二五"规划纲要将国家下达碳强度下降标准作为约束性指标,要求 2015 年必须按期完成。当前,江苏正处于探索碳排放权分配路径以减少碳排放的关键期,推动碳交易发展恰逢其时。但同时江苏建设碳交易市场的探索是在强制性碳排放强度下降而非国际熟悉的碳排放总量控制的背景下开展的,无疑增加了探索难度。

从排放交易体系设计要素看,江苏在排放交易体系五个设计要素上所积淀的基础较为薄弱,如监测报告核证机制缺乏,核证体系在碳交易中居于十分重要的地位,制定一个既具有自身特色、又具有广泛权威性和认同度的核证制度难度很大;再如与碳交易相关的一系列交易工具开发和支撑体系建设不完善,专业人才支撑不足。另外还有如何创造出碳交易标的物,如何解决配额分配问题,碳排放基础数据缺失,登记交易结算平台系统未建立,中介机构培育不完善等等问题均有待解决。

综合分析,我们认为,推动碳交易虽然存在不少困难,但从长远和全局看,江苏在这方面应有所作为、积极探索,在碳排放强度下降约束性指标为强制性减排指向下,构建适合江苏省情特点并与国内外碳交易市场相衔接,成为国内乃至国际碳交易市场的重要平台。

二、江苏碳交易市场建设方案建议

(一)指导思想

积极发展政府指导下的碳排放交易市场,引导企业碳资产经营理念,探索交易运行机制和保障制度,打造碳排放交易工作和监管平台,培育碳排放咨询和核证服务业,促进关联产业发展和专业人才队伍与机构能力建设。

(二)主要目标

至 2015 年,通过试点建设,初步形成适应江苏省省情、制度健全、管理规范、运作良好的碳排放权交易机制。

至 2020 年省内碳排放权交易机制不断成熟完善,省际碳排放权交易机制基本建立。

(三)基本原则

1. 自愿减排交易和碳排放权交易同步推进的原则。完成自愿交易和强制交易的相关能力储备、制度设计和平台搭建,保障顺利对接。

2. 地方先行先试和对接国家两不误的原则。不一味地等待或依靠国家的政策和支持,自己先行先试,之后再对接国家。

3. 自主政策创新和消化吸收相结合的原则。在充分消化吸收其他试点省市经验的基础上,进行自主政策创新,形成江苏特色。

(四)时间安排

碳交易市场建设是一项庞大的系统性工作,对于省级地方层面来说更是一项崭新任务。由于时间、资金、专业队伍等多方面条件的限制,需分三个阶段完成江苏省碳交易市场建设工作。

第一阶段准备期(2012—2013 年)。这段时间将先期开展自愿减排交易,同时储备排放权交易的能力建设,两线并行:一条线是按照国家的自愿减排办法,先期部署部分企业开展自愿减排交易,引导企业形成碳资产经营理念;另一条实施排放权交易试点的基础能力建设,完成省内重大排放源的摸底、提出交易管理实施框架、开展企业报告制度、实施碳交易的政策储备和制度设计。

第二阶段试点期(2014—2015 年)。实施碳排放权交易试点,选择试点领域(行业或城市),制定试点行动方案,出台交易管理办法,规范交易流程,建设登记注册系统,搭建交易平台。

第三阶段正式推动期(2016 年—2020 年)。这也是中长期发展目标,逐步构建并完善排放权交易体系,逐步扩大受控范围,建立全省统一的碳排放权交易体系,争取在 2020 年前将重点排放源均纳入受控范围。同时,研究如何与省外市场、国际市场进行有效对接,尝试开展衍生交易。

（五）主要任务

1. 确定试点范围

在高排放行业组织开展碳交易试点工作,试点对象以技术较先进、规模较大、产业配套较完整、转移成本较高等为标准选取,交易模式建议考虑采取政府减排指导下的自愿性碳交易模式,并逐步扩大自愿减排交易主体,鼓励和引导企业自愿减排交易活动。出台江苏省自愿减排交易的思路和意见,制定江苏省自愿减排交易的登记备案制度和信息发布制度。

2. 推行企业信息报告制度

明确企业碳排放信息报告制度,明确重点排放源企业的报告职责,培训企业报告能力,对省内重点排放源进行信息披露和数据摸底。

3. 制定核算方法

根据江苏省实际情况,制定核算方法,编制企业核算指南,并针对行业特点,提出清查方案,开展企业碳排放初始盘查。

4. 建设培育交易平台

组织力量开展交易制度平台的系统软件开发、硬件建设及交易规则的制定,同时完成定点交易所和省交易管理平台的无缝对接,编制省级碳交易电子登记簿和交易日志。

5. 制定分配方法,开展配额分配

确定配额的初始分配办法;制定相关的监测办法;拟定超过配额排放的处罚措施等。按照测算并确定的企业碳强度控制目标,运用配额分配方法,向控排企业发放碳排放权配额。

6. 建设登记注册系统

建设碳排放权配额注册登记系统。建设相应的电子信息系统,用于注册配额账户和登记配额,详细记录配额发放、变更、注销等有关情况。

7. 完善配套保障政策

建立第三方核查制度,加强对碳排放权交易活动和碳排放权交易所运营的监督管理,碳排放权交易所要对交易过程进行监督管理,完善江苏省碳排放交易的基础管理制度。

8. 探索跨区交易机制

探索与其他省(市)建立省际碳排放权交易的机制,争取国家支持,在条件成熟时启动实施。

(六)保障措施

1. 完善的顶层设计

一是完善有关碳排放交易的政策法规。要建立规范化的碳排放权交易市场,就必须有法律保障,从而将碳排放交易的进行置于法律的框架下。理解碳排放交易的国际法和国内法规范,借鉴国际经验的同时,必须立足江苏省情,借鉴太湖排污权交易相关制度,创建一系列的碳排放交易法律政策及绿色金融服务配套政策,营造有利于碳交易发展的政策环境。奠定江苏省碳排放交易健康发展的基础。

二是强化组织领导,明确领导机构及其职权范围和责任,建立相应的职能部门间长期有效的协调合作机制,切实简化审批环节,规范收费行为,提升服务质量,提高办事效率,推动碳排放交易工作的快速开展。

2. 合理的组织安排

对照江苏省碳交易市场的总体思路和主要任务,对碳交易工作体系进行分工,划分顶层设计、专家咨询、市场开拓、交易实施和核证中介五个不同的工作小组,同步推进各项工作,最终形成合力(见图 16 - 1)。

顶层设计工作组:提出交易整体框架、路径,提出总量和配额分配办法,编制试点方案。联合其他相关工作组,促成相关碳交易政策、规划、标准的文件出台,实施交易监管。

专家咨询工作组:聘请省内外知名专家,对全省碳交易的框架、路径进行研讨,对试点方案进行可行性论证,对总量和配额办法进行论证,提出基准线,对相关监管制度、实施细则和标准进行研讨商定。

市场开拓工作组(自愿交易):成立江苏省企业碳交易联盟,开展企业碳资产经营自律、协助组织企业碳交易和排放报告能力建设、实施交易需求方和供给方

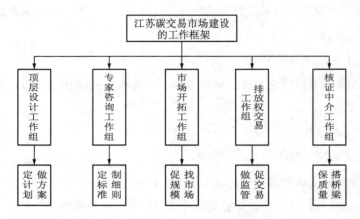

图 16-1　江苏碳交易市场建设的组织安排

的拓展和培养、促成第一批自愿交易。

排放权交易工作组：开发建设交易平台，登记注册交易主体，监测统计交易活动和配额流转，监管交易主体和行为。

核证中介工作组：成立碳交易中介咨询和核证联盟，培养专门性的中介咨询机构，主要职责是开展企业温室气体核算和核查方法研究，为参与交易的企业开发温室气体计算方式和工具，对交易行为进行核证服务。同时为碳排放交易市场参与者提供技术、生产、融资和法律法规等咨询服务和培训。

3. 功能完备的工作平台

从国内外碳排放交易所的数量来看，江苏近期建立自己的交易所不太现实，也不具有经济性，可以采取建立碳排放管理平台的做法，开展交易制度注册登记、交易、结算清算等平台的系统软件开发、硬件建设，交易规则的制定，企业温室气体监测、核算和报告的方法、标准等技术性问题的设计开发与运维，建立起登记、管理平台，与其他交易所形成对接。

第十七章　低碳产业体系发展的政策工具

　　为贯彻落实江苏省委省政府关于"推进节能减排、发展低碳经济"的方针政策,将控制温室气体排放作为推动科学发展、转变发展方式的突破口和重要抓手,将"节能降碳"纳入到总体工作布局中,制定近、中、远期规划与年度具体实施办法,加强组织领导,健全管理体制,完善政策法规,加大资金投入,充分发挥市场机制作用,增强企业绿色生产的意识和自觉性,形成以政府为主导、企业为主体、全社会广泛参与的节能减排的工作格局,打造有江苏特色的低碳产业体系。

第一节　低碳产业发展政策工具的理论依据

　　政府在低碳产业发展中发挥着不可替代的作用,要实现低碳产业发展,政府必须履行恰当合理的政府职能。而所有政府职能政策都是由一组政策工具所组成的,政策工具是一个比职能政策更基本的分析单元[1]。因此,研究政府在促进低碳产业发展时所能使用的政策工具,对于打造有江苏特色的低碳产业体系是十分必要的。

一、低碳产业政策工具概述

　　政策工具就是达成政策目标的手段,按照强制性程度,可将政策工具划分为:

---

[1] 叶托,李金珊,吴乐珍. 面向低碳经济发展的政策工具研究[J]. 中共宁波市委党校学报,2012,3(34).

自愿性工具,其核心特征是出自于自愿,很少或几乎没有政府干预,不具有强制性;强制工具,其强制性地作用于经济主体,经济主体没有或者很少有选择的权利;混合性工具,兼具自愿性工具和强制性工具的特征,允许有关经济主体不同程度地介入非政府部门的决策形成过程。低碳产业体系发展的政策工具就是政府要达成低碳产业体系发展目标而实施的政策举措,按照政府干预的类型来看,也可分为三类:一是对相关经济主体碳排放量和技术标准的直接管制和指令法规控制;二是以市场为基础的对有关经济主体实行经济刺激以促使其生产和消费过程的碳消耗和排放;三是不需要政府干预管制的产权交易。

一般来说,对低碳产业政策工具的研究途径,主要有如下四种基本途径:一是工具主义,这种途径认为工具属性的本身就构造了正常过程,政策工具的属性就是工具的使用及其效果;二是过程主义,各种低碳产业工具之间有着不同的特性,都存在其优点和缺点,没有哪一种或哪一类工具具有普遍的适应性,针对低碳产业发展这一动态过程的具体情况,试探性地选择不同的政策工具以满足发展阶段的要求;三是权变主义,认为工具的选择是根据工具的绩效特征是如何满足某种特殊问题背景的需要的,根据清晰的政策目标,寻找出最适应的工具,因此,要注意弄清低碳产业发展过程不同阶段的特定要求,同时也要注意选出最适合这种要求的政策工具;四是建构主义,认为政策工具在政策系统内、在决策领域和执行过程中并不起决定作用,而仅仅是正常过程的众多因素之一。

二、低碳产业政策工具的选择

低碳产业体系发展政策工具的选择是低碳产业能否健康发展的关键,一般来说,影响政策工具选择的因素,主要有以下几个方面:

(一)政策目标对政策工具选择的影响

政策目标就是对政策问题解决程度的规定,规定了政策过程的方向和指南,决定着政策执行最终要达到的效果,规范政策执行的行为。要达到既定的政策目标,在很大程度上依赖于政策工具的选择。在这个意义上,我们说政策工具是连接政策目标和政策结果之间的桥梁和纽带,没有一定的政策工具作为支撑,政策目标很难达成。为了达成构建低碳产业体系这一政策目标的一系列活动中,政策工具的选择是关键的环节,如果工具选择得当,那么政策目标通常容易达成;相反,选择了不恰当的政策工具则很难达成政策目标。

（二）政策工具本身对政策工具选择的影响

以工具主义研究范式的观点来看,政策工具本身的特征也是影响政策工具选择的一个重要因素。另外,政策工具不是一元的,而是多元的,不同政策工具之间的运用有发生矛盾和冲突的可能性,因此在政策工具的选择中,还要考虑政策工具同其他政策工具之间的优化和组合问题。

（三）政策工具本身以外的因素对政策工具选择的影响

社会环境方面:以市场类的政策工具为例,目前通过市场进行资源的优化配置的观念已逐步深入人心,通过交易获得一些公共产品和服务的做法已经为社会所广泛接受。这是推动选择产权交易作为主要政策工具的主要环境因素。

执行机构:在现实状态下,政策执行机构除了维护公共利益,也有其自身的利益诉求,对于其合理的利益要求要进行满足,对于不合理的利益要求要坚决抵制。在政策工具的选择中,有些政策工具的选择本身就意味着对其利益的消减,这就需要建立一个正常的利益补偿机制,以减少执行机构对政策工具的抵制,并减少政策工具运用的阻力。另外还需要采用教育性的政策工具,通过说服教育等手段,向执行机构人员说明某些政策工具的运用,实现执行机构对政策工具的接受。

政策受众:政策受众是政策直接作用和影响的对象。政策工具要发挥作用,在很大程度上依赖于目标群体的态度和接受程度。政策工具的运用就是要改变目标群体的行为,使其按照政策主体所指向的方向行为,因此要想政策工具的执行更加有效,最重要的是看目标群体对政策工具认可支持的程度,如果采用的政策工具得到目标群体大部分人的支持,这种政策工具的执行就会很顺利。相反,如果目标群体进行抵制,政策工具的执行就会面临很大的问题,预期的效果也很难实现。这样看来,政策工具的选择并非一劳永逸的活动,而需要随着时间的推移、目标群体态度和行为的改变而做出调整。同样,在低碳产业政策过程中,要根据实际情况的变化和政策受众群体的行为改变程度对政策工具进行适时的调整,使政策工具发挥最佳的效果。

第二节　国外低碳产业发展政策工具现状

各国在发展低碳产业的过程中,设计了各种科学有效的低碳政策工具。概括来说,这些低碳政策工具的显著特点是充分利用了市场机制,极大程度地调动微观经济主体(企业、消费者)参与的积极性,政府承担制定规则以弥补市场失灵的工作。这些政策工具包括规制政策、碳排放权交易、自愿减排、财政补贴、碳税等,这些工具在理论上又可以归纳为命令与控制类、市场类、自主类三类,同时这也代表了在经济发展的低碳化领域政府与企业关系的变革过程[1]。

一、命令与控制类政策工具

发展低碳产业的命令与控制类政策工具是政府通过强制性手段来约束相应经济主体的经济行为,对其生产的技术管制、污染物的排放等进行监督检查,以实现低碳产业发展的管制目标。命令与控制类政策工具直接、高效,特别是在处理行业减排控制上优势明显。

命令与控制类政策工具主要是通过制定低碳产业发展的相关标准,对碳排放水平和能源利用效率进行直接控制,要求有关经济主体必须遵守,如法律行政强制手段、配额限制制度和强制技术标准等。配额限制方面的主要代表是欧盟,欧盟对部分行业温室气体的排放采取限额管理,确定分配给每个部门或企业在相关承诺期的配额数量。规制标准和法律强制手段的使用非常频繁,如欧盟于 2009 年通过法规,规定在 2009 年至 2012 年逐步从市场上淘汰供家庭、工业部门和公共场所使用的白炽灯等高耗能照明设备,并对卤素灯和紧凑型荧光灯、LED 照明灯等照明设备做了能耗、功能、美观、卫生等方面的要求;英国政府于 2010 年正式实施的"碳减量承诺"(Carbon Reduction Commitment) 规定,任何年用电量超过 6000 兆瓦·时的公有或私有组织均必须在 2010 年 9 月 30 日之前到政府登记参

---

〔1〕 傅学良,刘淑华,王晓田. 国外发展低碳经济的政策工具选择及启示[J]. 科技导报,2010,28(19).

加一项碳总量管制计划,否则将被处以 5000 英镑的罚款,且每日加罚 500 英镑[1];为减少汽车的碳排放量,2002 年美国加利福尼亚州出台了全美第一个对汽车尾气排放进行严格限制的法案[2];德国、英国、法国、意大利、日本等国都制定了严格的产品能耗效率标准等。

命令与控制类政策工具具有易操作和效果显著的特点,使其更易成为政府优先选择的政策工具。由于具有强制性,未给有关经济主体留有任何选择权,其执行效率一般都很高,尤其在控制污染排放问题方面。但同时,命令与控制类政策工具也存在一些不足之处,主要有信息不对称、监督成本高、经济效率低,难以形成持续减排动力等问题。

二、市场类政策工具

市场类的政策工具是一类与产业化和市场运作机制相应的制度和安排,其运用是为了避免和弥补命令与控制类政策工具的单一指导和不足,以充分引入社会化资本和建立多元化的投资主体来激励相关经济主体减少碳排放并提高低碳产业经济运营效率。具体可分为财政补贴、碳排放税费、创建碳排放市场等。

(一)财政补贴

财政补贴是国家财政向企业或个人提供的一种补偿,是一种非强制性政策工具,有关经济主体和个人可以选择参与。财政补贴是一种正向激励,与碳排放税收作用相反。财政补贴在各国也有广泛的运用,如美国政府在可再生能源项目可行性研究阶段给予 100% 资金补助,在研发和试验阶段给予 50%～80% 的资金补助;丹麦对风电机组制造厂商和风电场业主给予直接补贴以使风电投资更具吸引力;加拿大为每千瓦·时风电提供相当于风力发电成本与常规发电成本差额一半的产品补贴;意大利对屋顶光伏系统提供相当于项目投资 85% 的免息贷款。

财政补贴对于创新低碳技术、引导消费者形成健康消费方式有很好的激励作用,但同时也存在财政补贴的标准难确定、机会成本等问题。

---

〔1〕 UK Government. CRC Energy Efficiency Scheme [EB/OL]. 2010-4-1[2010-06-08]. http://www.decc.gov.uk/en/content/cms/what_we_do/lc_uk/crc/crc.aspx.

〔2〕 黄海. 发达国家发展低碳经济政策的导向及启示[J]. 环境经济,2009(11).

（二）碳排放税

碳排放税是针对 CO_2 排放所征收的税，通过对燃煤和石油下游的汽油、航空燃油、天然气等化石燃料产品按其碳含量的比例征税来实现减少化石燃料消耗和 CO_2 排放的目的。碳税也是目前应用最广泛的政策工具之一。如 2006 年 11 月，美国科罗拉多州的玻尔得市（Boulder）成为了美国到目前为止唯一征收碳税的地方，征收方法是根据组织和个人的用电度数来支付税额[1]。

德国从 1999 年 4 月起实施生态税改革，包括能源税（2006 年 7 月前称矿物油税）、电力税和汽车税以及垃圾、污水处理费等，德国使用征收生态税的办法解决了能源效率和节约、就业、环境污染等问题，做到了"一箭三雕"。英国对工商企业用电征收大气影响税，该税收预计年收入可达 10 亿英镑，其中一部分用于支持企业研究低碳排放技术，一部分用于支持企业加速节能投资设施的折旧，规定允许年折旧率达 100%。日本环境省的环境税，每户居民每年要缴纳 3000 日元环境税，以帮助控制二氧化碳排放量，帮助实现《京都议定书》的目标[2]。2008 年 11 月，欧盟通过法案决定将航空领域纳入碳排放交易体系并于 2012 年起实施，据估算，到 2020 年，各航空公司可能要因此支付 200 亿欧元。2012 年 7 月，澳大利亚正式开始以每吨二氧化碳当量 23 澳元的定价向全国 294 家被列为排污最严重的电力、煤炭、运输等企业征收碳排放税，同时开始实施的还有各项补贴和减税计划，以降低碳税对人们日常生活水平的影响。南非也拟将从 2013 年开始向排污企业征收碳税以应对气候变化，如果碳排放超过限定的门槛，相关企业将要按每吨二氧化碳当量交付 120 兰特（1 美元约合 7.7 兰特）的标准缴税。

征收碳税只需要额外增加非常少的管理成本就可以实现，并增加了政府的财政收入，可再用于污染治理和减排技术等项目。同时碳税能够促使相关经济主体极大程度地减少碳排放量以降低生产和消费化石燃料的成本。碳税的缺点主要为标准难以精确、监管难度大等。

---

[1]　Katie Kelley. City Approves' Carbon Tax'in Effort to Reduce Gas Emissions[J]. The New York Times,2006(18).

[2]　诸大建. 绿色复苏与中国的绿色创新[J]. 中国科学院院刊, 2010, 25(2).

（三）碳排放权交易

《京都议定书》允许发达国家间进行排放额度买卖的"排放权交易"，并建立了旨在减排温室气体的三个灵活合作机制——国际排放贸易机制（简称 ET）、联合履行机制（简称 JI）和清洁发展机制（简称 CDM），这些机制允许发达国家通过碳交易市场等灵活完成减排任务，而发展中国家可以获得相关技术和资金。近年来，世界碳交易市场发展迅速，当前比较成熟的碳排放权交易市场体系主要分布在欧盟、美国等发达国家，其中欧盟排放权交易市场一直是最为活跃和交易规模最大的排放权交易市场。欧盟排放交易系统于 2005 年 1 月 1 日正式启动，涵盖目前约占欧盟全部二氧化碳排放量的 45％。

鉴于市场均衡机制，所有参加碳排放权交易的组织和个人都将从中获益，控制碳排放的社会成本低。另外由于碳排放权的总量等于碳排放的控制目标，数量固定，控制碳排放的效果也比较稳定。但同时，碳排放权交易也存在初始分配难以保证公平性、受制于碳排放权交易机制的完备性等问题。

三、自主类政策工具

这类政策工具是指依靠一种"自发秩序"，通过个体内部的特定协调方式，将不合作博弈转化为合作博弈，以达成共识性规范来共同实现低碳产业发展的制度和安排，主要包括单方减排承诺、自愿碳减排等形式。

（一）单方减排承诺

单方减排承诺是经济主体自行提出碳减排的目标和计划。如富士施乐承诺节能减排目标是截至 2020 财年，将整个产品生命周期的二氧化碳排放相比 2005 财年减少 30％，公司通过缩小产品体积，减小产品重量，以及开发节能技术向客户提供节能产品，为客户办公室的节能做出贡献，此外，公司还积极主动地在自身的商业运营中努力减少 CO_2 排放。

（二）自愿减排协议

自愿减排协议是指由同行业经济主体之间、甚至不同行业经济主体之间签订的关于共同实施碳减排的协议。对企业而言，自愿协议是一种灵活创新且低成本的实现碳减排的形式，企业不仅可以树立公众形象，还可能有机会在环境法规制定中就减排力度和具体执行形式的决策发挥自身的影响力；对政府而言，自愿协议投入小,并能与企业在碳减排问题上进行沟通以谋求共识,鉴于其具有使企业和政府都获益的优点,自愿协议受到广泛的欢迎[1]。如早在 2001 年,德国火力发电厂家就与政府就减排温室气体问题达成了协议,呼吁德国各火力发电厂采取自愿的原则,将政府强制性的温室气体减排指标逐个分解到每个企业的头上,从而使德国在 2010 年实现该年度减排温室气体的目标;再如迄今全球已有 20 家邮政运营商加入在 2020 年之前将其温室气体排放量削减 20% 的协议,这些运营商占全球邮件业务量的 80%,该项协议由行业协会国际邮政公司(IPC)牵头促成,是首批在行业主要成员之间达成的减排协议之一。

但是,由于自主类政策工具不具有强制力,也存在其局限性,如部分自愿减排协议由于不具有法律强制力而形同虚设等。

第三节　江苏省低碳产业发展的政策设计

前文分析了国外发展低碳产业的主要政策工具,而如何选择和使用政策工具以实现高碳产业到低碳产业的转变,还依赖于政府创造性地使用政策工具。

这里,本书引入顶层设计概念,以理念一致、功能协调、结构统一、标准化的系统论方法,采用"top-down"的自顶而下政策构思路线,探索适应江苏基本现代化发展阶段的低碳化政策工具设计和安排。这种政策设计模式需要从系统和全局的高度,对设计对象的结构、功能、层次、标准进行统筹考虑和明确界定,并且强调从理想到现实的技术化、精确化建构,是铺展在意图与实践之间的"蓝图"[2]。

围绕江苏省产业经济发展和低碳绿色发展总体目标,可进一步规划、设计为实现目标的直接或间接功能,即设计功能。通过明确设计功能,可进行具体的领域设计,进行达到总体设计的效果。其中,政策设计需把握三个原则:第一,设计具有满足服务对象需要的属性,也就是市场和公众需求,江苏率先发展的需求,如

〔1〕 杨云飞. 论发展低碳经济的减排政策工具[J]. 兰州学刊,2010,199(4).
〔2〕 刘伟良,等. 迈向基本现代化的江苏[M]. 南京:江苏人民出版社,2012.

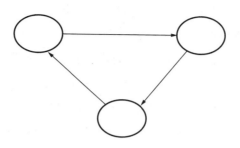

图 17 - 1　顶层设计的本质

此才能准确定位方案;第二,在目标导向下实施功能创新,提出富有成效的设计方案;第三,注重改革成本,引导与约束设计的可行性。基于此,我们提出重点从以下几个方面创建低碳政策工具保障体系。

一、组织保障工具

(一)加强组织领导

相关部门加强组织协调及密切配合,形成应对节能减排,推进低碳产业发展的整体合力。在省节能减排及发展低碳产业工作领导小组的统一领导下,建立由省发展和改革委员会牵头、各部门密切配合、园区企业积极参加的工作机制,共同推进规划各项任务的贯彻落实。同时,各市县政府加强对规划实施的组织领导,成立由生产部、技术中心、安环部、设备部等共同协作、各负其责的低碳产业实施办公室,建立健全指导低碳产业发展的工作机构,配备专职人员,从人力、财力、物力上保证低碳经济工作的实施,建立发展低碳经济的组织体系和工作网络,做好规划的贯彻落实。

建立和完善规划责任体系,明确规划实施主体责任。省发展和改革委员会要加强工作的整体监督指导。各级政府将温室气体排放强度下降指标纳入本地区经济社会发展规划和年度计划,将目标任务完成情况作为干部政绩考核的重要内容。各地、各部门按照省政府的统一部署,制定地区和领域低碳发展规划及年度推进计划,落实责任,保证规划实施的系统性、连续性和有效性,并提供配套资金支持;动员社会团体、公众、企业等各类主体积极参与规划的具体实施。

(二)部门职能和政策协同

部门协作。各有关部门明确责任、各司其职,负责好本部门领域,政府部门指导督促、企业园区积极推进、社会团体宣传监督，扎实有序地推进低碳生产的实施。部门间还要加强协作，互相支持，形成分工合理、密切配合、整体推进的工作格局，在发改、经信、环保、农业等部门之间建立信息共享机制，定期对低碳产业的实施进展情况进行联合评估，形成部门合作的长效机制。

政策配合。以发展低碳产业为核心目标，加强经济、社会、文化、外交政策的统筹协调，注重政策目标与政策工具、短期政策与长期政策的衔接配合。通过集成整合的方式，充分利用现有各项产业政策、财税政策、信贷政策、投资政策、价格政策、土地政策、环保政策、区域政策和社会政策，整合现有资金、技术、人才等各类要素，鼓励符合低碳要求的企业优先入园发展生产。

（三）建立评价考核体系

建立节能减排目标责任制考核制度，并将考核目标逐级分解，纳入到各市县、各部门经济社会发展综合评价和绩效考核，与责任人业绩政绩挂钩。研究建立有效衡量各市县、各部门开展低碳产业促进低碳经济发展的指标体系，初步建立起有效的激励和约束机制，促进低碳试点工作的开展及全省低碳经济发展。

在推进低碳经济发展的工作中，低碳试点单位结合实际情况，坚持以制度规范约束行为，制定和完善低碳经济的实施和管理办法，组织开展能源审计工作，编制节能规范，制定一整套适合行业管理要求的节能、节水、综合利用制度、岗位职责；加紧建立低碳经济发展奖惩制度，实行严格的问责制度，推行绩效工资，强化内部考核，充分发挥考核和问责制度的导向作用，激励约束作用；综合评价考核的结果要向社会公开，主动接受社会舆论监督，充分发挥新闻媒体的舆论监督作用。

二、体制机制与立法工具

发展低碳产业一方面需要规划科学、准确、到位，为低碳产业描绘出发展的前景与蓝图，另一方面还需要建立相应的体制机制，制定相关的法律制度，为低碳产业的实施提供强有力的保障和支撑。

（一）建立碳排放交易机制

低碳经济已经成为全球性共识。碳交易是利用市场机制引领低碳经济发展的必由之路。由于尚未建立全省统一碳交易市场体系，江苏被迫处在全球碳交易产业链的底端，因此，建立统一碳交易市场体系迫在眉睫。

自《京都议定书》生效以及欧盟温室气体排放贸易机制启动以来,全球碳排放交易市场快速发展。江苏省在借鉴外来技术与经验的同时,结合省情和未来发展要求,通过关注省内重点行业大中型企业之间的碳交易市场,规范自愿减排交易和排放权交易试点,制定江苏省碳排放交易建设总体工作方案,积极探索运用市场手段推进控制温室气体排放的方法,逐步建立碳排放交易市场平台,不断完善低碳产业发展战略,加快推动低碳经济的发展。积极鼓励企业园区加强与国内碳排放交易市场的对接、合作,探索跨区域碳排放权交易合作机制。同时进一步深化"走出去"战略,广泛与世界银行、国际碳基金等金融组织合作,争取获得支持和优惠政策,为发展低碳经济打开国际融资渠道。

（二）构建低碳监测报告制度

在低碳经济发展中,要使环境保护行政主管部门准确的连续监测数据与完善的总量配额实施跟踪系统相协调,需要对其实施过程和效果进行有效地监管、考核和评价,这就需要建立完善的低碳经济监管体系。

目前,江苏促进低碳发展的监测报告机制刚刚起步,还很不完善。可借鉴和利用环境监测的经验来帮助构建低碳经济监管体系,开展社会经济发展碳排放强度评价,健全监督体系,建立由政府职能部门、园区相关部门、社会团体等联席的先进的监测机构和监测队伍,制定和实施一套科学的碳排放权交易具体规则、报告制度和监测处罚办法,对监测对象定期会商、核查,及时向被监测对象反馈情况,提出整改意见和建议,并采取经济、行政、法律等手段进行惩处,追究相关人员的责任。

（三）低碳产品标识、认证制度

建立"低碳化"生产标准和技术规范指标,引导企业在规定范围内进行生产。建立和完善产品的市场准入标准、环境标志和能效标识的认证体系,没有绿色认证的产品不能进入市场交易,保证产品在生产和消费过程中碳排放量不超标。

建立低碳标准、标识和认证制度。加强碳排放数据基础工作,建立统一、完整、综合、准确的碳排放评价数据库。根据国家低碳产品认证和标识管理办法,选择典型产品进行试点,初步建立江苏省低碳产品标准、标识和认证制度,逐步覆盖更多行业和产品。加强低碳标准和认证机构的协调对接,培育发展低碳产品检测、认证市场,推进低碳产品认证有序健康发展。

开展低碳认证、标识的推广应用。选择合适区域组织开展低碳认证标识试点,总结试点经验,制定低碳产品服务、组织机构、项目活动等认证标识推广方案并组织实施。开展低碳认证标识宣传活动,推进各种低碳标准、标识的国际互认。围绕重点领域组织实施绿色低碳产品应用示范工程,有效引导和扩大低碳产品市场需求。建立完善低碳技术和低碳产品推广目录,强化政策引导,采取财政补贴、税收优惠等多种措施,促进低碳产品的推广应用。逐步建立完善低碳产品政府采购制度,出台相应办法,将低碳认证产品列入政府采购清单。

推行产品碳盘查、碳标签示范工程。加强企业碳盘查和产品碳足迹的计量标准规范,加强产品全生命周期的碳排放核查。重点围绕重点行业、出口型企业和消费类产品,推动实施产品碳盘查和碳标签示范工程,引导企业强化碳排放管理和碳资产开发。加强碳盘查、核证人员队伍建设,加强认证机构的能力建设和资质管理,规范发展第三方审核机构服务市场。不断完善低碳认证、标识的相关方法学体系和制度。

(四)低碳立法建设

加强地方法规体系建设。我国低碳经济立法还处于起步阶段,目前仅仅着重于对能源的立法,尚未系统地制定低碳经济法律体系。江苏省要结合省情,认真贯彻落实全国人大常委会关于发展低碳产业工作的决议,根据国家工作的总体部署,借鉴国内外立法经验,积极推进低碳经济地方立法工作进程,早日制定地方应对气候变化办法,统领各产业部门的应对气候变化工作,并对国家有关法律法规进行细化,出台操作性较强的地方法规和实施细则。

强化低碳经济相关法律法规的实施。依照低碳经济发展目标,严格执行相关法律法规,依法循序渐进推动低碳工作的进行。加强相关领域的执法监管体系建设,加快建立低碳经济法律监督机制,重点加强工业、建筑、交通领域有关法律实施情况的监督检查,建立重点行业监管机制。构建部门间协调参与、分工合作的组织机构体系,推动管理工作制度化、规范化、日常化,保证法律的有效实施。加强相关法律的宣传,开展普法教育,提高全社会法律意识,增强依法办事的自觉性。

三、经济政策工具

推动绿色低碳发展、积极应对气候变化是江苏经济社会发展的重大战略和加快发展方式转变及结构调整的重要机遇。要抓住这一历史机遇,实现经济转型,不仅需要从法律法规、政策体系、激励约束机制、技术研发等方面着手,同时还要强化政府财政经济的鼓励,开发多元化投资渠道,加大对低碳发展领域的投资。

（一）财政政策

加大财政预算支持力度,增加低碳专项资金项目和规模。政府财政预算支出是低碳产业发展资金的重要保证,有着"集中财力办大事"的优势。在低碳技术研发与应用、低碳产品推广、地方低碳能力培训等方面设置相应的专项资金,稳定资金来源,优化支出方向,同时要加强资金监管,提高专项资金使用效益。发挥省级财政对经济结构的调控引导功能和支持力度,加大省级财政对低碳产业的投入,鼓励战略型新兴产业的发展,积极引导各类投资主体参与低碳产业发展,形成多渠道、多层次、多元化的投融资机制,切实增强资金保障能力,确保政府在低碳经济发展问题上的宏观调控力度,保证江苏低碳经济发展战略的顺利实施。

调整完善现行有关税收优惠政策。对低碳产业、技术、消费等给予税收优惠措施是税收这一财税政策工具作用于低碳经济的一个重要方面,也是发达国家普遍采用的做法。积极落实国家所得税、增值税等优惠政策,进一步研究和推进资源综合利用及可再生能源发展的税收优惠政策,加大对节能和可再生能源相关产品和设备的鼓励,促进低碳产品和设备的规模化生产与推广使用;定期调整享受企业所得税优惠的节能、节水专用设备和环境保护专用设备目录,出台符合条件享受企业所得税优惠的环保项目细则,扩大项目范围,提高企业从事低碳经济发展的积极性。借鉴国际经验,允许可再生能源相关设备费用抵免部分企业所得税,对采用可再生能源发电项目企业给予所得税优惠;对一次性筷子、纸张等严重破坏环境和生态的物品的消费征收消费税等。

实行有利于低碳经济发展的政府采购制度。出台有关节能低碳产品以及环境标志产品的政府采购实施意见,完善政府采购节能低碳和环境标志产品清单制度,不断扩大节能低碳和环境标志产品政府采购范围,优先采购和强制采购高效节能低碳、节水、环保标志产品。建立节能低碳和环保标志产品政府采购评审体系和监督制度,保证政府采购促进低碳经济发展的政策功能落到实处。以此体现政府倡导低碳经济的导向作用。

约束作用的财税政策。主要体现在对市场主体的耗能和污染排放行为征收有关税费,即税制调整的"绿色化"。一方面是开征有利于控制气候变化、保护环境的新税种,如碳税、气候变化税以及生态税等;一方面调整原有税制中不利于节能减排的相关规定,由"谁污染、谁付费"观念转变为"谁低碳、谁受益",征税的出发点也扩大到促进生产方式、生活方式转向低碳化上来。

(二)价格和收费政策

深化化石能源价格改革。能源补贴通过对能源消费、能源效率以及能源结构的影响进而影响社会可持续发展这一根本目标。按照国家要求,坚持"理顺价格体系、逐步市场化"的方向不变,进一步深化化石能源价格改革,完善节能降耗经济政策。理顺煤炭价格成本构成机制,推动煤炭价格与市场价格接轨。完善天然气价格体系,通过价格机制引导天然气资源合理配置。建立更加充分反映市场供求关系、资源稀缺程度和外部成本的能源价格形成机制。

优化电价结构政策。进一步优化电价政策,更好地体现公平负担成本的原则。加大用电阶梯价格、电力峰谷分时电价、惩罚性电价、差别电价等措施的实施力度,重点限制高能耗、高排放和产能过剩企业用电增长,通过大差别电价和高峰期优先拉电等措施引导企业错峰用电。考虑阶梯电价实施影响,通过财税补贴等方式降低阶梯电价对低收入阶层的影响。完善水电、核电及可再生能源电价形成机制。积极稳妥推进输配电价改革和电力市场竞价上网。

推动可再生能源电价改革。根据江苏的实情,建立非化石能源发展基金,包括国家财政公共预算安排的专项资金和依法向电力用户征收的可再生能源电价附加收入等。基金可用于支持可再生能源开发利用活动,如可再生能源开发利用的科学技术研究、标准制定和示范工程;促进可再生能源开发利用设备的本地化生产等。进一步细化风电、核电、太阳能等可再生能源的定价制度,设计逐年降低的电价机制来促进可再生能源发电企业技术革新。

(三)金融政策

加强金融服务创新,加大信贷支持,积极支持低碳经济发展。作为低碳理念推广的"践行者",商业银行要加快开设绿色信贷专项业务,设立绿色信贷直通车,引导各类金融机构加大对绿色经济、低碳经济、循环经济的信贷支持。拓展金融服务层面,扩大对节能减排技术、新能源、资源循环利用等技术创新升级、产业转化的投融资,并加大信贷扶持,积极创新,开展低碳金融中介服务,凭借金融机构自身的信息优势,提供项目的咨询服务,协调项目发起人、投资者、金融机构、政府部门之间的业务关系,提升企业核心竞争力,抢做低碳的先行者。加强绿色信贷的组织管理,逐步完善绿色信贷政策制度与能力建设,健全环境和社会风险管理政策、制度、流程,动态调整绿色信贷的支持方向和重点领域,推动绿色信贷创新,建立健全绿色信贷标识和统计制度,完善相关信贷管理系统。

（四）投资政策

严格把关高耗能、高碳排以及资源集约利用率低的公共建筑的审批程序,将节能、节水、节地、节材、资源综合利用等项目列为重点投资领域。加强投资政策与财税、土地、金融、环保等政策的衔接,对符合产业政策的低碳产业投资项目,简化投资审批、核准程序,放宽投资领域,降低准入标准。深化投资体制机制改革,创新社会投资进入模式,积极鼓励拥有先进低碳技术的企业进入基础设施和公用事业领域。

优化投资结构,实现投融资形式多样化。充分发挥公共资金杠杆撬动功能,积极争取国家资金支持,加大引导社会资金合理投入。坚持对内对外开放,鼓励和引导外来资本和技术投入低碳经济项目建设,建立完善资金投入的长效机制。

四、科技支撑工具

江苏省一直把科学技术放在优先发展的位置,大力实施科教兴省和人才强省战略,加强江苏省低碳技术研究与开发,提升江苏省低碳技术创新能力,抓住低碳经济发展机遇,发展新兴产业,促进江苏省产业低碳转型和经济发展方式转变。

（一）技术开发

加大低碳能源创新力度。能源科技创新是解决江苏省能源发展,特别是新能源和低碳能源发展问题的根本途径。充分利用新能源加快开发应用的有利条件,以新能源、清洁能源的研究与开发为重点,把光伏发电装备、风力发电装备、生物质能源装备、核电装备、智能电网设备及系统、新能源汽车能源系统及材料六大领域作为"十二五"能源技术装备发展的重点。

支持低碳技术研发,推广高效节能技术。推进矿产资源综合利用、工业废物回收利用、余热余压发电和生活垃圾资源化利用。在工业、交通、建筑领域不断完善生产设备和检测手段,大力引进、消化和吸收国内外先进技术,加强自主知识产权技术研发,发展高效碳汇林(草)定向培育技术,初步形成具有自身特色的技术研发与应用体系。在工业高耗能行业低碳技术取得新突破,大力推广节能技术应用,稳步推进洁净煤技术;积极推动电动汽车技术迈向产业化,企业积极推进新能源汽车研发,提高新能源汽车的配套水平;建筑节能技术取得一定进展,开展建筑能耗基本情况统计试点,有序推进建筑能耗监测技术研发。在农业、林业和土地利用领域,有序推进秸秆还田、秸秆饲料转化、畜禽粪便处理利用、有机肥快速生产及合理使用等农业废弃物综合利用技术体系初步形成。加强测土配方施肥、新型肥料研制、施肥减量化、施肥优化以及免耕、少耕等生态农业技术的研发与推广应用。发挥江苏在高效碳汇林定向培育、集约经营程度对森林碳循环的作用、森林碳汇的计量和监测技术等方面的优势,通过开展科学造林、合理营林及可持续更新技术,提高森林生态系统的碳储量。

完善研发创新平台。积极支持和鼓励骨干企业采取独立建设、联合建设等方式,形成一批高层次能源研发(试验)中心,形成企业为主体、多层次的自主创新平台体系。培育优势骨干企业,把能源装备制造规模化、经营集约化、创新自主化有机结合起来,加快发展一批具有自主知识产权和著名知识产权的骨干企业,培育一批具有国际竞争力的大型企业集团。推动优势企业实施"强强联合"、跨地区兼并重组、境外并购和合资合作,提高产业集中度。

(二)示范政策

开展一批面向重点行业、重点企业以及城乡居民生活的节能低碳技术示范项目。坚持高标准引进技术、高层次引进产业、高优惠政策集聚人才,集聚研发资源,高起点建设低碳技术科技示范园区,着力培育低碳产业集群、促进低碳能源供应和利用、发展低碳物流、推广低碳建筑等。加强园区规划、科技孵化、政策试点、环境建设、信息交流等政策扶持,建设集研发、转化、培训、展示、生产、销售等功能于一体的示范园区,建设高水平的低碳技术研发与产业化基地,打造多种类型的示范载体。

　　加快建设高水平产学研联合创新载体，发挥高校、地方政府、高新园区等多重主体的协同作用，将研发优势、人才优势与市场优势、资本运作优势结合起来建立低碳技术创新联盟，开展低碳技术和气候变化适应技术的研发，强化低碳技术和气候变化适应技术产业化环境建设。推动省级能源研发中心建设，形成企业为主体、多层次的自主创新平台体系。

第十八章　低碳产业体系发展的
能力保障

地方实施应对气候变化战略,除了采取经济激励、投资引导等政策举措外,能力建设的软环境也十分重要,制度和机制保障力、科技支撑力、战略政策带动力、政府领导力、公众行动力等方面均属于此范畴。只有充分调动不同利益群体和公众的参与和行动的积极性,提升其认知、理解和参与的能力,才能有效实施各项低碳发展规划和行动方案。因此,在中国应对气候变化和低碳发展的背景下,探讨能力建设问题十分必要。

第一节　低碳能力建设概述

一、低碳能力建设的内涵

能力是顺利完成某一活动所必需的主观条件,其直接影响活动效率,并保障活动的顺利完成,而能力建设是一种以人为本的管理,具体包括对人力资源、科学技术、组织机构等方面的增强。因此,将低碳能力定义为发展低碳经济所必需的主观条件,将低碳能力建设定义为发展低碳经济过程中对多个行为主体的管理,以使其获取相关技能及总体上提升发展低碳经济的能力,低碳能力建设的发生将贯穿整个低碳发展过程,其通过各种行之有效的方式与手段,将人口资源转化为人力资源再进一步转化为人才资源[1],是一系列的能动活动过程。

---

〔1〕 韩庆祥,雷鸣.能力建设与当代中国发展[J].中国社会科学,2005(1).

二、低碳能力建设的目标

概括来说,低碳能力建设的目标是要提高对政策与发展模式进行评价和选择的能力[1],具体可将低碳能力建设的目标分为以下几个方面。

（一）提高低碳产业体系发展的适应能力

目前,全球都已经进入到低碳经济时代。积极应对气候变化、促进低碳绿色发展是我国也是江苏省进入新世纪以来整个经济社会所面临的一项重大战略任务。这对人们适应低碳经济发展的能力提出了新的和更高的要求,必须加强对低碳经济发展适应能力的建设,紧跟全球低碳经济发展的大潮流,才能在竞争中立足。同样,各行为主体也要学会适应低碳经济发展的社会环境,在生产和生活中践行低碳经济的要求,才能获得更好的发展。

（二）提高低碳产业体系发展的学习能力

为了适应发展低碳经济的大潮流,首先要提高学习能力。具备学习能力是不断提高素质,顺利适应社会发展,并获得各种技能手段的关键。学习将伴随整个低碳经济发展的过程。在当代,经济逐步全球化,竞争日益激烈,同时为了适应低碳经济的快速发展,必须通过不断地进行学习掌握新知识、新技能。

（三）提高低碳产业发展的专业技术能力

要发展低碳经济,关键是要有掌握专业知识和技能的专门型人才,即要培养一批熟练的劳动者和专门型人才。目前,我国发展低碳经济所缺乏的正是这种专门型人才资源。提高低碳经济发展的专业技能,实际上就是要把人力资源转化为发展低碳经济的人才资源。

（四）提高低碳产业体系发展的合作能力

鉴于温室气体排放的外部性和可转移性,单个国家难以完成全球减排的目标,也缺乏发展低碳经济的意愿。因此,必须通过国际合作,共同实现全球减排目标。根据既有经验,国际合作在我国低碳经济发展中助力不小,只有不断地进行国际交流与合作才能更大程度地拓宽发展道路。为此,必须提高合作能力,不仅

---

〔1〕 联合国环境与发展大会. 21世纪议程[R]. 国家环境保护局,译. 北京:中国环境科学出版社,1993.

要加强与国内其他省市的沟通与交流,还要参与国际合作与交流。

（五）提高低碳产业体系发展的创新能力

发展低碳经济,除了与其他地区的合作与交流,关键在于自主创新。提高适应能力只是前提和基础,最终还是要发挥自主创新能力。面临低碳经济全球化带来的机遇和挑战,科学技术尤为重要。低碳经济核心是能源和减排技术的创新,产业结构和制度的创新,进一步说是人类生存与发展观念的根本性转变[1]。新的知识技术和新的产业,都是提高竞争力的关键手段,这就要求提高创新能力,从更宽广的视角和战略的角度审视问题,在根本问题上进行创新变革,抢占先机。

三、低碳能力建设的内容

据前文所述,本书将主要从科技和政策研究支撑能力、人才队伍建设和教育培训、低碳发展服务咨询能力、温室气体统计核算体系建设、气候变化观测监测系统开发、国际合作、全民行动这几个方面阐述低碳能力建设。具体分析见本章第二节至第八节。

第二节　加强科技支撑能力

为了更好地加强低碳能力建设,必须加强科技和政策研究支撑能力,围绕气候变化领域的前沿性和基础性问题,加强减缓和适应气候变化的规律、机理、观测、影响和模拟等方面的研究,突破重点领域关键共性技术,加快创新成果推广应用和产业化,推动江苏省气候变化基础科学研究发展。

一、加强基础研究

根据江苏省应对气候变化所面临的挑战,结合江苏地域自然地理和社会发展特点,加强气候变化领域的基础研究,为推动江苏绿色低碳发展、实现节能减排提供科学支撑。

---

〔1〕 黄健.当前我国的低碳经济政策简析[J].中国外资,2010(3).

（一）加强区域气候变化监测预测研究

建立长序列、高精度的历史数据库和综合性、多源式的观察平台，重点推进气候变化事实、驱动机制、关键反馈过程及其不确定性等的研究。加强区域地球系统气候模式研究，模拟重要气候事件，为研究区域气候变化提供必要工具。建设自动基准气候观测站网和温室气体大气本底站，开展温室气体和大气成分本底观测；完善太阳能、风能等观测网，深入推进气候资源详查。加强水体、植被、滩涂等生态系统变化的气候监测，开展气候变化对行业影响的科学观测试验，满足气候变化研究需求。

（二）加强区域气候变化影响及适应研究

主要围绕水资源、沿海地区、农业主产区、人体健康、防灾救灾等重点领域，开展气候变化影响的机理与评估方法研究。建立部门、行业、区域适应气候变化理论和方法学。加强农业温室气体相关方法学和减排技术研究。通过对区域气候变化影响及适应进行研究，为发展低碳产业提供有效的数据及经验支持，从而推进低碳经济的发展。

（三）加强人类活动对区域气候变化影响研究

主要开发江苏省温室气体排放、碳转移检测网络，重点加强土地开发、近海利用、人为气溶胶排放与气候变化关系研究，加强快速城镇化、工业化对减缓和适应气候变化的影响研究，客观评估人类活动对全球和地区气候变化的影响。

（四）加强应对气候变化战略和政策研究

围绕"十二五"应对气候变化重点任务，结合江苏省情特点，研究应对气候变化的长远战略，开展低碳发展战略、适应气候变化总体战略、碳排放交易机制、国内外应对气候变化相关法律法规等研究。与国家应对气候变化战略和专项行动相衔接，启动江苏应对气候变化的有关科技专项行动，开展绿色发展的重大战略及技术问题等相关研究。为发展低碳产业提供强有力的战略与政策支持。

二、提高技术研发能力

（一）开发低碳技术

重点在工业、交通、建筑等领域研究二氧化碳减排关键技术和措施，重点突破节能和提高能效技术、可再生能源和新能源技术；在农业、林业和土地利用领域，重点推进农业生产过程、节能作物育种和栽培、再造林和森林保护、生物固碳等方面的技术研发；在碳捕集、封存与利用领域，结合江苏省地质环境特征，深入开展碳捕集与封存的可行性及试点研究，同时加快二氧化碳利用的技术研究。研究并提出气候变化对江苏省主要脆弱领域的影响及适应技术和措施、极端天气和气候事件与灾害的影响及适应技术和措施。

（二）完善研发创新平台

积极支持和鼓励骨干企业采取独立建设、联合建设等方式，形成一批国家级能源研发（试验）中心。推动省级能源研发（试验）中心建设，形成企业为主体、多层次的自主创新平台体系。培育优势骨干企业，将能源装备制造规模化、经营集约化、创新自主化有机结合起来，加快发展一批具有自主知识产权和著名知识产权的骨干企业，培育一批具有国际竞争力的大型企业集团。推动优势企业实施"强强联合"、跨地区兼并重组、境外并购与合资合作，提高产业集中度。

第三节　加强人才保障能力

为了更好地加强低碳能力建设，必须建立并完善人才队伍和教育培训制度。积极完善低碳相关专业人才培养与引进制度，加强发展低碳经济的科研队伍和机构建设，加强对领导干部气候变化知识的培训，充分发挥江苏省高等院校、科研机构和咨询机构的优势，整合资源、联合协作，为积极应对气候变化、积极发展低碳经济提供坚强有力的人才保障。

一、加强人才队伍建设

为加强低碳人才队伍建设，必须将发展低碳经济相关内容纳入国民教育和培训体系，培养发展低碳经济研究及实践后备队伍；建立和完善发展低碳经济人才培养引进的优惠政策、评价体系和激励机制。利用各类人才计划，引进和培养低碳经济的科研领军人才，建设发展低碳经济的科研示范基地，提升科技创新能力和国际影响力。不仅如此，还需要加强温室气体统计和核算队伍建设，增加统计部门从事温室气体统计和核算人员的编制与财政经费。积极引进和大力培养碳金融、碳交易等方面的专业人才,并建立省级发展低碳经济和相关领域的专家库,组建专家咨询队伍,为江苏省实施低碳产业路径计划奠定人才队伍基础。

在培养与引进人才的同时,更要充分发挥江苏省高等院校、科研机构和咨询机构的优势,整合资源、联合协作,切实加强发展低碳经济的基础研究和科技研发,积极搭建高端科研平台、组建专门性机构,加快开展相关的跨学科交叉与集成研究,开展低碳发展宏观战略和政策研究,加快发展低碳经济研究成果的转化和应用。以扎实的人才基础推动江苏省低碳经济在新的历史时期更好更快地发展。

二、加强低碳教育培训

在加强低碳人才队伍建设的同时,应加强低碳教育培训制度的完善。不仅将发展低碳经济的内容逐步纳入国家教育体系和培训体系,更需要中、高等院校加强环境和低碳内容的教育,陆续开设环境和低碳相关专业,加快发展低碳经济的教育科研基地建设,为培养低碳经济发展领域专业人才发挥积极作用。

加强对领导干部关于低碳经济的知识的培训,通过举办集体学习、讲座、报告会等形式,有效提高各级领导干部发展低碳经济的意识和科学管理水平。省政府有关部门可依托相关力量举办低碳经济、可持续发展和环境管理培训班,发展低碳经济省级决策者能力建设培训班、地方政府官员清洁发展机制管理能力建设培训班,发展低碳经济的能力建设培训研讨班、省级温室气体清单编制能力建设培训班等。各级地方政府也应该积极开展各类发展低碳经济的相关培训,把发展低碳经济真正落实到位,从而推动低碳能力建设。

第四节 提升研究咨询能力

发展低碳经济是一个需要政府引导、企业为主体、全民积极参与的综合体系。因此,必须大力推动社会资源整合,提升低碳发展的服务咨询能力,充分调动各方面积极性,以形成上下联动、多方参与的低碳发展新局面。

一、加强中介咨询服务能力

提升低碳发展的服务咨询能力,要充分调动市场资源,积极培育低碳中介咨询机构。通过政府购买服务、信息支持引导、工作上下联动来支持更多社会力量投身低碳咨询行业发展。例如,成立相关的低碳研究中心或公司,以应对气候变化,致力节能减排,为发展低碳经济出谋划策。由政府有关部门牵头,联合省内各知名高校、科研院所创建相关的非营利性科研机构,围绕应对气候变化能力建设、低碳经济发展模式进行积极探索,并投入大量人力系统收集整理相关的低碳技术,定期向社会发布相关研究成果,还可以成立低碳示范区进行技术孵化和应用示范。目前,江苏已然涌现出一批诸如江苏布鲁斯达低碳研究中心、江苏现代低碳技术研究院、江苏省低碳发展技术服务中心、江苏省低碳技术学会等的优秀中介机构,积极开展碳战略规划框架编制、碳市场评估和 CDM 项目咨询服务,为政府、企业和公众提供信息、咨询、交流、沟通、调研、培训等低碳经济技术有关服务。

二、加强产学研合作能力

产学研合作是指企业、科研院所和高等学校之间的合作,通常指以企业为技术需求方,与以科研院所或高等学校为技术供给方之间的合作,其实质是促进技术创新所需各种生产要素的有效组合。随着高校功能从人才培育、科学研究到社会服务的延伸,高等教育、科技、经济一体化的趋势越来越强。尤其是在知识经济社会中,大学将被推向社会发展的中心,成为社会经济发展的重要动力。因此,在面对如何发展低碳经济这一课题时,加强产学研合作便显得尤为重要了。

产学研合作的形式包括:高校和企业自主联合科技攻关与人才培养;共建研究中心、研究所和实验室;建立科技园区,实施科学研究与成果孵化;建立基金会,设立产学研合作专项基金;吸纳企业公司和社会资金成立学校董事会,建立高校高科技企业;高校与地区实行全方位合作等[1]。企业、科研院所和高等学校可以根据自身的实际情况,灵活采取产学研的合作形式,使产学研合作成为推动发展低碳经济和整个社会发展的一种最强劲的动力。

应积极培育壮大江苏省低碳行业协会,以搭建政府和企业良好的互动平台,支持帮助企业走低碳绿色发展道路。初期协会将以省内低碳发展的标杆企业和业内专家为主体,广泛吸纳各界力量,长期致力于推进低碳技术研发和应用、促进

---

〔1〕 陆翠安. 鸣凤政权研究[D]. 上海:上海师范大学,2012.

低碳产业发展。因此,企业、科研院所和高等学校更应该抓住这一有利契机,进一步提升产学研合作的能力。

三、抓紧成立专门性机构

考虑到在省级层次上推进应对气候变化的工作刚刚起步,初始阶段的任务十分繁重,在政策战略研究和加强国际交流合作等重大层面有诸多工作需要加速开展,应抓紧成立专门性机构,以推进低碳发展的宏观决策支持能力。江苏可按照国家应对气候变化战略研究和国际合作中心的组建模式,依托下属事业单位力量,积极筹建江苏省应对气候变化战略研究和国际合作中心,以组织开展江苏省应对气候变化政策、法规、规划研究及宣传、咨询服务,承担温室气体清单编制具体工作和数据库建设,开展应对气候变化国际交流和项目合作。成立低碳产业相关的专门性机构已经迫在眉睫,这是为更好地推动低碳产业发展所要完成的重要任务之一。

第五节　提升政府监管能力

一、加强温室气体排放统计核算能力

将温室气体排放基础统计指标纳入政府统计指标体系,建立健全涵盖能源活动、工业生产过程、农业、土地利用变化与利用、废弃物处理等领域的、适应温室气体排放核算的统计体系。根据温室气体排放统计需要,扩大能源统计调查范围,细化能源统计分类标准。重点排放单位要健全温室气体排放和能源消费的台账纪录。加强排放因子测算和数据质量监测,确保数据真实准确。

编制适合省情的江苏省温室气体清单编制指南,规范清单编制方法和数据来源,进一步优化核算方法,降低不确定性,提高清单质量。根据国家要求,开展重点行业和企业温室气体排放核算,建设重点行业和重点企业排放数据库;建立全省温室气体排放数据信息系统,构建温室气体排放活动水平和排放因子数据库;指导各市、县做好温室气体排放清单编制工作,开展年度核算工作。

二、提升排放的监测评价能力

构建省级、市县、企业三级温室气体排放监测评价体系。建立对省内重点排放源的定期调查和数据监控机制,并根据国家统一要求,推进重点企业直接向国务院有关部门报送能源和温室气体排放数据制度。同时,提升企业碳排查能力,对重点企业进行碳盘查的基础能力培训,帮助企业了解清楚碳排放状况,摸清碳家底,为制定碳减排策略以及实施低碳项目提供数据依据,引领企业采取实质性的措施以应对国内外减排的压力和挑战。

另外,开展社会经济发展碳排放强度评价,对重点企业和重大排放源进行动态监测和实时走访,及时进行碳排放监测,及时向被监测对象反馈情况,提出整改意见和建议。对不进行整改的,采取经济、行政、法律等手段进行惩处,并追究相关人员的责任。

三、完善低碳标准标识的市场引导能力

建立主要耗能产品和行业的地方性低碳标准,引导企业在规定质量标准体系内进行生产,进而建立和完善产品的市场准入标准、环境标志和能效标识的认证体系,促进市场对低碳绿色认证产品的广泛推崇氛围的形成。逐步推广强制性低碳绿色产品标识,阻止不达标产品进入市场交易,保证产品在生产和消费过程中的碳排放量不超标。

第六节　加强全民参与与行动能力

努力提高全社会应对气候变化的参与意识和能力,动员全社会广泛参与到应对气候变化的行动中,营造全社会积极应对气候变化的良好氛围。

加强宣传教育。充分利用广播、电视、报刊、网络等媒体全方位开展绿色低碳宣传活动,宣传应对气候变化的科普知识和法律法规,扩大低碳生活常识的知晓率和覆盖面,介绍和展示江苏省应对气候变化的措施和成效,弘扬绿色低碳的社会风尚,提高人民群众的低碳意识,形成全社会理解、关心、支持应对气候变化工作的良好氛围。

鼓励公共参与。充分发挥各基层组织、社会团体和志愿者队伍的作用,促进公众和社会各界参与应对气候变化行动。建立鼓励公众参与应对气候变化行动的激励机制,完善气候变化信息发布的渠道和制度,增强有关气候变化的透明度,促进全社会广泛参与控制温室气体排放的良好氛围的形成。

倡导社会责任。将应对气候变化作为企业社会责任的重要内容,大力开展园区和企业应对气候变化能力培训,引导企业积极履行社会责任,大幅减少碳排放、大力发展低碳技术、不断推出低碳产品,鼓励企业开展碳披露、碳盘查和实施自愿减排交易。开展"低碳标兵活动",大力宣传先进典型和成功经验,广泛开展"低碳企业"和"低碳人物"的表彰活动。

建立低碳经济信息披露制度和举报制度,充分发挥新闻媒体的舆论监督和导向作用,对企业生产和社会消费展开全面的监督和舆论指导。

索 引

后　记

　　本书的研究得到 2012 年江苏省财政经费项目《江苏省高效低碳产业体系研究》的资助，部分成果和内容也得到 2011 年中德江苏省低碳发展咨询课题《江苏低碳发展现状研究》、2012 年中德江苏省低碳发展课题《江苏低碳发展绿皮书研究》的支持。

　　本书由赖力提出大纲，赖力、徐建荣统稿，各章作者如下。

　　第一章：赖力、顾芎、刘伟、冷莉红；第二章：刘伟良、葛巧莉；第三章：葛巧莉、邱静；第四、五、六章：赖力；第七章：高珊；第八章：刘向丽、顾芎；第九、十章：徐建荣；第十一、十二、十三章：张国林、陈希、杨志文；第十四章：赖力、王维；第十五章：赖力、郑昊；第十六章：顾芎、姚丹；第十七章：顾芎、樊小迪、王维；第十八章：顾芎、陈宏、郑昊。

　　感谢江苏省发展改革委的王汉春副主任、张宪华处长、缪军副处长、尤得顺副调研员、陈月华、彭飞等诸位的支持，对本研究自始至终的关心和指导。感谢江苏省信息中心周荣华主任、刘伟良副主任、宋裕官副主任、陈建生副总经济师、赵登辉副总经济师、李家勋处长、罗程处长、水家耀副处长对课题的关心和指导。感谢德国合作机构的项目主管何闻民先生、高级项目经理胡其颖女士、朱晓东女士和胡宁研究员，对本书提供了很多良好建议。

　　感谢国家发展改革委气候变化司、江苏省发展改革委给予的支持与帮助。感谢江苏省财政厅在本书支撑课题的立项中给予的支持。感谢江苏省社科院的高珊副研究员、南京大学金陵学院的张梅博士、南京大学的揣小伟博士，对本书的部分章节的技术路线和模型方法给予的帮助。